Invent & Wander

ジェフ・ベゾス

Collected Writings

ウォルター・アイザックソン 序文　関美和 訳

ダイヤモンド社

Invent and Wander: The Collected Writings of Jeff Bezos
With an Introduction by Walter Isaacson

Published by arrangement with Harvard Business Review Press
through Tuttle-Mori Agency, Inc., Tokyo

Invent & Wander

目次

PART 1　株主への手紙

PART

2 人生と仕事

※は項目末尾に注があることを表す。〔　〕は訳注を表す。

INTRODUCTION

ウォルター・アイザックソン

現在生きている人物の中で、私が伝記作家として描いてきた偉人たちに並ぶような人物は誰だと思うか、とよく聞かれる。これまでに描いたのは、レオナルド・ダ・ヴィンチ、ベンジャミン・フランクリン、エイダ・ラブレス、スティーブ・ジョブズ、そしてアルバート・アインシュタイン。いずれも天才的な頭脳の持ち主だ。

だがこの人たちが特別なのは頭がいいからではない。頭のいい人なら世の中に星の数ほどいるが、そのほとんどは特別な存在というわけではない。大切なのは創造性とひらめきだ。真のイノベーターにはそれがある。そんなわけで、先ほどの質問への私の答えは、ジェフ・ベゾスである。

では、その創造性とひらめきの素になっているものは何だろう？　そしてなぜ私はベゾスがあの巨人たちに並ぶと思うのだろう？

まず第一に、好奇心、それも飽くなき好奇心があることだ。

レオナルド・ダ・ヴィンチを例に取ってみよう。ダ・ヴィンチのスケッチブックは喜びに溢れ、自然のあらゆる領域に彼が心を躍らせ、やんちゃで並々ならぬ好奇心を持っていたのがそこに見える。彼は多岐にわたる無邪気な問いを無数に自問し、それに答えようとしていた。なぜ空は青いのか？　キツツキの舌はどんな形なのか？　鳥の羽ばたきは羽を上げるときと下げるときのどちらが速いのか？　水の渦巻きのかたちは巻き髪とどう似ているか？　下唇の筋肉は上唇の筋肉とつながっているのか？

そんな知識はなくてもモナリザは描ける（その知識は役に立ったが）。だが、好奇心の塊だったダ・ヴィンチは、知らずにはいられなかったのだ。

アインシュタインはかつてこう言った。

「私には特別な才能はない。ただ好奇心が異常に強いだけだ」

もちろん、この言葉がすべて正しいわけではないが（アインシュタインには特別な才能があった）、「知識より好奇心が重要」という彼の言葉は正しい。

「創造性」と「ひらめき」の源とは？

もうひとつの鍵になる特徴は、芸術と科学を愛し、そのふたつを結びつけていることだ。iPodであれ、iPhoneであれ、スティーブ・ジョブズは新製品をお披露目するとき、プレゼンテーションの終わりにテクノロジーとリベラルアーツの交差点を示す標識をスクリーンに映し出した。

「テクノロジーだけでは十分ではない、という哲学がアップルのＤＮＡにはあります」とジョブズは言った。「テクノロジーが人間性と結びついたとき、心を震わすようなものが生まれるのです」

アインシュタインもまた、芸術と科学を混ぜ合わせることが大切だと気づいていた。相対性理論の証明で壁にぶつかったときには、音楽が自分を地球のハーモニーとつなげてくれると言い、バイオリンを取り出してモーツァルトを演奏した。

レオナルド・ダ・ヴィンチもまた、芸術と科学が結びついた象徴とも言える偉大な作品を生み出している。たとえば、円と正方形の中に立つ裸体の男性を描いたウィトルウィウス的人体図は、解剖学、数学、美学、そして精神性の混じり合う究極の作品である。

どんな分野の学問にも心を躍らせるのはいいことだ。レオナルド・ダ・ヴィンチとベンジャミン・フランクリンは、人間が知り得る知識を何もかも知りたがった。解剖学、植物学、音楽、芸術、兵器、水工学、それらの間にあるすべてのことを彼らは学んだ。

あらゆる領域の知識を貪《むさぼ》るように学ぶ人は、自然の中に存在する一定のパターンを見つけるのが得意になる。フランクリンとダ・ヴィンチはどちらも、つむじ風と渦潮に魅せられた。そのおかげでフランクリンは嵐が海岸沿いをどう上っていくかを探り当て、メキシコ湾流を図解した。またダ・ヴィンチはここから心臓弁の動きを理解し、「キリストの洗礼」でイエス・キリストの足元に流れる浅瀬の水を表現し、「モナリザ」では丸みを帯びた人物とうねりのある背景を描いたと言われる。

世界への「驚き」を持ち続ける

真にイノベーティブで創造的な人々のもうひとつの特徴は、彼らが「現実歪曲空間」を備えていることだ。

この言葉はスティーブ・ジョブズについて表現するときに使われるが、その由来は「スタートレック」のあるエピソードで、エイリアンが精神の力でまったく新しい世界をつくりだしていたことからきている。

ジョブズはみずからのアイデアや提案が「実行不可能」だと部下から抵抗を受けたとき、インドの導師から教わった技を使った。瞬きもせずに相手をじっと見つめて、「恐れるな。きっとできる」と告げるのだ。それでたいていうまくいった。

ジョブズのせいで周囲は気が狂いそうになり、あれこれと奔走させられたが、一方でジョブズのおかげで人々は自分ができると思いもしなかったことを成し遂げた。

これに関係する能力が、ジョブズがアップルの広告で世の中に鮮烈な印象を残した「シンク・ディファレント」の力だ。

20世紀はじめの科学界では、光の速度は観察者が光源に向かう速度、または離れる速度に関係なく一定に見えるのはなぜかを解き明かせずにいた。

当時、アルバート・アインシュタインはスイスで下っ端の特許事務員として働きながら、信号を送ることで異なる時計の時間を合わせられるような装置をつくろうとしていた。人の動きの違いによって、時計が合っているかどうかの認識も違うことにアインシュタインは気づき、そこから常識にとらわれないアイデアが生まれた。おそらく光の速度はつねに一定で、人の動きの状態によって時間のほうが変化するのではないかという理論に至ったのだ。この「相対性理論」が正しいことに物理学界が気づくまでに数年かかった。

さらに、私が伝記を記してきた人物のすべてに共通するのは、彼らがあらゆるものごとにまるで子どものような驚きの念を持っていたことだ。

私たちのほとんどは人生のある時点で、日常的な現象を不思議に思わなくなる。教師も親もイライラして、くだらない質問ばかりするなと子どもに言う。大人は青空の美しさを感じることはできても、なぜ青いのかを不思議に思ったりはしなくなる。

だがダ・ヴィンチは驚きの念を持ち続けた。アインシュタインもそうだ。アインシュタインは友だちにこう書き送っている。

「君と僕は生まれながらに好奇心いっぱいの子どものように、偉大な謎に挑戦することをやめない」

何にでも不思議を感じる気持ちを人は失ってはならないし、子どもたちにもその気持ちを失わせてはならない。

「人文科学、テクノロジー、ビジネス」を融合させる

ジェフ・ベゾスはこうした特徴をすべて併せ持つ人物である。驚きの念をいつまでも失わない。子どものように目を輝かせてありとあらゆることを貪るように知りたがる。

彼がナラティブやストーリーテリングに興味を持つのは、アマゾンが書籍販売から出発したからというだけではない。物語に個人的な情熱を抱いているからだ。

子どものころ、ベゾスは毎夏、地元の図書館でＳＦ小説を読みふけり、いまでは作家や映画制作者のために毎年研修会を開いている。また、ロボット工学や人工知能にことのほか関心を寄せたのもアマゾンのためではあったが、それが高じて彼自身の知的な情熱の対象となり、機械学習、自動化、ロボット工学、そして宇宙の専門家を招いて年に一度集まりを開くまでになった。

彼は偉大な科学や探検や発見の瞬間を記した歴史的な遺物を収集している。そしてこうした人文科学への愛とテクノロジーへの情熱に、ビジネス感覚を結びつけている。

この３つの組み合わせ――人文科学、テクノロジー、ビジネス――こそ、ベゾスが私たちの時代の最も成功した影響力のあるイノベーターである所以《ゆえん》だ。

ベゾスもまたスティーブ・ジョブズと同じように、数多くの産業を根本から変えた。世界最大のＥＣサイトであるアマゾンは、買い物のあり方を変え、私たちが配送や配達に期待するものを変えた。

アメリカの全世帯の半分以上がアマゾン・プライムに加入しており、２０１８年の配送個数は１００億個にのぼる。その数はこの地球の人口より20億も多い。

iPhoneのアップストアが多くの事業者にこれまでにない販売方法を与えたのと同じように、アマゾン・ウェブ・サービス（ＡＷＳ）はクラウドコンピューティングとアプリケーションを提供し、スタートアップや大企業が新製品やサービスを簡単に生み出せるよう支えている。エコーはスマートホームのスピーカー市場を新たに開拓し、アマゾン・スタジオは人気テレビ番組や映画を生み出している。

アマゾンはまた、医療と薬品業界の常識も破壊しようとしている。高級自然食品スーパーのホールフーズを買収したときはその判断に疑問の声が上がったものの、やがてこの買収は物理的な店舗に、小売とオンライン注文と超高速配送を結びつけるというベゾスの新しいビジネスモデルにおける秀逸な一手だったことがはっきりした。

これに加えてベゾスは重工業を宇宙に移すという長期的な目標を見据えて民間の宇宙開発企業を設立したばかりか、ワシントン・ポストの社主にまでなった。

何がベゾスを動かしているのか？

もちろんベゾスには、スティーブ・ジョブズやその他の天才たちと同様、ときに人を激怒させるような部分もある。これほど有名になり影響力を持ってもなお、例の豪快な笑い声の陰にある彼の人物像はどこか謎に包まれている。それでも、その人生の軌跡と彼の書いたものをたどれば、何が彼を動かしているのかが見えてくる。

ジェフ・ベゾスは幼いころ——耳が大きく、弾けるように大声で笑い、好奇心の塊だった子ども時代に——毎年夏になると、母方の祖父であるローレンス・ギーゼが持っていた南テキサスの広大な農場で休みを過ごした。祖父のギーゼは厳しくも愛情深い元海軍司令官で、アメリカ原子力委員会の管理職として水素爆弾の開発に携わった人物である。

ベゾスはこの場所で自活力を身につけた。ブルドーザーが故障すると祖父と一緒にクレーンをつくってギアを持ち上げ、自分たちで修理した。家畜を去勢し、風車をつくり、配管を敷き、科学とテクノロジーと宇宙旅行の最前線について長い会話を交わした。

「動物の世話は祖父がすべて自分でやっていた」とベゾスは言う。「家畜用の手術針も自分でつくっていたほどだ。針金をバーナーで熱し、叩いて平らにして削り、穴を開けると針ができる。そのおかげで命拾いした家畜もいた」

ベゾスは本の虫で、冒険心に満ちていた。祖父はよく、ＳＦ小説の膨大な蔵書のある図書館にベゾスを連れていった。夏のあいだ、ベゾスは書棚にある数々の本を読みまくった。アイザック・アシモフとロバート・ハインラインのファンになり、のちに彼らの言葉を引用したり、小説に出てくるルールや教訓や言い回しを挙げるようになった。

ベゾスの自活力と冒険心は母親譲りでもある。母親のジャッキーは、ベゾスやその父親に負けず劣らず粘り強くて頭が切れた。ベゾスを身ごもったのは、彼女が17歳のときである。

「まだ高校生だった」とベゾスは言う。「１９６４年のアルバカーキなら、若い女の子の妊娠なんて大したことじゃなかっただろうと思うかもしれない。それは違う。相当の覚悟が必要だった。両親の多大なサポートも必要だった。高校からは退学させられそうになった。妊娠が感染《うつ》るとでも思われたのだろう。冷静で賢かった祖父が校長と直談判して、母は高校で勉強を続け、卒業できることになった」

母親から学んだことは？

「あの母に育てられたら、やり抜く力《グリット》が尋常でなく強くなるよ」

ベゾスの生物学上の父親は自転車屋を営み、サーカス団で一輪車乗りの芸を披露していた。母親のジャッキーと結婚していたのはほんの短いあいだだけだった。

ベゾスが４歳のとき母親は再婚した。再婚相手とは相性がよく、やり抜く力と意志の強さがいかに大切かをベゾスは義理の父からも教わった。

義理の父はミゲル・ベゾスという名だが、マイクと呼ばれていた。マイクもまた自活力と冒険心のある人物だった。16歳のとき、フィデル・カストロ統治下のキューバから一人で難民としてアメリカにやってきた。羽織っていたのは、家にあったぼろ布で母親が縫ってくれた上着だった。マイクはジャッキーと結婚し、活発な連れ子を養子にした。息子は養父の姓を名乗り、生涯本物の父親と考えるようになった。

「ひとつのこと」への執拗なこだわり

１９６９年、５歳だったベゾスはアポロ11号の月への飛行と、ニール・アームストロングが月面に降り立つ姿をテレビで見た。ベゾスに大きな影響を与えた瞬間だった。

「居間のテレビを見ながら、両親と祖父母が興奮していたことを覚えている」とベゾスは言う。「そんな興奮を幼い子どもは敏感に感じ取る。何か特別なことが起きているとわかるんだ。だから私も宇宙に夢中になった」

ほかにも夢中になったものは多いが、宇宙への情熱がきっかけでベゾスは熱狂的な「スタートレック」ファンになり、すべてのエピソードをことごとく知るまでになった。

モンテッソーリ幼稚園《プリスクール》でも、ベゾスの集中力は並外れていた。

「先生は、私がひとつのことに集中しすぎてほかの作業に移らないので、仕方なく椅子を取り上げて移動させたと母にこぼしていたようだ。もっとも、まわりの人に聞いたら、いまも変わっていないと言うだろうね」

１９７４年、10歳のときに、スタートレックへの情熱がコンピュータにつながった。ヒューストンの小学校のコンピュータ室にあった端末で、スタートレックのビデオゲームを遊べることを発見したのだ。

当時、父親は石油会社のエクソンで働いていた。まだパーソナルコンピュータ以前の時代で、小学校のコンピュータ端末は、余剰の処理能力を無償で提供してくれていた企業のメインフレームと電話回線でつながれていた。

「昔のアナログモデムでつなげるテレタイプ端末があった」とベゾスは言う。「固定電話のダイヤルを回して受話器を手に取って小さな受け皿に置くんだ。誰も――先生たちは誰もコンピュータの使い方を知らなかった。一人もね。でも、分厚いマニュアルがあったので、私と何人かの仲間が授業のあとに居残ってプログラミングを独学した。……それから、ヒューストンのどこかにあるメインフレームのプログラマーたちがすでにスタートレックのゲームをできるようにプログラムしていたことがわかったんだ。その日からゲーム三昧になった」

トマス・エジソンとウォルト・ディズニー

電子機器と機械への情熱を後押ししたのも母親だった。ベゾスをよく家電量販店に使いに出し、自宅のガレージを科学プロジェクトの作業場に改造させた。ベゾスが弟と妹にギョッとするようないたずらを仕掛けても、やりたいようにさせていた。

「家の中に、いろんな種類のアラーム付きの罠をしょっちゅう仕掛けていた。ただ音が出るだけのものもあれば、実際に動くものもあった。母は一日に何度も私を家電屋にお使いに出してくれて、神様みたいだった」

子どものころに憧れたビジネスマンはトマス・エジソンとウォルト・ディズニーだ。「昔から発明家と発明に興味があった」とベゾスは言う。エジソンのほうがはるかに多くの発明を世に出しているが、ベゾスはそのビジョンの大胆さからディズニーをより崇《あが》めるようになった。

「ディズニーには、ものすごく多くの人たちに届く夢をつくりだす途方もない力があったように思える。ディズニーが生み出したもの、たとえばディズニーランドはエジソンの多くの発明と違って、一人の力では決して実現できない壮大な夢だ。ウォルト・ディズニーは膨大な人数のチームをひとつの目標の実現に向けて努力させた」

ベゾスが高校に上がるころには、一家はマイアミに引っ越していた。ベゾスはオールＡの優等生で、オタクっぽく、まだ宇宙探検に取り憑かれていた。卒業式で総代に選ばれたが、そのときのスピーチも宇宙についてだった。惑星に入植し、スペースホテルを建て、製造拠点を地球外に出すことで、このか弱い地球という星を救う計画について、ベゾスは語った。そして、「宇宙よ、最後の開拓地よ、いずれ会おう！」と締めくくった。

ベゾスは物理学を学ぼうと志を抱いてプリンストン大学に入学した。なかなかいい計画に思えたが、それも量子力学の授業に突き当たるまでだった。

ある日ベゾスはルームメイトと一緒に、とりわけ難しい偏微分方程式を解こうとして、同じ授業を取っていた別の部屋の学生に助けてもらいにいった。彼はその問題をちらっと見て、ベゾスたちに答えを教えてくれた。その学生が暗算で答えを導いたことにベゾスは驚いた。正解にたどり着くには、3ページ分もの細かい代数の計算が必要だったのだ。

その瞬間、自分は偉大な理論物理学者にはなれないと悟ったとベゾスは言う。直感的にそう思い、「すぐに専攻を変え、電気工学とコンピュータサイエンスを勉強することにした」。

つらい気づきだった。物理学者になろうと心に決めていたが、自分の限界を否応なしに見せつけられたのだ。

「後悔最小化」のフレームワーク

大学を出るとニューヨークに移り、コンピュータのスキルを生かせる金融業界に応募した。そしてデヴィッド・E・ショーが経営するヘッジファンドに入社する。コンピュータアルゴリズムを利用して金融市場におけるミスプライスを発見するのが、この会社の特色だった。

ベゾスはすさまじい意気込みと勤勉さでこの仕事に臨んだ。のちにアマゾンに吹き込んだ猛烈な仕事ぶりを予感させるように、ベゾスは仕事が深夜に及んだらオフィスで眠れるよう寝袋を持ち込んだ。

ヘッジファンドで働いていた１９９４年、インターネットが年率２３００パーセントを超える速度で成長しているという統計をたまたま目にした。ベゾスは何としてもこのロケットに乗りたいと感じ、オンライン小売店舗を開くというアイデアを思いついた。カタログによる通信販売のデジタル版のような構想だった。

最初はひとつの商品からはじめるのが妥当だと考え、書籍を選んだ。ひとつには彼が本好きだったこともあるが、書籍は生鮮品などとは違って腐らない商品であり、二大取次業者から仕入れができることもよかった。しかも、出版されている書籍の点数は２００万タイトルを超えている。それほど多くの書籍を置ける物理的な書店はない。

このアイデアを実現させるためにヘッジファンドを辞めたいとデヴィッド・ショーに言うと、ショーはベゾスを散歩に連れ出し、セントラルパークを2時間ほど一緒に歩いた。「ジェフ、そうだな、すごくいいアイデアだと思う。いいアイデアには違いないがね、でも君のようにいい仕事に就いていない人なら、もっといいと思うよ」

心を決める前に数日考えてみるように、ショーはベゾスを説得した。そこでベゾスは、前年に職場結婚していた妻のマッケンジーに相談した。

「あなたがやりたいことなら全面的に応援する」とマッケンジーは答えた。

どうするか決めるのに、ベゾスは頭の中である演習をやってみた。それは「後悔最小化のフレームワーク」と彼が呼んでいたもので、その後ベゾスのリスク計算思考の一部として有名になる思考実験だ。80歳になってその判断を振り返ったときに、どう思うかを想像してみるのだ。

「後悔の数をできるだけ減らしたいんだ」とベゾスは言う。「80歳になったとき、これに挑戦したことは絶対に後悔しないはずだと思った。ものすごく大きなトレンドになりそうなこのインターネットってやつに自分が参加しようとしたことには後悔しないだろう。もし失敗しても後悔はしないが、やらなかったら後悔する。きっと毎日心残りがつきまとうとわかっていた」

「7割の確率」ですべてを失うかもしれない

ベゾスとマッケンジーはテキサスに飛び、ベゾスの父親からシボレーを借りて西へと向かった。この旅がのちにアマゾン起業の逸話として伝説となる。マッケンジーが車を運転するあいだ、ベゾスは事業計画をつくりあげ、売上予想をスプレッドシートにびっしり書き込んだ。

「事業計画なんて絵に描いた餅だから、現実に通用しないことはわかっていた。それでも、きちんと計画を立てればいやでも課題を考え抜くようになるし、頭がその事業計画に慣れてくる。するとこっちを押したらあっちが動くとか、そういうことがわかりはじめる。だからそこが出発点になるんだ」

ベゾスは新会社をシアトルに置くことにした。ひとつにはマイクロソフトもほかの多くのテクノロジー企業もシアトルにあったので、エンジニアがたくさんいて採用しやすかったからだ。しかも、書籍の取次会社にも近かった。

ベゾスはすぐに会社設立の手続きをしたかったので、車の中から友だちに電話をしてシアトルの弁護士を紹介してもらった。その友だちの離婚弁護士だったが、会社設立の手続きくらいはできると言う。

ベゾスは魔法の呪文「アブラカダブラ」の「カダブラ」を会社名にしたいと弁護士に伝えた。弁護士は「死体《カダバー》？」と聞き返した。ベゾスは独特の豪快な笑い声をあげ、もっとましな社名にしたほうがいいと悟った。いろいろ考えたすえ、この地球上で最大の店にしたいという願いを込めて、世界最大の川の名を社名に選んだ。

父のマイク・ベゾスに電話をして計画を伝えると、彼は「インターネットって何だ？」と聞いた――少なくとも、ベゾスの思い出の中ではそうなっている。実際には、マイク・ベゾスはダイヤルアップの初期のオンラインサービスを使っており、オンライン販売がどんなものかはそれなりに理解していたはずだ。

父親も母親も、高給な金融の仕事を捨ててわけのわからないことをやるのはどうかと思っていたようだが、二人は虎の子の10万ドルをはたいて、その後さらに追加で投資した。

「起業資金は主に両親からもらった。これまで貯めた貯金のかなりの部分を、その後アマゾン・ドット・コムになる会社に投資してくれた」とベゾスは言う。「両親にとってはすごく勇気のいることだったが、信頼してくれたんだ」

マイク・ベゾスは、アマゾンのコンセプトも事業計画もあまり理解していなかったと認めている。「父は息子の私に賭けたんだ。母もね」とベゾス。「7割の確率で、投資資金をすべて失ってしまうかもしれないと両親には伝えた。それでも普通の人より3倍くらいは成功する確率は高いという前提だった。スタートアップが成功する確率は1割しかないから」

母親のジャッキーはのちにこう語っている。

「アマゾンに投資したわけじゃなくて、息子に投資したの」

結局二人は追加投資も入れて、アマゾンの6パーセントを所有するまでになり、その富を使って、世の子どもたちのための幼児学習を積極的かつ創造的に支援している。

ベゾスのアイデアを理解できなかったのは両親だけではない。クレイグ・ストルツは当時、ワシントン・ポストの記者として消費者向けテクノロジーを専門に記事を書いていた。ストルツのもとに、ベゾスが自分のアイデアを売り込みにきた。

「小柄で、ぎこちない笑みを浮かべ、頭は薄くなりかけていて、どこか熱に浮かされていた」とストルツはブログに書いている。ストルツは歯牙《しが》にもかけず、けんもほろろに、記事は書かないと断った。それから長い年月が経ち、ストルツが辞めてからずっとあとに、ベゾスはワシントン・ポストを買収することになる。

ベゾスと妻のマッケンジーはシアトルに近い2寝室の家を借り、まずそこで会社を設立した。「ガレージを仕事場にして、サンのワークステーションを3台置いた」とジョシュ・クイットナーはのちにタイム誌に書いている。「家中のコンセントというコンセントから延長コードがガレージまでうねうねと延びていて、天井には黒い穴が覗いていた。スペースを確保するためにだるまストーブを取り外した跡だった。節約しようとベゾスが量販店で木製のドア板を3枚買ってきた。留め具とＤＩＹ用の角材を使って机を3台つくった。1台たった60ドルでね」

１９９５年7月、最初の成功

アマゾン・ドット・コムは１９９５年7月16日に開店した。注文が入るたびにベルが鳴る仕組みをつくったが、注文が殺到したので、すぐにその仕組みはやめなければならなくなった。友だちの口コミ以外にはマーケティングらしきことは何も行っていなかったのに、初月から全米50州すべてと45か国から注文が入った。

「最初の数日で、ものすごいことになるとわかった」。ベゾスはタイム誌にそう語っている。「大胆な希望を掲げたつもりが、それよりはるかに大きな何かを掘り当てたことは明らかだった」

ベゾスと妻と数人の社員ですべてに対応した。梱包し、包装し、小包を車で配送所まで送り届けた。

「思ってもみないほどたくさん注文が入ったが、組織と呼べるものはまったくなかった。コンクリートの硬い床に膝をついて、手で箱詰めしていたんだ」とベゾスは言う。

アマゾンの有名な起業伝説のひとつで、ベゾスが例の豪快な笑い声をあげながらよく語る逸話が、箱詰めを楽にする方法を発見したときの話だ。

「箱詰め作業がつらすぎる！　背中が痛いし、セメント床が硬くて膝も痛い」。ある日ベゾスが音をあげた。「わかった、膝当てを買えばいいんだ！」

まるで世界一の間抜けかと言わんばかりに、ある社員がベゾスを見た。

「梱包台があればいいんじゃないですか？」

ベゾスは、天才だとでも言いたげにその社員を見た。

「こんな賢い案はないと思ったよ」。ベゾスは当時をそう思い返す。「翌日、梱包台を買って、生産性が倍になった」

アマゾンはあっという間に大きくなったため、ベゾスと仲間たちは準備不足のまま多くの思いがけない難事に対処するはめになった。それでも、みんなであくせくと動き回らなければならなかったことが、かえってよかったとベゾスは考えている。

「社のすべての部署に顧客サービスの文化が生まれた」とベゾスは言う。「すべての社員が、自分たちの手を動かして顧客と関わり、注文が確実に配送されるよう気を配ったことが、価値ある文化につながった。まさに私たちの目標である『地球上で最もお客様を大切にする企業』になるという文化だ」

それからまもなく、ベゾスは「あらゆるものを買える店《エブリシング・ストア》」になることを目標に掲げた。次に参入したのは、音楽とビデオだ。さらにベゾスは顧客に目を向け続け、1000人の利用者にメールを送り、ほかにどんなものが買えるようになったらいいかを聞いてみた。

ベゾスは利用者の答えから「ロングテール」の概念を深く理解した。そして、日常的に売れるものではないためにほとんどの実店舗では棚を確保できないような品物を提供することを考えた。

「みんな、とにかくそのときにほしかったものを答えた」とベゾスは言う。「たとえば覚えているのは、『車のワイパーがいますぐ必要だから、ここで買えたらいいのに』という答えだ。それを見て、『そうか、これなら何でも売れるな』と思った。それから家電とおもちゃを売りはじめ、そのうちにカテゴリをさらに拡大していった」

パーソン・オブ・ザ・イヤーと大打撃

私がタイム誌の編集長だった１９９９年の終わりに、ベゾスを「パーソン・オブ・ザ・イヤー」に選ぶことにした。当時は有名な世界的リーダーでも政治家でもなかったベゾスを選んだのは、伝統から多少逸脱した決断だった。

私はつねづね、人々の生活に最も影響を与えるのはビジネスやテクノロジー業界の人たちだと考えているが、そうした人たちがキャリアの初期にメディアで大々的に取り上げられることはあまりない。

たとえば、私たちがアンディ・グローブをパーソン・オブ・ザ・イヤーに選んだのは１９９７年の終わりで、それはマイクロチップの爆発的加速が過去のどの首相や大統領や財務長官よりもこの社会を変えていることを私自身が感じたからだった。

しかし、ベゾスを表紙にしたタイム誌の１９９９年12月号の発行が近づくころには、ドットコムバブルの熱狂も冷めはじめていた。私は不安になったし、現実にアマゾンに代表されるインターネット銘柄は総崩れしはじめた。

そこで、タイム・インクの最高経営責任者だった賢人のドン・ローガンに、ベゾスを選んだのは間違いだっただろうか、インターネット経済がこれからしぼんでいけばあとで振り返って愚かな選択に見えるのではないかと訊ねた。だが、「そんなことはない」とドンは言った。

「君の選択を貫け。ジェフ・ベゾスはインターネット事業をやってるわけじゃない。顧客サービス事業をやってるんだ。ベゾスはこれから何十年と生き残る。ドットコムバブルのことも、その崩壊についても、人々が忘れたずっとあとになっても、かならず残っているはずだ」

記事は予定通りに進めることにした。偉大なポートレート写真家のグレッグ・ハイスラーはベゾスを説得し、梱包材を詰めたアマゾンの箱の中からベゾスの顔が突き出すようにポーズを取らせた。それからマーガレット・カールソンの自宅で、オンラインで注文できる食べ物と飲み物だけでパーティを開いた。

若手編集者の中でも最高に優秀だったジョシュア・クーパー・ラモが歴史的観点からベゾスを次のように描いている。

> 経済に歴史的な転換が起きるとき、私たちが感じるよりはるか以前にその鼓動を感じる人たちがいる。その鼓動は強く、彼らを行動に走らせる。彼らの行動は、ときに急ぎすぎ

に見えることもあれば、愚かにすら見えることもある。蒸気船の船主だったコーネリアス・ヴァンダービルトは鉄道時代の到来を予測して鉄道業に乗り換えた。トーマス・ワトソン・ジュニアはまだコンピュータが影もかたちもなかったころに、やがてコンピュータがいたるところに入り込むという強い予感に動かされ、父親の事務機器会社だったＩＢＭでコンピュータ事業にすべてを賭けた。ジェフリー・プレストン・ベゾスは、ワールド・ワイド・ウェブというつながり合ったコンピュータの迷路をはじめて覗き込んだとき、そこに輝く小売業の未来があることに気づいた。……ベゾスはオンライン販売の全体像を完全に見通し、優雅で魅力的なアマゾン・ドット・コムのサイトをつくった。だからアマゾンはそのはじまりの日から、オンラインで何かを売り買いしたい人たちの拠り所になった。そして、じつは誰もがそんな場を求めていたことが明らかになった。

アマゾンはインターネットバブルの崩壊でたしかに大打撃を受けた。タイム誌のパーソン・オブ・ザ・イヤー号が出た１９９９年12月、アマゾン株は１０６ドルだった。ひと月後、株価は40パーセント下がっていた。それから2年もしないうちに、株価は6ドルまで落ちた。

ジャーナリストも株式アナリストもアマゾンをばかにし、「アマゾン・ドット・終わった《トースト》」だの「アマゾン・ドット・大失敗《ボム》」だのとあだ名をつけた。その直後の株主への手紙で、ベゾスは、「いたた」という一言を文章の冒頭に持ってきた。

データと同じくらい「直感」を重視する

しかし、ドン・ローガンは正しかった。アマゾンとベゾスはバブル崩壊を生き延びた。

「株価が１１３ドルから6ドルまで落ちるのを見ながら、同時に顧客数や単品利益など社内のすべての事業指標を見張っていた」とベゾスは語る。「事業のあらゆる指標が上向いていたし、加速していた。そして固定費型ビジネスなので、社内の指標から、販売量が一定の水準を超えると固定費を回収して、高収益になることはわかっていた」

ベゾスはずっと先の競争に目を向けながら、利益を犠牲にして成長を優先し、競合相手をしつこく、ときには容赦なく攻め続け、仲間たちにさえ厳しく当たった。

ドットコムバブル崩壊の最中に、ベゾスと数人のインターネット起業家が、トム・ブロコウが司会を務めるＮＢＣナイトリーニュースの特番に出演した。

「ベゾスさん、あなた、利益（PROFIT）という言葉を正しく綴れますかね？」

ブロコウは、アマゾンが赤字を垂れ流しながら成長していることをことさらに強調してみせたのだ。

「ええ、もちろん」とベゾスは答えた。「P-R-O-P-H-E-T（預言者）ですよね」

そして２０１９年にはアマゾンの株価は２０００ドルになり、売上は２３３０億ドル、従業員は世界中で64万7000人を数えるまでに成長した。

ベゾスがどうイノベーションを起こし事業を運営するかを示したいい例が、アマゾン・プライムの立ち上げである。アマゾン・プライムは、オンラインでの買い物を圧倒的に速く安くし、アメリカ人の意識を一変させた。

取締役の一人は、アマゾンで航空会社の特典プログラムのような、お得意様プログラムをつくるべきだと以前から勧めていた。それとは別に、アマゾンのあるエンジニアが、最優良顧客には配送料を無料にしてはどうかと提案した。ベゾスはそのふたつのアイデアをひとつにして、財務チームに費用対効果の分析をさせた。

「結果はとんでもなく割に合わなかった」

とベゾスは笑いながら語る。だがベゾスにはルールがあった。それは、重要な判断をするときには、検証データと同じくらい心と直感を使うというルールである。

「リスクを取るべきときもある。野性の勘も必要だ。そうしたものがあってはじめて優れた判断ができる。そしてグループで議論して判断する。謙虚な姿勢が必要だ」

アマゾン・プライムをはじめたら、もとに戻れないことはわかっていた。引き返すのは難しい。

「私たちは何度も間違ってきたし、ファイアフォンのような大失敗もあった。そのほかにもうまくいかなかったことはたくさんある。失敗に終わった実験をすべて書き連ねるのはやめておくが、いくつか大勝ちすれば、無数の失敗した実験のもとは取れる」

もちろん、やりはじめは恐ろしい試みになることはわかっていた。プライムに加入するユーザーはおそらく最も配送量の多いユーザーだと思われたからだ。

「無料で食べ放題のビュッフェを提供したらどうなる？　金がかかるのは当たり前だ。最初に飛びつくのは誰だろう？　大食いの人たちだ。だから怖かった。エビ食べ放題なんて言ってよかったの？　どうしよう、とハラハラしていた」

しかしアマゾン・プライムは、優良顧客の囲い込み施策と利便性が一体化したサービスとして、大量の顧客データの源になっていく。

ビジネス史に例を見ない「幸運」

ベゾスが生み出した最も偉大で偶発的なイノベーションは、アマゾン・ウェブ・サービス（ＡＷＳ）だ。アイデアのきっかけは社内で生まれたエラスティック・コンピュート・クラウドというソフトウェアと、シンプル・ストレージ・サービスというホスティング業務である。

これらに関連するさまざまなアイデアがひとつにまとまり、「開発者と事業者がスケーラブルで高度なアプリケーションを開発できるようにするウェブサービス」をつくることが提案された。

ベゾスはその将来性に飛びつき、ときには熱く檄を飛ばしながら、チームにより速くより大規模なサービスを開発するよう発破をかけた。

そしてできあがったサービスは、iPhoneのアップストア以来ほかのプラットフォームがなし得なかったほど、インターネット起業家に重宝されるようになった。

　このサービスがあれば、学生寮にいる大学生でも、どんな中小企業でも、なんなら大企業でも、何台ものサーバーやいくつものソフトウェアを買うことなく自分たちのアイデアを実験し、新しいサービスを築くことができるようになる。アマゾンは、世界中のどの企業より大規模な、サーバーファームや処理能力やアプリケーションといったインフラを、グローバルに分散させて提供できた。

「これまでとはまったく違うやり方で、事業者がコンピューティング能力を買い入れられるようにした」とベゾスは言う。「以前なら、コンピューティング能力が必要になった企業は、データセンターをつくり、サーバーをずらりと並べ、ＯＳをアップグレードし、すべてを運用し、あれもこれもとやっていた。いずれも、肝心の事業には何の付加価値も与えない。参入コストのようなもので、誰がやっても変わらない重労働だ」

　こうした作業が、アマゾン社内のさまざまな部門のイノベーターの足を引っ張っていることにも、ベゾスは気づいた。たとえば、アプリケーション開発者はつねにハードウェアのチームと衝突していた。

　そこでベゾスは標準的アプリケーション・プログラミング・インターフェース（ＡＰＩ）をつくらせ、処理能力にアクセスさせた。「それをやってすぐに、このサービスを世界中のすべての会社がほしがるに違いないとわかった」とベゾスは言う。

そして奇跡が起きた。数年のあいだ、この領域にはライバルが誰一人として参入してこなかったのだ。ベゾスは誰よりも先を見据えていた。

「私が知る限り、ビジネス史に例を見ない最高の幸運だった」とベゾスは語る。

「市場調査」は役に立たない

ときに、失敗と成功が同時に起こることもある。ファイアフォンは大コケしたが、スマートスピーカーのアマゾン・エコーとホームアシスタントのアレクサは成功した。

「ファイアフォンは失敗でしたが、私たちは失敗から学び（開発者も確保して）、エコーとアレクサの開発を加速させることができました」

２０１８年の株主への手紙にベゾスはそう書いている。

ベゾスのエコーへの情熱は、スタートレックへの愛着から生まれたものだ。子どものころ友だちとスタートレックのビデオゲームで遊んでいたとき、ベゾスはいつも好んで宇宙船エンタープライズ号のコンピュータのロールを引き受けた。

「エコーとアレクサは、スタートレックに登場したコンピュータが発想の源です」とベゾスは書いている。「また、これまで何年にもわたって私たちが開発し、探索を続けてきたふたつの領域からも発想を得ています。機械学習とクラウドです。アマゾンの初期から、機械学習は商品推奨機能の核になる技術でしたし、ＡＷＳを通してクラウドの絶大な力を間近で見てきました。長年の開発努力の末にエコーがお目見えしたのは２０１４年。そのエコーの頭脳になっているのが、クラウドの中に生きている人工知能のアレクサです」

こうして、スタートレックも顔負けの、知的なパーソナルアシスタントが生まれた。

アマゾン・エコーのはじまりは、ある意味でスティーブ・ジョブズがiPodをつくりだしたときに似ている。その発想は市場調査でなく直感から生まれたもので、顧客の明らかな要求に応えたわけではなかった。

「エコーがほしいとお客様に頼まれたわけではありません」とベゾスは言う。「市場調査は役に立ちません。仮に、２０１３年にお客様のところに行って、『台所に置いて、話しかけたり質問できたり照明をつけてくれたり音楽をかけてくれたりする、常時接続の黒い円柱形の家電がほしいですか？』と聞いたら、変な目で見られて、『結構です』と言われていたのは間違いありません」

顧客が求めたものではなかったにしろ、ベゾスは幸いにも家庭用デバイスとその中に入る音声認識や機械学習の機能を開発し、グーグルやのちにアップルのデバイスを上回る性能を実現して、アップルの鼻を折ることになる。

ベゾスは、２０１７年に買収した実店舗のホールフーズ・マーケットに、いずれアマゾンのオンライン店舗とプライムとエコーと顧客データ分析を統合したいと考えている。

ホールフーズを買収した理由のひとつは、創業者のジョン・マッキーのビジョンに憧れていたからだとベゾスは語っている。

ベゾスは買収の候補先企業の創業者や経営者に会うとき、相手がただ金目当てなのか、顧客サービスに真の情熱があるかどうかを見ようとする。

「私はいつも、まず何よりもひとつのことを見極めようとする。その人が使命を持った伝道者か、それとも金目当ての傭兵かということだ。傭兵は株をすぐに手放す。伝道者は自分たちのプロダクトやサービスを愛し、顧客を愛し、偉大なサービスをつくろうと努力する。矛盾するようだが、より多くのお金を稼ぐようになるのは伝道者のほうだ」。ベゾスにとってマッキーは伝道者であり、その情熱はホールフーズの哲学に吹き込まれていた。「ホールフーズは使命に動かされている会社で、マッキーは伝道者だった」

ひそかにつくった夢の会社「ブルーオリジン」

アマゾン以外でベゾスが大きな情熱を注いでいるのは、子どものころから夢として育んできた宇宙旅行だ。ベゾスは２０００年、シアトル近郊でひそかにブルーオリジンという会社を設立した。人類の起源である淡く青い地球にちなんでつけた社名である。

ベゾスは自分がファンだったＳＦ作家のニール・スティーブンソンに、この会社のアドバイザーになってもらった。

二人はとんでもなく斬新なアイデア、たとえば牛追いの鞭のようなデバイスを使ってカプセルを宇宙に打ち上げるといった、とっぴなアイデアをあれこれとこねくり回した。最終的に的を絞ったのは、再利用可能なロケットだ。

「１９６０年と２０００年で、状況はどう違っているだろう？」とベゾスは自問した。「エンジンはいくらかよくなったとはいえ、いまも化学ロケットエンジンが使われている。違うのはコンピュータ・センサー、カメラ、ソフトウェアだ。垂直着陸の問題を解決できそうなテクノロジーは、１９６０年にはなかったが２０００年には存在している」

２００３年３月、ベゾスは再利用ロケットを秘密裡に建設するため、テキサスに広大な農場を買い入れた。クリスチャン・ダベンポートが著した『宇宙の覇者ベゾスvsマスク』（新潮社）の見せ場のひとつが、ベゾスがヘリコプターで候補地を探しにいった際、そのヘリコプターが墜落して危うく死にかけた場面だ。

記者であり、ベゾスの伝記を書いていたブラッド・ストーンは、ブルーオリジンの存在を知るとベゾスにメールを送り、コメントを求めた。ベゾスはまだ何も話す気はなかったものの、ストーンが考えた、政府お抱えのＮＡＳＡがリスク回避に走り過ぎ、開発が停滞していると思ったベゾスが宇宙開発企業を設立したという筋書きをはっきりと否定した。

「ＮＡＳＡは国の宝で、私がＮＡＳＡに対して不満を持っているなどという話はデタラメだ」とストーンに返事を書いた。「私が宇宙に興味を持ったのは、ほかでもないＮＡＳＡが、５歳だった私に感動を与えてくれたからだ。５歳児を感動させられる政府機関がほかにあるだろうか？　ＮＡＳＡの仕事は過酷で非常にリスクが大きいが、彼らは素晴らしい成果をあげ続けている。小さな宇宙開発企業が何かを成し遂げられる可能性が少しでもあるとすれば、それはNASAの業績と開発力の恩恵にあやかれるからだ」

ベゾスの「最も重要な仕事」

ベゾスは金儲けではなく伝道者として宇宙探検に臨んでいる。

「これは私にとって最も重要な仕事で、強い信念を持ってやっていることだ」

とベゾスは言う。

地球は有限で、エネルギー使用がこれほど増大してくると、この小さな惑星の資源はまもなく枯渇することになるとベゾスは考えた。すると取る道は限られる。人類の生き残りのために経済成長をあきらめるか、地球以外の場所を探検し、外に拡大していくか。

「私の孫の孫には、私よりも一人当たりのエネルギーをもっと多く使うようになってほしい」とベゾスは言う。「それに、人口制限をかけるような状況にはなってほしくない。太陽光システムのもとで１兆人が過ごせるような未来を願っている。そしてそこに１０００人のアインシュタインと１０００人のモーツァルトが存在してほしい」

だがこれから１００年もたたないうちに、地球が人口増加とエネルギー利用を支えきれなくなるのではないかとベゾスは恐れている。

「するとどうなるだろう？　停滞状態《ステイシス》だ。停滞と自由は両立しない」

そこでベゾスは、いまから新天地の開拓を考えはじめるべきだと思うようになった。いまあるリソースを使って宇宙開発の費用を低減することで、「きっとこの問題を解決できる」とベゾスは言う。

ブルーオリジンは再利用可能なローンチ・ビークルとエンジンを使って宇宙旅行の費用を安くすることに集中した。アメリカ初の宇宙飛行士であるアラン・シェパードにちなんで名付けられた「ニューシェパード」は、垂直離陸して宇宙に飛び立ち、ふたたび地球に垂直着陸した最初のロケットとなった。しかもその後再利用されたことでも世界初となった。

ウェスト・テキサスで打ち上げられたニューシェパードは、最初から有人ロケットとして開発され、宇宙を往来する有料の旅客ロケットとして打ち上げも準備されつつある。また大学や研究室やＮＡＳＡのための有人飛行の研究実験も開始されている。

世界ではじめて軌道周回飛行を行ったジョン・グレンにちなんで名付けられた「ニューグレン」は、法人顧客やＮＡＳＡ、国家安全保障関係の顧客を宇宙へと運ぶ準備を着々と進めている。

２０１９年、ベゾスはブルームーン月着陸機の構想を発表する。ＮＡＳＡと5億ドルの契約を結び、ふたたび月面に人類を送り込むシステムを開発する計画である。このプロジェクトでブルーオリジンは、ロッキード・マーティンやノースロップ・グラマンやドレイパー研究所と手を組んでいる。それとは別に、アポロ計画で使われたサターンＶロケットに搭載されていた

Ｆ１エンジンを回収する探索にもベゾスは資金を出している。

なぜ「ワシントン・ポスト」を買収したか？

もうひとつ、ベゾスが情熱を傾けているのが、２０１３年に買収したワシントン・ポストである。新聞が衰退する時代に、ベゾスは資金と熱量と技術力と新しい記者をワシントン・ポストに投じる一方で、偉大な編集長のマーティン・バロンに完全な編集の裁量を与えた。

「私は新聞社を探していたわけではなかったし、買収するつもりもなかった。そんなことはこれっぽっちも考えていなかった。子どものころからの夢でもない」

だが、ワシントン・ポストの社主だったドナルド・グラハムからアプローチを受け、何度か話すうちに、この新聞の使命は大切だと思うようになる。そこで、いつものようにみずからの魂に問いかけ、分析と同じくらい直感に頼ることにした。

「ワシントン・ポストはとても重要な組織だ」。それが結論だったとベゾスは言う。「世界で最も重要な国の首都で新聞を発行している。この世界の民主主義に、とんでもなく大切な役割を果たしている」

そこでベゾスはグラハムにポストを買うことを伝え、価格を値切ることもなかった。

「交渉もせず、デューデリジェンス（適性評価手続き）もしていない」とベゾスは言う。「ドンが相手なら、その必要はないと思った。ダメな部分もすべて聞いたし、すごくいい部分についてもすべて聞いた。いいところも悪いところも、彼が話してくれたことはひとつ残らず本当だった」

ベゾスはワシントン・ポストを内容的にも財務的にも向上させたが、この買収は非常に高くついた。ドナルド・トランプは、ベゾスがワシントン・ポストの編集に口出ししないことも、アマゾンとは完全に切り離されていることも理解せず、気に留めてもいなかった。そんなわけでトランプは、私から見ると腐敗とも言えるやり方で権力を濫用し、連邦政府とアマゾン・ウェブ・サービスの契約を拒否して、アマゾンに罰を与えようとした。

ベゾスは自分の考えをワシントン・ポストに押し付けることはなかったが、その政治観と哲学は、社会自由主義――同性婚の合法化活動に寄付をするなど――と、経済的には個人の自由を重視する考え方の組み合わせだ。それは、カストロ時代のキューバから逃げてきた父親から受け継いだ考え方だ。

「自由市場経済は必然的に個人の自由を伴い、それがたまたま資源配分の観点からもうまくいく」

とベゾスは言う。自由市場はたんに効率がいいというだけでなく、個人の価値を尊重するところにメリットがあるとベゾスは信じている。続けて、彼は次のように語っている。

非常に優れた人工知能が〝見えざる手〟よりも上手に資源を配分できるようになり、「ニワトリの数はこれでは多すぎるから、このくらいの数でいい」と微調整するような世界を想像してほしい。そこでは富の創造がさらに加速されるかもしれない。つまりそこは、個人の自由を手放せば、全員が少しだけ金持ちになれるような社会だ。

　ではここで私が聞いてみたいのは、そんな世界になるとしたら、「自由を犠牲にしてもいいか？」ということだ。私自身は反対だ。とんでもないと思う。アメリカン・ドリームとは自由にほかならないのだから。

最重要の「５つのポイント」

　読者のみなさんは本書を通して、ベゾスのインタビューや著述や１９９７年以来彼がみずから綴ってきた株主への年次書簡から、多くの教訓を学び、隠れた真実を知ることができるだろう。ここに、私が最も重要だと思う５つの点を挙げる。

１「長期」に目を向ける

「長期《ロングターム》がすべて」。１９９７年に出した、いちばん最初の株主への手紙の見出しに、ベゾスは斜体でそう書いた。「短期利益や目先のウォール街の反応よりも、長期的に市場リーダーとしての地位を固めることを考えて、投資判断を行い続けます」

　長期に目を向けることで、より速くより安くより優れたサービスを求める顧客の利益と、投資リターンを求める株主の利益を一致させることができる。短期ではそれが一致するとは限らない。

そのうえ、長期思考はイノベーションを可能にする。

「われわれは発明や新しいことに挑戦したい」とベゾスは言う。「長期的な視点は発明に不可欠だ。発明の過程では、かならずたくさん失敗するから」

宇宙旅行への関心は、遠い未来にたえず目を向けさせてくれるのだとベゾスは言う。

アマゾンでも実践してきたように、はるかかなたの時間軸を見据える能力は、ベゾスの数ある強みのひとつである。ブルーオリジンの企業理念に、ベゾスはこう記している。

「ブルーオリジンは辛抱強く、一歩一歩、この長期目標を追求していく」

宇宙開発分野の競争相手であるイーロン・マスクが、度重なる失敗をマスコミに取りざたされたとき、ベゾスはみずからのチームに「ウサギでなく、のろまなカメになれ」と助言した。ブルーオリジンの企業ロゴにはラテン語で「GRADATIM FEROCITER」の文字が組み込まれている。その意味は「一歩ずつ、猛烈に」である。

数あるベゾスの長所のひとつが、このモットーに律儀に辛抱強く従い続ける能力だ。ベゾスはテキサスに所有する農場で、未来学者のダニー・ヒリスが設計した、1000年に一度カッコーが飛び出す「1万年時計」の建設をはじめた。

「これは特別な時計だ。長期思考のシンボルとして、それを目に見えるかたちにした物体なんだ」とベゾスは言う。

2 しつこく情熱的に「顧客」に集中する

ベゾスは１９９７年の株主に向けた手紙で、「お客様にこだわる」と書いた。その後、毎年かならず株主への手紙でその言葉を掲げ続けた。翌年には「私たちは、世界で最もお客様中心の企業を築くつもりです」と書いている。

「お客様は鋭く賢いということを大原則に掲げています。……安心している余裕はありません。私は社員たちに、不安を抱き、毎朝恐怖しながら目を覚ますように繰り返し伝えています。恐れなければならないのはライバル企業ではなく、お客様です」

アスペン研究所とバニティ・フェアが主催したカンファレンスで、ベゾスはこのことについてさらに詳しく話している。

「アマゾンの核にあるのは競合へのこだわりではなく顧客へのこだわりだ」とベゾスは語る。

「お客様はいつも不満を抱えている。お客様に集中することのメリットはそこにある。お客様はつねにより多くを望み、それによって企業を引っ張りあげてくれる。もし競合他社に執着し、市場の一番手であることにこだわれば、まわりを見回し、みんなが自分の後ろにいるのを見て、進歩のスピードを少し緩めてしまうかもしれない」

顧客に集中し続けるアマゾンの姿勢を表す例のひとつが、ネガティブなレビューも隠さず掲載するという方針だ。

ある投資家が、アマゾンは物を売ってはじめて利益が出るのに、ネガティブなレビューが商売の邪魔になることをベゾスはわかっていないのではないか、と文句をつけたことがある。

「その手紙を読んだとき、私たちは物を売ってお金を得ているのではないと思った」とベゾスは言う。「お客様の購買判断を助けることで、対価をもらっているんだ」

ウォルマートもそうだが、アマゾンもまたサプライヤーを搾取し無理に価格を下げさせていると批判される。だがベゾスは、顧客のために「ひたすら値段を下げ続ける」ことがアマゾンの核になる使命だと考える。このところの数年間、アマゾンは主要な顧客満足度調査で最上位に輝いている。

3 「パワポとスライド」のプレゼンを避ける

これはスティーブ・ジョブズも実践していた原則である。ベゾスは物語に力があると信じ、社員たちもアイデアを発表するときは叙述《ナラティブ》形式の読みやすい資料をつくるべきだと考えている。

「アマゾンではパワーポイント（またその他のスライド）を使ったプレゼンテーションはやりません」。近年の株主への手紙に、ベゾスはそう書いた。「そのかわり、6ページのナラティブ形式の文書を書くことにしています。そして毎回ミーティングのはじめに、勉強会のような感じでその文書をみんなで黙読します」

上限6ページまでとされるこのレポートは、誰が読んでもはっきりとわかるように書かれていなければならない。それを強いることで、書き手はいやでも思考を整理しなければならなくなるとベゾスは考えている（し、それは正しい）。

レポートはチームで協力して書いてもいいし、一人のスタイルで書いてもいい。ときには、プレスリリースの提案を文書に組み込むこともある。

「たった6ページのレポートでさえ、チームワークの賜物《たまもの》です」とベゾスは言う。「あなたでなくても、チームの中に文章力がある人がいればいいのです」

4「大きな判断」に集中する

「経営層は、何に対して給料をもらっているのだろう？」とベゾスは問う。「数少ない優れた判断をすることに対してだ。リーダーの仕事は毎日何千もの決定を下すことではない」

ベゾスは意思決定をふたつに分類している。「後戻りできる決定」と「後戻りできない決定」だ。

後者は注意深く行わなければならない。

後戻りできる決定については、意思決定のプロセスを分散させるように努めている。アマゾンには、ベゾスが言うところの「承認への複数の道」がある。

ほかの組織では、提案は承認にたどり着くまでに、あらゆる階層の上司の門をくぐり抜ける必要があり、途中のどの階層でもつぶされる可能性がある。

だがアマゾンでは、承認権限のある数百人ものエグゼクティブの中の誰にでも、自分のアイデアを持っていくことができる。

5 「適材」を採用する

「多才で優秀な人材を採用し維持することに力を注いでいきます」。初期の株主への手紙にベゾスはそう綴っている。とくに創業間もないころの報酬は、現金よりもストックオプションにかなり偏っていた。「私たちの成功は、やる気のある社員を惹きつけ、留めておくことにかかっているということを自覚しています。ですから、社員一人ひとりがアマゾンの所有者のように考えなければなりませんし、そのために実際に株式を所有してもらわなければなりません」

採用にあたっては「3つの基準」を考えるよう、ベゾスはマネジャーたちに言い渡している。

「尊敬できる人物か？」

「加入するチームの能力を引き上げてくれる人物か？」

「その人はどの側面でスーパースターになる可能性があるか？」

アマゾンの仕事は決して楽ではない。ベゾスは採用面接でいつもこう警告する。

「長時間働く、一生懸命働く、賢く働く。いろんな働き方がある。だがアマゾンではその3つをすべて同時にしなくてはいけない」。そう言うベゾスに後ろめたさはない。「私たちは重要なものを、お客様にとって大切なものを、孫に自慢できるようなものをつくりだしているのです。そんな何かをつくるのが簡単なはずがありません。アマゾンには、犠牲を厭《いと》わず情熱を持ってこの会社を築いてくれる献身的な社員がいて、本当に幸運です」

こうしたベゾスの考え方を聞いて私が思い出すのは、スティーブ・ジョブズの姿だ。その姿勢はときに衝突を招き、人によっては厳しいと感じられたり、残酷だとさえ思えるかもしれない。しかしこの姿勢が、私たちの生き方を変えるような壮大で斬新なイノベーションや企業を生み出すことにもつながる。

ベゾスはこれらのすべてをやってきた。だが、彼の物語にはこれから書かれる章がいくつもある。ベゾスは昔から公共心があり、今後はもっと慈善活動に力を入れるのではないかと私は感じている。ビル・ゲイツの両親がゲイツを社会貢献の道へと導いたように、ジャッキーとマイクも、幼児教育をすべての子どもたちに届けるという使命に力を注ぎ、よきお手本となっている。

ベゾスが少なくとももう一度、大きく飛躍することは間違いない。私の予想では、おそらく宇宙旅行に出る最初の民間人の一人になるだろう。実際、ベゾスはその気満々だ。１９８２年に高校の卒業生総代として「宇宙よ、最後の開拓地よ、いずれ会おう！」と言ったその言葉通りに〔２０２１年7月20日、ベゾスは宇宙船「ニューシェパード」に乗り込み、ブルーオリジン初の有人宇宙飛行を実現した〕。

「世界の危機」を前にして

長年かけてアマゾンを比類なきグローバル企業に育てたベゾスも、２０２０年に世界を襲った危機は予想していなかったはずだ。

新型コロナウイルスの流行により、人々は家に留まるよう促されたため、イーコマース（電子商取引）の需要は一気に拡大した。そこで、アマゾンは何十万人にものぼる倉庫のスタッフの安全を守るという目眩《めまい》のしそうな課題に直面した。

ベゾスは自分の時間と思考を「すべてコロナ対策に注ぎ、アマゾンがどうしたらその役割をきっちりと果たせるかを考え抜いた」と言う。ニューヨーク・タイムズは、ベゾスが在庫やウイルス検査に関する課題解決のために毎日ミーティングを開き、指示を与えていると報道した。この数年間、ベゾスは長期プロジェクトに集中するため、日常業務の責任をほかの重役に移譲してきたが、その方向性を大きく変えたことになる。

また、議会もテクノロジー業界に圧力をかけてきた。２０２０年7月29日にベゾスは下院の公聴会に出席し、フェイスブック、グーグル、そしてアップルのＣＥＯと共に質問に答えた。ベゾスはその中で、アメリカが直面する課題を次のように語った。

「私たちは長年抱えてきた人種問題を解決できずにいます。気候変動や経済格差にも向き合わなければなりません。グローバルな感染症への対応にもつまずいています」

それから、起業家らしく前向きなトーンで語った。

「この国にはそのような至らない部分や問題は山積みですが、それでも、私たちがこのアメリカで享受している恩恵のほんの一部でも受けられればありがたいと思う人たちが、世界には大勢いるはずです。……この国では、毎日がはじまりの日なのです」

出典について

本書のＰＡＲＴ１とＰＡＲＴ２の内容はすべて、ジェフ・ベゾスの言葉と考えを収録したものだ。ＰＡＲＴ１の「株主への手紙」は、毎年4月にジェフ・ベゾスがアマゾンの株主に送る手紙を集めた章だ。ＰＡＲＴ２の「人生と仕事」は、次に記載するジェフ・ベゾスのインタビューや講演の原稿を集めた章である。

２０１８年9月13日、ワシントン経済クラブ（聞き手：デヴィッド・ルービンシュタイン）

２０１９年9月19日、「気候変動対策に関する誓約」立ち上げ記者会見

２０１６年5月18日、ワシントン・ポスト主催「時代の変革者」カンファレンス

２０１０年度プリンストン大学、卒業式スピーチ

２０１９年12月7日、「ロナルド・レーガン研究所」主催、レーガン国家防衛フォーラム（ＲＮＤＦ）カンファレンス（パネル：フレッド・ライアン、聞き手：ロジャー・ザケイム）

２０１９年5月9日、ワシントンＤＣで行われたブルーオリジンによる月面着陸機「ブルームーン」発表イベント

２０１７年11月4日、サミットＬＡにて、弟マーク・ベゾスとの対談

ＰＡＲＴ２の各セクションの出典は、次のとおりである。

人生の贈り物（経済クラブ、インタビュー）
人生を変えたプリンストン大学での出来事（経済クラブ、インタビュー）
あなたの選択があなたという人間をつくる（プリンストン大学の卒業生に向けたスピーチ）
創意工夫で問題を乗り越える力（弟マーク・ベゾスとの対談の書き起こし）
ヘッジファンドを辞めて本を売るようになった理由（経済クラブ、インタビュー）
根っこにある原因を見つける（経済クラブ、インタビュー）
富を創造する（経済クラブ、インタビュー）
アイデアを育む（経済クラブ、インタビュー）
３年先を考える（経済クラブ、インタビュー）
アマゾン・ウェブ・サービスはどのように生まれたか（経済クラブ、インタビュー）
アレクサ・ＡＩ・機械学習（ワシントン・ポスト主催カンファレンス）
実店舗とホールフーズ（経済クラブ、インタビュー）
ワシントン・ポストの買収（経済クラブ、インタビュー）
信頼（ＲＮＤＦ、インタビュー）
ワークライフハーモニー（弟マーク・ベゾスとの対談の書き起こし）

人材を採用する——傭兵か伝道者か（ＲＮＤＦ、インタビュー）

物事を決める方法（ＲＮＤＦ、インタビュー）

競争（ＲＮＤＦ、インタビュー）

政府による監督と大企業（経済クラブ、インタビュー）

気候変動対策に関する誓約（「気候変動対策に関する誓約」記者会見）

ベゾス・デイワン基金（経済クラブ、インタビュー）

宇宙を目指す目的（ワシントンＤＣでのブルーオリジン主催イベント）

アメリカでは、毎日がはじまりの日です（反トラスト法に関する米国議会下院公聴会での証言に先立ってジェフ・ベゾスが行ったスピーチ、２０２０年7月29日）

PART

1

株主への手紙

The Shareholder Letters

長期がすべて

１９９７年

アマゾン・ドット・コムは１９９７年、多くの節目を越えました。年度末までに利用者数は１５０万人を超え、売上は８３８パーセント増となる1億４７８０万ドルに達し、競合他社が続々と新規参入し競争が激化する中においても、市場リーダーとしての地位をさらに高めることができました。

ですが、いまはまだインターネットのはじまりの日《デイワン》であり、アマゾンにとってもまた、もし私たちが舵取《かじと》りを間違えなければ、現時点はまだはじまりの日にすぎません。

今日、イーコマースはお客様のお金と大切な時間を節約しています。明日になれば、イーコマースは個人の好みに合わせて発見の過程そのものを速く、豊かにしてくれるでしょう。

アマゾンはインターネットを利用してお客様のために本物の価値を創造し、それによって、すでに確立された巨大市場においても永続的な企業価値を生み出すことを望んでいます。

私たちは千載一遇のチャンスを目の前にしています。まさにいま、大手企業がオンラインでの事業機会を追いかけるためにリソースを結集し、オンラインでの買い物にあまり馴《な》染《じ》みのない消費者もまた心を開いて、新たな関係をつくろうとしてくれています。競争環境は引き続き速い速度で変わり続けています。多くの大手企業が信頼のおける商品やサービスをオンラインで提供するようになり、認知度とトラフィックと売上向上のために膨大な資源と労力をつぎ込んでいます。

私たちはいまここで迅速に、現在の地位を固め、今後の拡大施策を打ち出すと共に、ほかの分野でもイーコマースの機会を追求しはじめています。私たちが狙う巨大な市場には無限のチャンスがあると見ています。この戦略にはリスクが伴います。莫大な投資が必要ですし、既存の市場リーダーに対抗するための実のある施策を実行しなければなりません。

長期がすべて

アマゾンの成功は、私たちが生み出す長期的な株主価値によって測られると信じています。この価値とはすなわち、現在のアマゾンの市場リーダーとしての地位を拡大し、確固たるものにしていく能力そのものです。

市場リーダーとしての地位が強まるほど、アマゾンの収益力もより強固なものになります。市場の一番手になることが、より高い売上と利益をもたらし、資本の回転を速め、投資資本に対する高いリターンを可能にするのです。

私たちはつねにここに目を向けて、意思決定をしています。まず最初に評価の指標とするのは、市場リーダーとしての地位の強固さです。そして顧客数と売上の伸び、購買のリピート率、それからブランド力を指標とします。アマゾンはこれまで、顧客数、ブランド、そしてインフラを拡大しそれを武器にしていくことに投資してきましたし、今後も永続的な企業ブランドを築くために、ここに投資をしていきます。

私たちは長期に目を向けているため、他社とは違う意思決定や価値判断を行う場合もあるでしょう。ですからここで、私たちの基本的な経営姿勢と意思決定の方法について株主のみなさまにお知らせしておけば、それがみなさんご自身の投資哲学に合っていることを確かめられるかもしれません。

私たちはお客様にとことん集中し続けます。

短期利益や目先のウォール街の反応よりも、長期的に市場リーダーとしての地位を固めることを考えて、投資判断を行い続けます。

今後も引き続き事業活動と投資効果を厳格に計測し、十分なリターンを生み出さない事業は手放し、最も高いリターンを生み出す事業にさらに投資します。そしてこれからもみずからの成功と失敗から学び続けます。

市場リーダーとしての優位性を得られる可能性が十分にある分野には、ひるむことなく大胆に投資を行っていきます。これらの投資は成功することもあれば失敗することもあるでしょう。そしてどちらの場合にも、またひとつ価値ある教訓を学ぶことができるはずです。

もし決算報告の見栄《みば》えをよくするか、将来キャッシュフローの現在価値を最大化するかの二者択一を迫られたら、キャッシュフローを選びます。

大胆な選択を行う場合には、（競合状況が許す範囲で）株主のみなさまと戦略的思考の過程を共有し、私たちが長期的に市場リーダーとなるための合理的な投資判断をしているかどうかを、みなさん自身が評価できるようにします。

私たちは費用を賢く使い、無駄を省く文化を守るよう努力していきます。コスト意識の重要性をつねに強調し、赤字事業ではとくにコストを意識していきます。

私たちは成長に集中しつつ、長期の収益性と資本管理にも目を配り、双方のバランスを取っていくつもりです。いまの段階では、自社の事業モデルの潜在成長力を実現するために規模拡大が欠かせないため、成長を優先させることを選びます。

多才で優秀な人材を採用し維持することに力を注ぎ、引き続き現金より株式オプションに比重を置いて報酬を提供します。

私たちの成功は、やる気のある社員を惹きつけ、留めておくことにかかっているということを自覚しています。ですから、社員一人ひとりがアマゾンの所有者のように考えなければなりませんし、そのため実際に株式を所有してもらわなければなりません。

こうした考え方が「正しい」投資哲学だと訴えるつもりはありません。ですが、これがアマゾンの哲学ですし、これまでもこれからも続ける姿勢をはっきりと伝えておかなければ私たちの義務を果たしたことにならないと考えて、お知らせしています。

この基本的姿勢をお知らせしたうえで、ここからは事業の報告と１９９７年の進展、そして将来の見通しに目を移したいと思います。

お客様へのこだわり

私たちは創業当初から、お客様に圧倒的な価値を届けることに集中してきました。インターネットの世界がいまだに「遅くて誰も待たされる《ワールド・ワイド・ウェイト》」と揶揄《やゆ》される状態であることはわかっています。

そこでまず、お客様には、ほかでは手に入らない何らかのサービスを提供しようと決め、書籍の販売をはじめました。アマゾンでは物理的な書店ではあり得ない数の書籍を提供し（現在アマゾンの商品数はフットボール場6個分を占めるまでになりました）、お客様にとって便利で、検索しやすく、閲覧しやすいかたちで24時間３６５日休みなく営業しています。

私たちはお客様の購買体験の向上に根気強く努力し続け、この１９９７年には店舗を大幅に改善しました。いまではギフト券、ワンクリック購入、これまでよりはるかに多くのレビュー、コンテンツ、閲覧方法、リコメンデーション機能が提供できるようになりました。価格は劇的に下がり、顧客価値は上がり続けています。

顧客獲得における私たちの最大の武器はいまも口コミで、お客様が私たちを信頼してくれていることを、とてもありがたく思っています。リピート購入と口コミが組み合わさって、アマゾン・ドット・コムはオンラインの書籍販売市場では最大手となりました。

１９９７年、アマゾン・ドット・コムは数多くの指標で大幅に前進しました。

売上は１９９６年の１５７０万ドルから１億４７８０万ドルへと８３８パーセント増加しました。

累計顧客数は18万から１５１万へと７３８パーセント増加しました。

リピート注文の割合は１９９６年第４四半期の46パーセントから１９９７年同時期には58パーセントに伸びました。

調査会社のメディアメトリックスによると、アマゾンのウェブサイトはオーディエンスへのリーチで90位からトップ20位に入るまでに上昇しました。

アメリカ・オンライン、ヤフー！、エキサイト、ネットスケープ、ジオシティーズ、アルタビスタ、@ホーム、プロディジーといった多くの重要な戦略パートナーと長期的な関係を構築することもできました。

インフラ構築

１９９７年はトラフィックと売上とサービスレベルの大幅な増加に対応できるよう、事業インフラの拡充に力を注ぎました。

アマゾン・ドット・コムの社員数は１５８人から６１４人に増加し、経営陣も相当に強化しました。

配送センターを5万平方フィートから28万５０００平方フィートに拡大し、中でもシアトルの自社施設は70パーセント拡張し、11月にはデラウェアに２つ目の配送センターを立ち上げました。

期末の棚卸資産は2万タイトルに増え、お客様の選択肢はますます広がりました。

１９９７年5月の上場のおかげで期末の現金と投資残高は1億２５００万ドルとなり、借入金は７５００万ドルとなったことで、戦略の柔軟性が大きく広がりました。

社員

昨期の成功は、賢く才能ある勤勉な社員たちのおかげにほかなりません。そして私はこのチームの一員であることを誇らしく思います。これまで採用の基準を高く掲げてきましたし、これからもそれがアマゾン・ドット・コムの成功における最も重要な要因となるでしょう。

ここで働くのは楽ではありません（採用面接で、私は「長時間働く、一生懸命働く、賢く働く。いろんな働き方がある。だがアマゾンではその3つをすべて同時にしなくてはいけない」と伝えます）。しかし私たちは重要なものを、お客様にとって大切なものを、孫に自慢できるものをつくりだしているのです。そんな何かをつくるのが簡単なはずがありません。アマゾンには、犠牲を厭わず情熱を持ってこの会社を築いてくれる献身的な社員がいて、本当に幸運です。

1998年の目標

いま、私たちはまだインターネット取引とイーコマースを通してどのようにお客様に新しい価値を届けたらいいかを学んでいる初期の段階にいます。私たちの目標は引き続きユーザー基盤とアマゾンのブランドを強化し拡大することです。事業を成長させながら卓越した利便性、品揃え、サービスを支えるには、システムとインフラへの継続的な投資が欠かせません。次は音楽を提供し、そのうちに他の商品カテゴリにも進出する予定です。

海外のお客様にも、配送時間の短縮やお客様に合わせた購買体験といった、さらによりよいサービスを届ける大きなチャンスがあると信じています。

私たちにとっての大きな課題は、新たな事業拡大の方法を見つけることではなく、投資の優先順位を決めることです。そのことを、ここではっきり述べさせてください。

アマゾンの立ち上げ当初に比べれば、イーコマースについてはるかに多くの知識と経験を得ましたが、まだまだ学ぶことは多く残っています。私たちの未来は明るいと思っていますが、それでも警戒を怠らず、緊迫感を保たなければなりません。

アマゾン・ドット・コムの長期ビジョンを実現するまでには、いくつもの難題や障害に出合うことでしょう。たとえば、能力と資金のある攻撃的な競合企業、急激な成長と業務執行に伴うリスク、プロダクトのリスクと地域拡大に伴うリスク、そして拡大する市場機会を摑むための継続的な巨額投資などです。

とはいえ、以前から申し上げてきたように、オンラインの書籍販売も然《しか》りですが、イーコマース全般が非常に巨大な市場であることはいずれ証明されるはずです。そして、数多くの企業がここから大きな恩恵を受けるでしょう。これまで私たちがやってきたことは成功だと感じていますし、これからやりたいことについてはそれ以上にワクワクしています。

１９９７年はまさに最高の一年でした。私たちアマゾン・ドット・コムは、お客様が寄せてくださる信頼とお取引、社員の努力、そして株主のみなさまのご支援と励ましに心より感謝いたします。

こだわり

１９９８年

この3年半は飛躍の期間でした。これまでに累計６２０万人のお客様にアマゾンをご利用いただき、１９９８年末には売上も10億ドルを超え、アメリカで音楽とビデオと贈答品の販売を立ち上げ、イギリスとドイツにも進出し、ついこのあいだ、アマゾン・ドット・コム・オークションのサービスも開始しました。

これからの3年間は、これまでにも増して飛躍の年になるでしょう。数千万人のお客様が、オンラインで買いたいものを何でも探し、見つけられるような場所をつくるべく、私たちは努力を続けています。

まさにインターネットはまだはじまりの日で、もし私たちがこの事業計画を上手に実行できれば、アマゾン・ドット・コムにとってもいまがまさにはじまりの日と言えるでしょう。

これまでに起きたことからは想像しにくいかもしれませんが、私たちの前にあるチャンスとリスクは、過去に経験したものよりもはるかに大きいと思っています。

これからも多くの選択を意識的に用心深く行っていく必要がありますし、その中には常識から外れた大胆な選択もあるでしょう。そうした選択のいくつかが成功することを願っています。もちろん、失敗に終わる選択もあるに違いありません。

1998年の振り返り

お客様に集中し続けたことが奏功し、1998年は大きな進歩の年となりました。1997年に1億4800万ドルだった売上は、313パーセント増の6億1000万ドルとなりました。

累計の顧客アカウント数は、1997年末の150万アカウントから1998年末の620万アカウントへと、300パーセントを超える増加を果たしました。

新規のお客様が急増していることに加え、既存のお客様によるリピート注文率は1997年第4四半期の58パーセントから1998年同四半期には64パーセントへと上昇しました。

私たちにとって初の大々的な新規分野となったアマゾン・ミュージックストアは、立ち上げから最初の四半期でオンラインの音楽販売では最大手となりました。

イギリスとドイツで10月にアマゾン・ドット・コムのサービスを開始し、そのブランド力と技術力によって、両国を合わせた第４四半期の売上は前四半期の4倍となり、アマゾンＵＫ（イギリス）とアマゾンＤＥ（ドイツ）は両国の市場における最大手の書籍販売元となりました。

音楽事業に加えて、11月にはビデオと贈答品の販売を開始し、たった6週間でオンラインのビデオ販売最大手となりました。

イギリス、ドイツ、音楽、ビデオ、贈答品を合わせると、１９９８年第４四半期売上の25パーセントにのぼります。これらはすべて新規事業です。

本年度は、ワンクリック・ショッピング、ギフト・クリック、サイト全体の売上ランキング、即時リコメンデーションといった新機能を導入し、顧客体験を大幅に向上させることができました。

１９９８年度の売上と顧客数の伸び、また１９９９年の継続的な成長は、インフラストラクチャーの拡大によって支えられています。そのいくつかをここに特記しておきましょう。

１９９８年、従業員数はおよそ６００人から２１００人にまで増加し、経営陣も大幅に強化しました。

イギリスとドイツにも配送センターと顧客サービスセンターを開設し、年頭にはネバダ州ファーンリーで約32万３０００平方フィートの高度に機械化された配送センターを借り受けました。これらの配送センターの開設により、配送能力は2倍以上になり、お客様の自宅までの配送スピードもさらに向上することになります。

棚卸資産は年初の９００万ドルから年度末の３０００万ドルへと増加し、お客様に幅広い商品を提供できるようになったと同時に、製造メーカーからの直接購買により仕入れ価格を改善することもできています。

１９９８年5月に高利回り債を発行し、１９９９年初めに転換社債を発行したことで、現金及び投資残高は（プロフォーマにて）現在１５０億ドルという高水準にあり、強固な財務と戦略的柔軟性が確保されています。

私たちは幸いにも、現金に余裕を持てる資本効率のよいビジネスモデルの恩恵を受けています。物理的な店舗を構える必要がなく、在庫も抱えなくて済むため、集中的な配送モデルによってわずか３０００万ドルの在庫と３０００万ドルの施設及び設備装置だけで10億ドルまで売上を伸ばすことが可能です。

１９９８年には３１００万ドルの営業キャッシュフローを生み出し、２８００万ドルの新規の固定資産への投資を十分に賄《まかな》うことができました。

お客様

私たちは、世界で最もお客様中心の企業を築くつもりです。

お客様は鋭く賢いということをしっかりと心に留めつつ、ブランドイメージは現実の投影であり、その逆ではないことを私たちは大原則に掲げています。アマゾンのお客様はみずからアマゾン・ドット・コムを選び、その品揃えの豊富さ、使いやすさ、低価格、そして提供されるサービスを評価して友人にアマゾンを勧めると言っています。

だからと言って、安心している余裕はありません。私は社員たちに、不安を抱き、毎朝恐れながら目を覚ますように繰り返し伝えています。

恐れなければならないのはライバル企業ではなく、お客様です。アマゾンをいまの姿にしてくれたのもお客様ですし、私たちが関係を構築している相手も、大きな義務を負っている相手もお客様です。そして、お客様が私たちに忠実であっても、ほかの誰かがよりよいサービスを提供したその瞬間に、そっぽを向かれることもわかっています。

私たちはあらゆる機会を捉えてつねに改善し、実験し、イノベーションを起こしていく努力を怠ってはなりません。アマゾンのＤＮＡには先駆者としての遺伝子が組み込まれていますし、道を切り開くのはよいことです。なぜなら、パイオニア精神がなければ成功できないからです。

継続的なイノベーションと顧客体験への徹底的なこだわりを通してみずからを差別化してきたことは私たちの誇りですし、１９９８年に立ち上げた新規事業はそのことをよく示しています。音楽、ビデオ、イギリスとドイツでのオンライン書籍販売事業の立ち上げは、その最高の事例でしょう。

よく働き、楽しみ、歴史をつくる

非凡な人々がいなければ、変化の激しいインターネットの世界で結果を出すことはできません。歴史の一片をつくりだすことは、簡単ではないはずですし、いま私たちはまさにその難しさを身にしみて感じているところです。

アマゾンには現在、賢く勤勉で情熱的で、お客様を第一に考える2100人の社員がいます。採用の基準を高く設定することは、これまでも、そしてこれからも、アマゾンを成功に導く最も大切な要素であることは間違いありません。

採用面接では、次の3つの問いを念頭に置いて、決定を下すよう社員に求めています。

「尊敬できる人物か？」

あなたが人生の中で尊敬してきた人を思い浮かべると、それはおそらくあなたにとって学ぶところの多い人物か、お手本にしたいような人物でしょう。私は昔から、自分が尊敬できる人たちとだけ一緒に働くよう努めてきましたし、アマゾンの社員にも同じことを求めています。人生はあまりに短く、尊敬できない人と働いている暇はありません。

「加入するチームの能力を引き上げてくれる人物か？」

重力に逆らうのが私たちのやり方です。求める基準をつねに上げ続けなければなりません。社員には5年後のアマゾンの姿を思い浮かべてほしいと伝えています。5年後に、私たち一人ひとりがまわりを見回してこう言えるようにならなければなりません。「いまはものすごく高いレベルを求められてるな……。あのときに入社していてよかった！」と。

「その人はどの側面でスーパースターになる可能性があるか？」

私たちみんなの職場環境を豊かにしてくれるような独特な能力や趣味や切り口を持った人はたくさんいます。それが仕事に関係ない何かである場合も少なくありません。アマゾンには全米綴り方《スペリング》大会の優勝者もいます（1978年の優勝者だったと記憶しています）。それが日常業務に役立つわけではないでしょうが、たとえばたまに廊下で会ったときに「onomatopoeia」（オノマトペ）の綴りに挑戦してみたりすれば、職場が楽しくなるでしょう。

1999年の目標

将来に目を向けると、イーコマース全般に莫大なチャンスがあることは間違いありませんし、1999年は重要な一年になるでしょう。

アマゾン・ドット・コムは市場リーダーとして強固な地位を確立してきましたが、ライバルたちが一層勢いを強めてくることは確実です。私たちは売上規模で数十億、数百億ドル企業の土台を築き、数千万人のお客様に卓越したサービスと高い効率を提供できるよう、積極的に投資を行っていく予定です。

もちろん、これほどの莫大な先行投資は負担が重くリスクも大きいことは承知していますが、これがお客様に注文から配達まで最高の購買体験を届けることにつながり、最終的には株主のみなさまにとっても最もリスクの少ない長期的な価値創出につながるはずです。

１９９９年度の事業計画の項目は、いずれも当たり前のものばかりです。

配送能力

私たちはお客様が望むすべての売上を支え、膨大な商品在庫を迅速に取り出せるよう、大規模な配送インフラを構築するつもりです。

システム能力

これまでと同様の基準の事業成長を支えるため、システム能力を拡充していきます。システム部門の仕事は重大です。目先の成長に対応するために能力を拡張し、数十億ドル規模の売上と膨大な数のお客様に対応するためにシステムを再構築し、新規事業と新たなイノベーションのために機能とシステムを築き上げ、業務の質と効率をさらに上げなければなりません。

しかもその間、24時間３６５日休まず８００万人のお客様に対応し、数十億ドルの取引を支え続ける必要があります。

ブランド構築

アマゾン・ドット・コムは、オフラインの大手小売企業に比べるとまだ若く小さな会社で、このきわめて大切な時期に、幅広い層のお客様と強い関係をしっかりと築いていかなければなりません。

プロダクトとサービスの拡充

1999年度は引き続き、既存のプロダクトとサービスを拡充させると同時に、新たな分野も開拓していくつもりです。直近ではアマゾン・ドット・コム・オークションを立ち上げました。この新たなサービスをまだ試していない方は、いますぐwww.amazon.comに駆けつけて、オークションのタブをクリックすることをお勧めします。アマゾン・ドット・コムのお客様であれば、すぐに売り買いができるよう設定されています〔現在はサービス終了済み〕。売り手の方は、アマゾンをご利用になっている800万人の優良なオンライン買い物客とつながることができます。

人材とプロセスの強化

新たなプロダクト、サービス、地域、買収、事業領域を追加してきたことで、私たちのビジネスはきわめて複雑になってきました。アマゾンはチーム、プロセス、コミュニケーション、人材育成に投資していくつもりです。私たちの計画の中でも最も難易度が高いのが、この点における規模拡大です。

アマゾン・ドット・コムはこの一年、大きな飛躍を遂げましたが、まだまだ学ぶべきこともやるべきことも山積みです。未来を楽観してはいますが、警戒を怠らず、危機感を持ち続けなければならないことは承知しています。

多くの困難や障害が目の前にあります。たとえば、攻撃力と実力と資金力を兼ね備えたライバルの存在、事業拡大に伴う成長面の課題と実行リスク、ますます拡大する市場機会に対応するための継続的な巨額投資の必要性。

この手紙で最も大切なポイントと言えるのは、昨年の手紙でも細かく申し上げた、長期投資の姿勢です。

数多くの新たな株主を迎えたため（今年はこの手紙を20万部以上印刷しました。ちなみに昨年は1万3000部でした）、本年度のこの手紙のすぐあとに昨年度の手紙を添えています。ぜひ「長期がすべて」という見出しの文章を読んでいただければと思います。できれば二度読んでいただき、アマゾンがみなさんの投資したいたぐいの会社かどうかを確認してください。

そこにも書いていますが、私たちの哲学が正しいと申し上げているのではなく、これが私たちの哲学であることを知っていただきたいのです。

繰り返しになりますが、お客様、株主のみなさま、そしてアマゾンという大切な企業を築き、長きにわたる成長を目指して日々情熱を持って働いているすべての社員に、心から感謝し、ご多幸をお祈りします。

先の先を見据えて事業を築く

１９９９年

私たちは旅をはじめて最初の４年半で、目覚ましい結果を出してきました。現在アマゾンは１５０か国で１７００万人を超えるお客様にご利用いただき、グローバルなイーコマースのブランドでありプラットフォームとして最大手の地位を築いています。

これから数年のあいだに、数千万人の消費者がはじめてインターネットにつながり、世界中でイーコマースが広がっていくことの恩恵を私たちは受けるだろうと考えています。

オンラインでの購買体験が改善されるにつれ、消費者からの信頼は強まり、イーコマースはさらに広がっていくでしょう。もしアマゾンがいい仕事をしていれば、こうした新たなお客様に最高のサービスを届け、その結果、恩恵を受けられるような、独自の地位を築くことができるはずです。

１９９９年の振り返り

　１９９９年を振り返ると、これでもかというほどお客様に集中したことが奏功しました。１９９８年に6億１０００万ドルだった売上は、１６９パーセント増の16億４０００万ドルに拡大しました。

　新規のお客様は１０７０万人を数え、累計のアカウント数は６２０万から１６９０万に増えました。

　リピート注文率は１９９８年第４四半期の64パーセントから１９９９年の同期間には73パーセントを超えるまでになっています。

　いま、世界中のお客様が、品揃えの豊富さからアマゾン・ドット・コムをお選びくださっています。ほんの2年前には、アメリカにおける書籍販売が、アマゾンの売上のすべてでした。アメリカでの書籍販売も引き続き大幅に伸びてはいるものの、今日ではそれ以外の売上が全体の半分以上を占めています。１９９９年に立ち上げた主なカテゴリは、オークション、zショップ、おもちゃ、家電、リフォーム、ソフトウェア、ビデオゲーム、決済、そしてモバイル事業のアマゾン・エニウェアです。

　私たちは、既存の書籍カテゴリだけでなく、新しいカテゴリでも最高のオンラインストアとして認められています。

ひとつ例を挙げると、おもちゃのカテゴリでアマゾンは複数の賞を受賞しました。ＭＳＮＢＣの調査でオンラインのおもちゃ店として最高の評価を受け、フォレスター・リサーチの調査でもナンバーワンに選ばれ、消費者レポートでもおもちゃカテゴリで第1位となりました。いずれのランキングでも、数多くの歴史ある大企業を追い抜いての結果です。

アメリカ以外での売上は全体の22パーセント、３億５８００万ドルにのぼります。イギリスとドイツでは音楽とオークションとzショップを立ち上げました。アマゾンＵＫとアマゾンＤＥ、そしてアマゾン・ドット・コムはヨーロッパで最も人気のあるイーコマースサイトの1位、2位、３位を独占するほどになっています。

世界中での配送能力は、この12か月弱のあいだにおよそ30万平方フィートから５００万平方フィートに拡大しています。

ひとつにはこのインフラのおかげもあって、わずか3か月のあいだに売上を90パーセント伸ばしながら、ホリデーシーズンのあいだに99パーセントの注文を期限内にお届けすることができました。私たちの知る限り、これまで10億ドルを超える売上規模の企業で、３か月で売上を90パーセントも伸ばした企業はほかにありません。

これほどまでの成長率を保ちながら、業界の手本となるようなアマゾンらしい最高の顧客体験を届けるため、昼夜を問わず努力を重ねているアマゾンのみんなを大変誇らしく思います。

そんな全世界に広がる素晴らしいアマゾニアン〔アマゾン社員〕のチームに感謝したいとい

う株主の方がいましたら、ぜひ私までメールをいただければと思います（jeff@amazon.com）。働き者のスタッフたちの手を借りて、私がそうした声を集め、アマゾニアンたちに送ります。みんな喜んでくれるはずです（それに、この株主への手紙を読んでくださっている方がいることも確認できるので、一挙両得です）。

１９９９年もまた引き続き、アマゾンは高い資本効率の恩恵にあずかりました。アマゾンは物理的な店舗を建てたり、余分な在庫を積んだりする必要がないため、集中管理された配送モデルのおかげで、わずか2億２０００万ドルの棚卸資産と3億１８００万ドルの固定資産で、20億ドルを超える年間売上を達成することができました。過去5年間で使った累積営業キャッシュフローは６２００万ドルにとどまっています。

株主は何を所有しているか？

最近スタンフォード大学で行われたイベントで、若い女性がマイクに近づき、私に秀逸な質問をしました。

「いま、アマゾン株式を１００株持っています。私は何を所有しているのでしょう？」

そんな質問をされたことがなかったので驚きました。少なくとも、そんな平易な言葉で聞かれたことはありませんでした。

みなさんは何を所有しているのか？　それは、世界最大のイーコマースプラットフォームの一部です。

アマゾンのプラットフォームは、ブランド、お客様、テクノロジー、配送能力、イーコマースに対する深い知見、そして情熱を持ってイノベーションを追いかけ、お客様に最高のサービスを届けようとする偉大なチームからできています。

２０００年度のはじめには１７００万人のお客様にサービスを届け、お客様に目を向け続け、最も優れたイーコマースのシステムを持ち、独自の配送および顧客サービスのインフラを築いたことで世界的に高い評価を受けています。

アマゾンが臨界点《ティッピングポイント》に達したことは確かです。つまり、このプラットフォームによって新しいイーコマース事業を素早く立ち上げ、質の高い顧客体験を提供し、安いコストで高い成功の確率を約束し、ほかのどの会社よりも速く規模拡大と利益をもたらすことが可能になったのです。

このプラットフォームを使って、地球上で最もお客様を大切にする企業を築き、お客様がここに来てオンラインで買いたいすべてのものを探し、見つけられるような場所にすることが私たちの理想であり目標です。

私たちだけでそれを成し遂げるのではなく、何千何万というあらゆる規模のパートナーと共にその目標を達成するつもりです。私たちはお客様の声に耳を傾け、お客様のためにイノベーションを起こし、一人ひとりに合わせたサービスを届けながら、同時に、引き続き信頼を得られるよう努力していきます。

すでに明らかなように、このプラットフォームはこれまでにないほど莫大な規模のチャンスをもたらしてくれるものです。もし私たちがそのチャンスの大半をものにできれば、お客様と株主のみなさまの両方にとってこのプラットフォームが非常に価値のあるものだと証明できるはずです。

２０００年の目標

２０００年度、アマゾンは6つの大きな目標を掲げています。

顧客数を伸ばし、お客様一人ひとりとの関係を強化すること。引き続き速いペースで商品とサービスを拡充すること。社内のすべての分野で優れた業務運営を行うこと。海外に事業拡大すること。パートナーシップ・プログラムを拡充すること。最後に、最も大切な目標として、すべての事業領域で収益性を追求すること。

各目標について、少しお話をさせていただきたいと思います。

顧客数を伸ばし、関係を強化する

本年度も引き続き、新規顧客の獲得に重点投資していきます。この5年の大きな伸びを考えると想像しにくいことですが、イーコマースはまだ生まれたばかりで、多くのお客様がはじめてプラットフォームとの関係をつくりはじめた段階にあり、いまは業界の黎明期《れいめいき》でしかありません。アマゾンで買い物をしてくださるお客様の数を増やし、購入点数と購入頻度を増やし、購買体験の満足度を上げるため、努力しなければなりません。

商品とサービスを拡充する

お客様が買いたいものをいつでもどこでも何でも探して見つけられるような場所をつくることが私たちの目標です。新たな商品とサービスを提供することで、利用してくださるお客様の層が広がり、来店頻度も増えます。来店頻度が増えれば、お客様に戻ってきていただくための時間と労力とマーケティングへの投資が減ります。いつも目に入るものは、忘れません。

今後さらに拡大していくにあたり、新規出店には専属のチームを付け、各カテゴリで最高のサービスを提供できるように支えます。ですから、新規店舗はいずれも、私たちのお客様第一主義を示す新しいチャンスでもあります。さらに、新しい商品とサービスはすべて、私たちが行ってきた配送、顧客サービス、テクノロジー、ブランドへの投資に乗せられるため、収益性も高まります。

現場の業務遂行力を卓越させる

私たちにとって、業務面の卓越を目指す意味はふたつです。ひとつは顧客体験を継続的に向上させること。もうひとつは、生産性と利益率と効率と資産の回転率をすべての事業領域で向上させることです。

その片方を向上させるのにいちばんいいのは、もう片方を向上させることです。たとえば配送の効率が上がれば配送時間が短縮され、配送時間が短縮されると注文当たりの問い合わせ件数と顧客サービスコストが減ります。すると、顧客体験が向上し、ブランド力が増し、その結果、顧客獲得コストと維持コストが下がります。

２０００年、アマゾンは全社をあげて各事業の業務遂行力を卓越させることに力を注いでいきます。顧客体験と業務運営の両面で世界一になることで、成長のスピードを上げ、これまでより一層高いサービスレベルを達成することができるはずです。

海外に拡大する

アメリカ以外の場所に住むお客様は、国内のお客様ほど良質な小売サービスを受けていません。そこに私たちのプラットフォームを持っていくことで、アマゾンはグローバルな小売企業の一番手になれる可能性が十分にあります。

この5年近く、１５０か国に商品を配送してきましたが、すでにアマゾンのブランドは認知され、世界中にお客様が存在し、売上も上がっています。

イギリスとドイツのアマゾンが力強いスタートを切ったことをここに報告できて嬉しく思います。どちらもウェブサイトとしてトップ10に入り、それぞれの国でイーコマースでは最大手のサイトになりました。これを皮切りに、次年度のさらなる地域拡大を、世界中のお客様と株主のみなさまに期待していただきたいと思います。

パートナーシップ・プログラムの拡充

アマゾンのプラットフォームを通して、たとえばドラッグストア・ドット・コムのようなパートナーにきわめて大きな価値を届けられると考えています。これまでの経験から、アマゾン・ドット・コムがパートナーの事業構築にとって最も効果的で効率のいい手段になり得ることがわかっています。

私たちにとっても、パートナーシップを組むことが、お客様を中心に据えた費用対効果の高い方法で、多くの領域において素早く事業を拡大していける最善の方法だと考えています。

ここで強調しておきたいことがあります。質の高い顧客体験を届けられるかどうかが、パートナーを選ぶうえで最も重要な基準だということです。パートナーは誰でもいいというわけではありません。お客様に最高のサービスを届けるという情熱を共有できる相手とパートナーシップを築いていきます。

こうしたパートナーシップこそ、お客様が喜び、パートナーも喜び、経済的な魅力があり、株主のみなさまにも喜んでもらえるものだと考えています。

すべての事業領域で収益性を高める

ここまでにざっと申し上げた目標はそれぞれ、最も資本収益率の高い、長期的に価値の高まるような最高の企業を築くという長期目標に寄与するものです。そして、収益性を高めることが、ある意味でこのすべての目標の土台となります。

来年度は、サプライヤーとの提携、私たち自身の生産性と効率、固定資産と運転資本の運用、そしてプロダクトミックスと価格の管理を引き続き向上させることで、大幅な利益率の改善と費用対効果の向上が期待できます。

本年度立ち上げる商品とサービスはいずれも自社プラットフォームを土台にしているので、投資額はそれほどかからず、各事業が黒字化するまでの時間も総合的に見て短くなるはずです。

長期がすべて

結びに、最も重要な点をここでお伝えしたいと思います。それは、現在のオンラインショッピングの体験は最悪で、これからはよくなっていく以外にないということです。

いまの状態は１７００万人のお客様を惹きつけるには十分ですが、今後ますます改善されていくことは間違いありません。回線容量が拡大してスピードが上がり、動画や音声のコンテンツも増えるでしょう。さらにネット環境が改善されれば、常時接続が可能になり（すると、オフィスからではなく自宅でのオンラインショッピングが大幅に増加するでしょう）、パソコン以外のデバイスやワイヤレス接続が急拡大するはずです。そうなれば、莫大なグローバル市場に参加できます。

そんな中、アマゾンはまだ小さな、小さな存在でしかありません。

私たちは二重に恵まれています。市場規模が青天井の領域で事業を行っているということ、しかもその土台となるテクノロジーが日々進化しているということです。これは千載一遇のチャンスです。

いつものことですが、お客様が寄せてくださる信頼とお取引、社員の努力、そして株主のみなさまのご支援と励ましに心より感謝いたします。本当にありがとうございます。

長期を見据える

２０００年

いたた。本年度は市場参加者の多くにとって、また、とくにアマゾンの株主のみなさまにとって厳しい年になりました。いまこの手紙を書いている時点で、アマゾンの株価は昨年のこの時期に比べて80パーセント以上下がっています。

しかしながら、アマゾン・ドット・コムは企業として、あらゆる指標において過去のどの時点よりも強い立場に立っています。

１９９９年に１４００万人だった顧客数は、２０００年に２０００万人に達しています。

売上は１９９９年の16億４０００万ドルから２０００年には27億６０００万ドルへと拡大しました。

１９９９年の第４四半期に売上の26パーセントだった営業損失は、２０００年の同四半期には6パーセントまで縮小する見通しです。アメリカ国内の営業損失は１９９９年第４四半期の売上比率24パーセントから、本年同四半期には2パーセントに縮小しています。

２０００年の顧客一人当たり購買額は19パーセント増の１３４ドルとなりました。

売上総利益は１９９９年の2億９１００万ドルから１２５パーセント増加して２０００年には6億５６００万ドルに拡大しています。

２０００年第４四半期には、アメリカのお客様の約36パーセントが、家電、工具、台所用品といった、「書籍・音楽・ビデオ」以外のカテゴリから商品を購入しました。

１９９９年に1億６８００万ドルだった海外売上は、２０００年に3億８１００万ドルに拡大しました。

パートナーであるトイザらス・ドット・コムは、２０００年第４四半期に私たちを通じておもちゃとビデオゲームで1億２５００万ドルを超える売上をあげています。

２０００年度末の現金と有価証券の残高は、１９９９年度末の7億６０００万ドルから増加して11億ドルとなりました。これは２０００年のはじめにユーロ建て転換社債を発行した結果です。

何より重要なのは、私たちが徹底的にお客様に集中したことにより、全米顧客満足度指数で84点を獲得したことです。あらゆる産業においてサービス企業としてこれは過去最高の点数だと言われました。

では、いまアマゾンが一年前よりも強い立場に立っているのであれば、株価がこれほど下がっているのはなぜでしょう？

著名な投資家のベンジャミン・グレアムはこう言っています。

「株式市場は短期的には投票機だが、長期的には計量器である」

99年のバブル期には人気投票が盛んで、計量はあまり行われていなかったことは言うまでもありません。

アマゾンは企業としての重さを量ってほしいと思っていますし、そのうち計量されることになるでしょう。長期的にはすべての会社が秤《はかり》にかけられるのです。それまでは地に足をつけて、ますます重みのある企業を築くために努力していくつもりです。

みなさんの多くは、私が「大胆な賭け」について話すのを聞いてきたと思います。アマゾンはこれまでも大胆な賭けをしてきましたし、これからもそれを続けていくでしょう。

これまで、デジタルやワイヤレス・テクノロジーへの投資から小規模なイーコマース企業への投資までさまざまな賭けをしてきました。その中には、ペット・ドット・コムやリビング・ドット・コムへの投資もありましたが、どちらも２０００年に閉鎖されました。アマゾンはその両社の大株主で、この投資で大金を失いました。

私たちがこうした企業に投資したのは、この特定のカテゴリにすぐには自力参入できないとわかっていたからですし、インターネット版の「未開地争奪戦《ランドラッシュ》」を心から信じていたからです。

実際、1994年からの数年間はこのランドラッシュの比喩が意思決定の指針として大変役に立ちましたが、この数年はその有効性がほぼ消失しています。振り返ると、こうしたカテゴリへの参入に必要な時間を大幅に少なく見積もっていましたし、単一カテゴリのEC企業が成功に必要な規模に達するのがどれほど難しいかをわかっていませんでした。

オンライン販売は（伝統的な小売業と比べて）固定費が高く変動費が比較的低いことが特徴の、規模の大きさによって成り立つビジネスです。ですからその中で中小のEC企業がそのままの規模でやっていくことは難しいです。

ペット・ドット・コムとリビング・ドット・コムは、たびたび資金調達を行うことで、十分なお客様を獲得し、必要な規模に達することができました。ですが、インターネット企業に対して資本市場が扉を閉ざすと、こうした企業もまた閉鎖せざるを得なくなりました。これらの企業を生かしておくために、私たち自身の資本を投資していれば、さらに大きな間違いになっていたことでしょう。

未来――不動産は「ムーアの法則」に従わない

さて、ここで未来に目を移しましょう。なぜイーコマースとアマゾンの未来が明るいと言い切れるのでしょう？

今後数年でオンラインショッピングの顧客体験が果てしなく向上していくことで、この産業は成長し、新規顧客が増加するはずです。そして、顧客体験を向上させてくれるのは、回線容量およびディスク容量の増加と処理能力の劇的な向上であり、またそれらすべてが猛烈なスピードで安くなっていくことを背景としたイノベーションによるものです。

処理能力の価格性能比は18か月ごとに倍増し（ムーアの法則）、ディスク容量の価格性能比は12か月ごとに倍増し、回線容量の価格性能比は9か月ごとに倍増します。

回線容量の価格性能比が倍増する速度を考えると、アマゾン・ドット・コムは顧客当たり回線容量コストを現在と同じ水準に保ったままで、5年後には60倍の容量を使えるようになります。また同様に、ディスク容量と処理能力の価格性能比が改善することで、たとえばリアルタイムで個人に合わせたウェブサイトのパーソナリゼーションが向上するでしょう。

実店舗を運営する小売企業も引き続きテクノロジーを利用してコストを下げることはできるでしょうが、顧客体験を一変させることはできません。私たちも同じようにテクノロジーを使ってコストを下げていきますが、それよりも効果が大きいのはテクノロジーを使った新規顧客と売上の拡大です。小売業の15パーセント近くはそのうちオンラインに移ると私たちは信じています。

結論はまだ出ていませんし、証明すべきこともまだ多く残っているものの、今日のアマゾン・ドット・コムは独自の価値を持つ資産と言えます。

私たちには、ブランド、お客様との関係、テクノロジー、配送インフラ、強固な財務、人材、そして、この黎明期にある産業でリーダーの地位を確固たるものとし、世界にとって大切で永続的な企業をつくるという強い決意があります。お客様を第一に考えることで、この目標を成就するつもりです。

２００１年は私たちの成長にとって大切な一年となるでしょう。２０００年と同様、２００１年もまた集中と実行の年になります。その第一歩として、第４四半期にプロフォーマ式の営業利益での黒字達成を目標に置いています。

やるべきことは山積みですし、保証はどこにもありませんが、この目標に到達するための計画はあります。それを私たちの最優先課題とし、全社員が目標達成に熱意を燃やしています。来年みなさんに進捗をご報告するのが楽しみです。

私たち一同、お客様が寄せてくださる信頼とお取引、社員の努力、そして株主のみなさまのご支援と励ましに心より感謝いたします。本当にありがとうございます。

顧客基盤が最も価値ある資産

2001年

昨年7月、アマゾン・ドット・コムは大切な節目を迎えました。この4年間、成長に全身全霊を傾け、この2年弱はコスト削減に何よりも注力した結果、リソースと人材を成長とコスト削減の両方に振り分けることができ、成長しつつコストの削減が可能な地点に達することができました。7月には大幅な料金改定を行い、20ドル以上の古本を3割引きにすることを発表しました。

この第4四半期には成長とコスト削減のバランスが効果を発揮しはじめ、私たちの利益目標を大幅に上回ると同時に事業成長がふたたび加速してきました。

1月には新たな送料体系として、99ドルを超える注文には配送料を無料にすることを発表し、さらなる値下げを行いました。コスト削減に努力することで値下げが可能になり、それが成長を押し上げています。成長して売上が増加すれば固定費が分散され、単位当たりコストが下がり、さらに料金を下げられる。するとお客様は喜び、株主の得にもなる。

先ほど申し上げたように、業績は第４四半期の目標を上回り、プロフォーマの営業利益は５９００万ドル、純利益は３５００万ドルとなりました。これは、世界中の何千人というアマゾン社員が一生懸命働いた結果です。社員たちはこの偉業に誇りを持っていますし、誇らしく思って当然です。ここで、記念すべき本年度のハイライトをさらにいくつかご紹介します。

売上は２０００年の27億６０００万ドルから13パーセント伸びて、２００１年には31億２０００万ドルになりました。売上が再加速したことで四半期売上がはじめて10億ドルの大台に乗り、第４四半期売上は前年同期比23パーセント増となりました。

顧客数は、１９９９年の１４００万アカウント、２０００年の２０００万アカウントから、２００１年には２５００万アカウントを数えました。

海外売上は74パーセント増加し、全社売上の４分の１以上がアメリカ以外から来ています。海外市場ではイギリスとドイツが最大で、第４四半期にはプロフォーマの営業利益がはじめて黒字となりました。日本には参入してまだ一年ですが、第４四半期の実績に基づく年間売上予測は１億ドルに達しています。

数十万社という小企業や個人が、非常にトラフィックの多いアマゾンの商品詳細ページを通して、お客様に新しい商品や中古品を販売し、利益を得ています。このマーケットプレイスの注文は、第４四半期にアメリカで15パーセント伸びました。この伸びは、２０００年11月にマーケットプレイスを立ち上げたときの予想を大幅に上回っています。

在庫回転率は２０００年の12回転から２００１年には16回転へと改善しました。

何より大切なことに、私たちは引き続きお客様に徹底的に集中し続けました。私たちの努力はミシガン大学が調査するアメリカ顧客満足度指数にも反映され、２年連続84点というトップスコアを記録しています。小売企業だけでなく、サービス企業すべてを見ても、これほどの高得点はかつてないそうです。

お客様へのこだわり――アマゾンは顧客に力を注ぎ続ける

7月まで、アマゾン・ドット・コムの土台となっていたのは、「豊富な品揃え」と「利便性」という顧客体験のふたつの柱です。

そして7月に、先ほど申し上げたもうひとつの柱が加わりました。それは徹底的かつ継続的に価格を下げ続けることです。もちろん、最初のふたつの柱にもこれまでと同様、力を注ぎ続けることは言うまでもありません。

アマゾンの家電の品揃えは現在4万5０００点を超え（一般的な大手家電量販店のおよそ7倍の品揃えです）、台所用品の品揃えは3倍に増え（一流ブランドの製品はすべてアマゾンで購入できます）、コンピュータと雑誌購読の店舗も立ち上げ、大手量販店のターゲットやサーキット・

シティといった戦略的パートナーと組んで商品を提案しています。

お客様が同じアイテムを間違って二度買いそうになったら教えてくれる、インスタント・オーダー・アップデートの機能を導入し、利便性を向上させました（みなさん忙しいので、前に買ったものを忘れてしまうのです）。

お客様がご自身でサービスを管理できる機能も劇的に向上しました。いまはお客様が簡単にご自分の注文を確認したり、購入をキャンセルしたり、変更したりできるようになっています。注文を確認するには、サイトにサインインして、商品を検索するだけでいいのです。商品の説明ページに行くと、いちばん上に注文履歴へのリンクがあります。

「試し読み」という新しい機能も開発しました。これで、解像度の高い表紙の写真だけでなく裏表紙、索引、目次、そして中身のサンプルもある程度読めるようになりました。お客様は、試し読みをしてから買うかどうかを決められるわけです。現在、数百万タイトルのうち20万を超える書籍を試し読みすることが可能です（ちなみに、いわゆる大型書店に置いてある書籍タイトル数は10万点ほどです）。

最後にもうひとつ、お客様の利便性と購買体験を改善するために行ってきた施策の中でも最も重要なもののひとつが、たまたま変動費を大幅に下げることにつながっていることを、ここでお伝えしておきたいと思います。

その施策とは、ミスやエラーの根本原因を取り除くということです。

アマゾン・ドット・コムは、創業以来年を重ねるごとにますますミスの排除に長けてきて、昨年度はこれまでで最高の年になりました。ミスの根本原因を取り除くことで、私たちは費用を節約でき、お客様の時間も節約できるのです。

アマゾンにとっては、ファンになってくれるお客様が最も価値のある資産ですし、イノベーションとたゆまぬ努力によってますます多くのお客様にファンになっていただけるよう努めていきます。

投資の考え方

毎年の株主への手紙に（今回もそうですが）、１９９７年に書いた最初の株主への手紙を添付しています。それは、アマゾンという会社が株主のみなさまに合った投資先かどうかを判断する材料にしていただくためです。また、私たち自身が創業の目的と価値観に正直であり続けているかを考えるためでもあります。正直であり続けていると、私は思っています。

１９９７年の手紙に、「もし決算報告の見栄えをよくするか、将来キャッシュフローの現在価値を最大化するかの二者択一を迫られたら、キャッシュフローを選びます」と書きました。ではなぜキャッシュフローにこだわるのでしょう？　それは、一株の価値というものは、その会社の将来キャッシュフローの一株分の価値にほかならず、ほかのどんな指標よりもキャッシュフローこそがその会社の長期的な株価を決定すると思うからです。

もし、ふたつのことさえ――将来キャッシュフローと将来の発行済み株式数――がはっきりとわかっていれば、その会社のいまの適正価格《フェアバリュー》もかなり正確にわかるはずです（もちろん、割引率も適正でなければなりませんが、将来キャッシュフローが確かなら割引率をどのあたりに置くかについてもそれなりに見当がつくでしょう）。

将来キャッシュフローの予測は簡単ではありませんが、過去の業績を精査して、ビジネスモデルの損益分岐点や拡大可能性といった要素を見ることで、情報に基づいた予測を立てることはできます。

将来の発行済み株式数は、従業員へのストックオプションやその他の資本取引を予測することで、導き出すしかありません。それらをもとに、一株当たりのキャッシュフローを計算すれば、どんな会社であってもみなさんが正当だと思う株価にかなり近い値が出るはずです。

私たちの固定費用は、取引量が莫大になってもほぼこのままだと思われるため、アマゾンは今後かなりの金額のフリーキャッシュフローを継続的に生み出せる立場にいます。

２００２年の目標はまさにそれです。１月に行った第４四半期の業績発表で申し上げたように、今年の営業キャッシュフローは黒字になり、フリーキャッシュフローが実現できる予定です（営業キャッシュフローとフリーキャッシュフローの差は設備投資に予定している７５００万ドルです）。12か月移動平均のプロフォーマ純利益と、同キャッシュフローは、完全ではないにしろほぼ同じ基準になるはずです。

株式数を制限することで一株当たりのキャッシュフローは上がり、株主にとっての長期的価値も上がります。年によっては上下するかもしれませんが、今後５年にわたり、従業員へのストックオプション（ネット）による希薄化を平均３パーセントに抑えることを目標にします。

長期的な株主価値にとことんコミットする

これまでに何度も言ってきたとおり、私たちは株主の長期利益とお客様の利益は固くつながっていると心から信じています。もし私たちがやるべきことをやれば、今日買い物をしてくださったお客様は明日も買ってくださいますし、その過程で新しいお客様を増やし、そのことによりキャッシュフローと長期の株主価値を増大させられるはずです。

その目標を目指して、お客様の得になるようなかたちでイーコマースの一番手の地位をさらに固めることにコミットしていきますし、それがすなわち株主に恩恵をもたらすことになります。お客様に利益をもたらさなければ、株主価値も向上させられません。

２００２年をはじめるにあたって、私がこの事業にかつてないほど心を躍らせていることをお伝えしたいと思います。これまでよりもさらに多くのイノベーションが私たちの前に待っています。そしてアマゾンのビジネスモデルの拡大可能性をもう少しで証明できますし、世界中の驚くべきアマゾニアンたちと一緒に仕事ができる幸運をありがたく思っています。

株主のみなさまのご支援と励ましに、またこの冒険に加わってくださったことに感謝します。もしみなさんがアマゾンをお使いになってくださっているとしたら、そのことにも重ねてお礼を申し上げます！

お客様にいいことは 株主にもいい

2002年

アマゾン・ドット・コムは、さまざまな意味で普通の店ではありません。

棚という空間の制約なしに、幅広い品揃えが可能です。棚卸資産の回転率は年間19回にのぼります。個々のお客様に合わせて店舗をパーソナライズしています。不動産を持たない代わりにテクノロジーを強化しています（しかもテクノロジーは年々安くなり、性能は高まっていきます）。商品に対して否定的なレビューも並べています。ワンクリックで数秒のうちに買い物ができます。中古品を新品の隣に並べて、お客様が選べるようにしています。いちばん価値のある資産、つまり商品詳細ページをサードパーティ（外部業者）にも公開し、彼らがよりよい価値を提供できるなら、お任せしています。

じつのところ、アマゾンの最も驚くべき独自性を理解している人はそれほど多くありません。私たちが世界最高の顧客体験を提供しつつ価格を最低限に抑えることにこだわっていることはみなさんご存じですが、このふたつの目標を両立させるというのは非現実的で、矛盾していると思っている人もいるようです。

たしかに、昔ながらの店舗で良質な顧客体験を提供しようと思えば、低価格が成り立たないことは、これまでに証明されてきた事実でしょう。ではアマゾン・ドット・コムはどのようにそのふたつを両立させられるのでしょう？

答えはこうです。私たちは、顧客体験の大半を——比類のない品揃え、詳しい商品説明、お客様それぞれに合った商品の推奨、そしてその他の新たなソフトウェア機能も——おおむね固定費化しています。顧客体験にかける費用の大半が固定化されていると（小売モデルではなく出版モデルに近いです）、売上に占めるこれら費用の割合は、事業が急拡大するにつれ小さくなっていきます。

さらに、変動費として残っている顧客体験費用——たとえばフルフィルメント業務〔受注から決済、配送に至るまでの業務全般のこと〕の変動部分——も、欠陥を減らすことで改善します。欠陥を減らせば費用が低減し、顧客体験は向上します。

価格を下げつつ同時に顧客体験を向上させることができる能力は非常に特別で重大なものであり、昨年の実績はこの戦略が奏功している証拠を示しています。

まず第一に、私たちは顧客体験を改善し続けています。今年のホリデーシーズンはその好例です。私たちは史上最大の配送量を実現しながら、史上最高の顧客体験を提供できました。注文処理にかかるサイクルタイムは、昨年から17パーセント改善しました。顧客満足度を測る最も重要な指標である注文当たりの問い合わせ回数も13パーセント改善しています。

既存の商品カテゴリでも、品揃えの充実に努めました。家電製品の品揃えはアメリカ国内だけでも昨年に比べて40パーセント増え、いまでは大手家電量販店の10倍の品揃えを提供しています。

私たちが8年間運営してきたアメリカ国内の書籍カテゴリでも品揃えをさらに15パーセント増やし、そのほとんどが希少本や絶版タイトルです。アパレルとアクセサリーのカテゴリでは５００を超えるトップブランドが集まり、最初の60日で15万３０００枚のシャツ、10万６０００本のパンツ、３万１０００枚の下着が売れました。

顧客満足度調査で最も信頼されている全米顧客満足度指数（ＡＣＳＩ）で、アマゾンは史上最高の88点を獲得しました。これはオンライン業界の中だけでも小売業界だけでもなく、全サービス業の中で過去最高の点数です。

ＡＣＳＩの言葉を借りると、「アマゾン・ドット・コムは驚くほど高い基準の顧客満足度を達成し続けている。88点（5パーセント増）という高得点を獲得し、サービス業界の中でも聞いたことのないレベルの満足度を実現している。アマゾンの顧客満足度はこれ以上、上がるのだろうか？　最新のＡＣＳＩデータを見ると、それも可能に思える。アマゾンが提供するサービスと価値提案は急ピッチで向上している」

第二に、私たちは顧客体験にこだわりつつも、大幅な値下げを行ってきました。書籍から家電にいたるまで全商品カテゴリで幅広く価格を引き下げ、25ドルを超える注文には３６５日配送料無料のサービス（スーパー・セイバー・シッピング）を開始しました。現在アマゾンが事業展開している各国でも同じようなサービスを開始しています。

私たちの目標は、期間限定で少数の商品だけを値引きすることではなく、毎日低価格を実現し、すべての商品カテゴリに低価格を広げることです。

この点について先日、有名な大型書店チェーンとの価格比較を行いました。価格を比較した書籍は、私たちが恣意《しい》的《てき》に選んだものではありません。２００２年のベストセラーリストから上位１００冊を対象にしました。これはお客様がいちばんよく買うたぐいの書籍です。リストには、ハードカバーが45タイトルとペーパーバックが55タイトルあり、ジャンルは文学からロマンス、ミステリー、スリラー、ノンフィクション、児童書、自己啓発までさまざまです。

私たちはシアトルとニューヨーク市にある大型チェーン書店を訪ね、この１００タイトルすべての値段を調査しました。このチェーンの別々の4店舗を回って、このリストにある１００冊すべての値段を調べるのにかかった時間は6時間です。すべての値段を合計したところ、次のことがわかりました。

大型書店の店舗で１００冊のベストセラーを買うのにかかったお金は１５６１ドル。同じ本をアマゾンで買えば合計で１１９５ドルで、３６６ドルの節約、つまり23パーセントほど安く買えるということです。

１００冊のうち72冊は、アマゾンのほうが安い値段でした。25冊は、同じ値段でした。大型書店のほうが安かった本は１００冊のうち3冊でした（この3冊についてはその後値下げを行いました）。

リアルの大型書店では、１００冊のうち割引されていたのは15冊だけです。85冊は正価でした。アマゾンでは１００冊のうち76冊は値引きしており、正価だったのは24冊でした。

もちろん、実店舗で買う理由はあるでしょう。たとえばいますぐに手に入れる必要がある場合がそうです。ですが、消費者はそのことに高い値段を支払っているわけです。時間とお金を節約したければ、アマゾンで買ったほうがいいでしょう。

第三に、低価格と顧客満足をかならず両立させるという私たちの固い決意は、業績の向上につながっています。今年の売上高は26パーセント増え、過去最高の39億ドルに達し、顧客単価は34パーセント増とさらに高い伸びを見せています。私たちが財務指標として最も大切だと考えるフリーキャッシュフローは、前年から3億５０００万ドル改善して、１億３５００万ドルに達しました。※

つまり、お客様にとっていいことは、株主のみなさまにとってもいいことなのです。

今年もまた１９９７年の手紙を最後に添付して、既存の株主と未来の株主のみなさまにご覧いただきたいと思っています。私たちがどれほど成長したか、またインターネットがどれほど進化したかを考えると、アマゾンの基本的な事業姿勢が変わっていないのは特筆すべきことでしょう。

※２００２年のフリーキャッシュフロー１億３５００万ドルの内訳は、営業キャッシュフロー１億７４００万ドルから固定資産購入資金の３９００万ドルを差し引いた金額です。２００１年のキャッシュフローは１億７０００万ドルの赤字でした。内訳は営業キャッシュフローの赤字１億２０００万ドルと、固定資産購入に使った５０００万ドルの合計です。

長期思考

2003年

長期《ロングターム》思考は真のオーナーシップに必須の条件であると同時に、その産物でもあります。所有者は間借り人とは違います。

あるカップルが家を貸したところ、間借りした家族がクリスマスツリーを飾るのにスタンドを置かず、木製の床に直接釘を打って固定させたということがありました。この家族はとくに軽率で、おそらくたちの悪い間借り人の部類に入るでしょうが、もし家の所有者であれば、絶対にそんな軽率な行動はしないはずです。

この話と同じように、多くの投資家はじつは短期の間借り人で、ポートフォリオを素早く入れ替えるため、株式を一時的に「所有」しているといっても、実態はたんに借りているようなものです。

１９９７年に上場企業としてはじめて書いた株主への手紙の中で、私たちは長期的な視点を強調しました。それは、長期的な姿勢が数多くの目に見える具体的な判断を左右するからです。ここで、そうした具体的な判断について、顧客体験の文脈からいくつか実例を挙げましょう。アマゾンでは、「顧客体験」という言葉を幅広い意味で使っています。顧客とのすべての接点――商品価格から品揃え、ウェブサイトのＵＩ、梱包と発送まで――がこの言葉に含まれます。私たちがつくりだす顧客体験は、何より重要な事業成長の原動力です。

顧客体験をデザインする際は、長期の所有者の方たちを念頭に置いています。顧客体験についての判断にあたって、大きなことも小さなことも、すべての決定をその枠組みに照らして決めています。

たとえば、１９９５年にアマゾン・ドット・コムを創業した直後、お客様による商品レビューを公開しました。いまでは当たり前のことですが、当時はクレームをつけてきた取引先もありました。商売のいろはをわかっていないと言うのです。

「物を売ってはじめて儲かるんだ――ウェブサイトに悪いレビューを載せるなんてあり得ない」

私自身も、アマゾンの利用者として、レビューが悪かったりそこそこだったりすると、購入を取りやめてしまうことがあります。悪いレビューを載せれば短期的には売上を逃すことがあるわけです。しかし、お客様のよりよい購買判断を助けることは最終的にこの会社の利益につながります。

もうひとつの例は「インスタント・オーダー・アップデート」機能です。これによって、お客様が以前に購入済みの商品を注文しようとすると、自分で気づくことができます。お客様は忙しい生活を送っていて、ＤＶＤにしろＣＤにしろ、一年前に自分が何を買ったかをかならずしも覚えているわけではありません。

この機能を導入したとき、売上が微減するということは統計的にわかってはいました。ですが、これはお客様のためになる機能でしょうか？　間違いなくそうです。株主のみなさまにはどうでしょう？　長い目で見れば、株主の利益にもなるのです。

私たちが力を注いだ顧客体験改善の打ち手の中でも最もお金がかかったのは、配送料無料のサービスと継続的な商品値下げです。欠陥を排除し、生産性を上げ、その結果削減されたコストを値下げというかたちでお客様にお返しすることは、長期的な意思決定です。

販売量が目に見えて増えるまでには時間がかかる反面、値下げはかならず目先の業績を損なうことになります。ですが、長い目で見れば、この「値下げとコスト構造改善の果てしない循環」を何があっても推し進めることによって、私たちの事業はより強く、より価値の高いものになるはずです。

アマゾンのコストの大部分は、たとえばソフトウェア開発のように、どちらかというと固定費ですし、変動費の多くもまた規模拡大によって抑制が利きやすくなるため、販売量を増やせば、こうしたコストの売上高に占める割合は下がります。ちょっとした例を挙げると、先ほどのインスタント・オーダー・アップデート機能を４０００万人のお客様向けに開発しても、１００万人向けの開発にかかるコストの40倍もかかることはあり得ません。

私たちの価格戦略は利益率を上げることを狙ったものではなく、むしろお客様への価値を最大化し、長期的にはるかに多額の利益を生み出すことを狙っています。

たとえば、私たちのアクセサリー売上の粗利目標は業界標準よりはるかに低めの数字です。それは、いつかはお客様がこのことを理解してくださると信じているからです。そしてこのやり方が株主のみなさまにより多くの価値を生み出すと信じているからです。

仕事に必死で打ち込むイノベーティブな人材が集まった強力なチームが、アマゾン・ドット・コムを築いています。彼らはお客様に力を注ぎ、長期に目を向けています。その長い時間軸で見ると、株主の利益とお客様の利益は一致するのです。

追伸：今年もまた、多くの方々が指標としている全米顧客満足度指数（ＡＣＳＩ）で、アマゾンは88点という高得点をいただきました。これはリアルでもオンラインでも、すべてのサービス産業において史上最高の満足度です。ＡＣＳＩの代表者は、こう言っています。「これ以上高い得点が出たら、〔高いところに登りすぎて〕鼻血ものだ」と。ぜひそんな高みに登れるよう頑張っているところです。

財務について話をしよう

2004年

私たちにとっての究極の財務指標、つまり長期成長の最大の原動力だと考える指標は、一株当たりフリーキャッシュフローです。

ではなぜ、他の多くの企業のようにまず何よりもいちばんに、利益や一株当たり利益、または利益成長に目を向けないのでしょう？　簡単に言うと、利益はキャッシュフローに直接換算できるものではなく、株式の価値は将来キャッシュフローの現在価値であって、将来利益の現在価値ではないからです。

将来利益は、一株当たり将来キャッシュフローを構成する一要素ではありますが、それがすべてではありません。運転資本と設備投資も重要ですし、将来の株式希薄化も同じく重要です。

あまりピンとこないかもしれませんが、利益成長が株主価値を毀《き》損《そん》することもあり得ます。たとえば、成長に必要な設備投資が、その投資から生まれるキャッシュフローの現在価値を超えるような場合です。

非常に単純化した架空の事例を考えてみましょう。ある起業家がある場所から別の場所に人々を素早く移動できる機械を発明したとしましょう。その機械は1億６０００万ドルと高価ですが、年間10万回乗客を運ぶことができ、耐用年数は4年です。料金は一回１０００ドルなのに対し、燃料と材料コストは４５０ドルで人件費とその他費用に50ドルかかります。

このビジネスが当たって、初年度は10万回運行し、この機械の能力を完全に活用しているとしましょう。すると、減価償却を含む営業費用を除いた利益は１０００万ドルとなり、純利益率は10パーセントです。この会社がいちばん気にしているのは利益です。初年度の業績を見た起業家は、売上と利益をさらに成長させるためもっと設備投資をすることに決め、2年目から4年目にかけて機械を増やしていきます。

この会社の最初の4年の損益計算書は次ページの表のようになります。

損益計算書は申し分ありません。利益成長率は年平均で１００パーセントとなり、利益累積額は1億５０００万ドルにのぼります。この損益計算書だけを見た投資家は喜ぶでしょう。ですが、キャッシュフローを見ると話は変わります（１１０ページ参照）。同じ4年間で、フリーキャッシュフローは累積で5億３０００万ドルもの赤字になるのです。

もちろん、ビジネスによっては利益とキャッシュフローが近い場合もあるでしょう。ですが、

収益（数字は千単位）

	1年目	2年目	3年目	4年目
売上	$ 100,000	$ 200,000	$ 400,000	$ 800,000
販売数	100	200	400	800
成長率	なし	100%	100%	100%
売上総利益	55,000	110,000	220,000	440,000
売上総利益率	55%	55%	55%	55%
減価償却	40,000	80,000	160,000	320,000
人件費その他のコスト	5,000	10,000	20,000	40,000
収益	$ 10,000	$ 20,000	$ 40,000	$ 80,000
利益率	10%	10%	10%	10%
成長率	なし	100%	100%	100%

この輸送ビジネスの事例では、損益計算書を見るだけでは株主価値が創造されているか破壊されているかは判断できません。

また、ＥＢＩＴＤＡ（税引き前利益に支払い利息と減価償却を加えた額）だけを見ても、事業の健全性を見誤ってしまいます。この会社の年間ＥＢＩＴＤＡは、５０００万ドル、１億ドル、２億ドル、４億ドルと、３年連続で１００パーセント伸びています。

ですが、このいわゆる「キャッシュフロー」を生み出すために12億８０００万ドルを投じていることを無視すれば、話のほんの一部しかわからずじまいです。ＥＢＩＴＤＡはキャッシュフローではありません。

では、機械への設備投資を考慮に入れて成長率を計算するとどうなるでしょう？　キャッシュフローは減るでしょうか、それとも増えるでしょうか？（１１１ページ参照）

キャッシュフロー（数字は千単位。カッコ内の数字はマイナス）

	1年目	2年目	3年目	4年目
収益	$ 10,000	$ 20,000	$ 40,000	$ 80,000
減価償却	40,000	80,000	160,000	320,000
運転資本	—	—	—	—
営業キャッシュフロー	50,000	100,000	200,000	400,000
資本支出	160,000	160,000	320,000	640,000
フリーキャッシュフロー	$ (110,000)	$ (60,000)	$ (120,000)	$ (240,000)

矛盾するようですが、キャッシュフローの観点からは、事業成長が遅いほうが有利になります。最初の機械に投資したあと、その能力をなるべく急いで使い切り、成長を止めるのが理想的です。

ですが、たとえ機械が1台のままでも4年目まで累積キャッシュフローは設備投資額を上回ることはなく、キャッシュフローの現在価値は（資本コストを12パーセントとすると）マイナスです。

残念ながら、この輸送ビジネスはそもそも間違いだということです。どれほど成長しても初期投資も継続投資も正当化できないのです。

この例はもちろん、物事をはっきりさせるために単純にわかりやすくしています。投資家ならこのビジネスの現在価値を計算して、割に合わないとすぐに判断できるはずです。

（カッコ内の数字はマイナス）

2、3、4年目の売上と収益の成長率	4年間の機械台数	1〜4年目の利益累積額	1〜4年目の累積フリーキャッシュフロー
		数字は千単位	
0% 0% 0%	1	$ 40,000	$ 40,000
100% 50% 33%	4	$ 100,000	$ (140,000)
100% 100% 100%	8	$ 150,000	$ (530,000)

しかし、現実のビジネスはもっとわかりにくく複雑です。収益とキャッシュフローのどちらを重視するかという問題は、つねにつきまといます。

キャッシュフロー計算書は非常に重要な割に注目されていません。目ざとい投資家であれば、損益計算書だけで判断を下すことはありません。

最も大切な財務指標——一株当たりフリーキャッシュフロー

アマゾン・ドット・コムが財務面で最も力を入れているのは、一株当たりフリーキャッシュフローの長期的な成長です。アマゾンのフリーキャッシュフローは主に、営業利益を伸ばし、運転資本と設備投資を効率的に管理することによって成長します。営業利益を伸ばすために、顧客体験をあらゆる面で改善することに力を注いで売上を伸ばし、コスト構造を絞り続けることに尽力します。

アマゾンでは棚卸資産を素早く回転させ、サプライヤーへの支払い前にお客様から集金できるため、キャッシュを生み出す営業サイクル[※1]が構築されています。棚卸資産の回転率が高いということは、在庫投資を比較的低く抑えられるということです。ですから70億ドル近い売上に対して、年度末の棚卸資産は4億8000万ドルに留まっています。

私たちの資本効率が高いことは、固定資産への投資がほどほどに収まっていることからもわかります。2004年度末の固定資産額は、同年度売上の4パーセントでしかありません。

2004年のフリーキャッシュフロー[※2]は、前年度から1億3100万ドル、つまり38パーセント増加して4億7700万ドルになりました。品揃えを増やし、価格を下げるなど、引き続き顧客体験を改善し、効率を高めていくことで、私たちの価値提案もフリーキャッシュフローもさらに向上すると自信を持っています。

希薄化に関しては、発行済み株式数と付与されたストックオプションを合わせても、2003年度末から2004年度末にほとんど変化はなく、過去3年間でむしろ1パーセント減少しています。また同期間に、2009年と2010年に償還期限を迎えるはずの6億ドルを超える転換社債を返済したことにより、潜在的な希薄化対象だった600万株を償却しています。株式数を効率的に抑制することにより、一株当たりキャッシュフローは増加し、株主にとっての長期的価値は上がります。

フリーキャッシュフローへの注力は、アマゾンにとって新しいことではありません。上場企業としてはじめて１９９７年に公開した株主への手紙でも、こう明らかにしています。

「決算報告の見栄えをよくするか、将来キャッシュフローの現在価値を最大化するかの二者択一を迫られたら、キャッシュフローを選びます」

※１　この営業サイクルとは、棚卸資産の回転日数に売掛金の日数を加えたものから、買掛金の日数を引いたものです。

※２　フリーキャッシュフローの定義は、営業活動から生まれるネットキャッシュフローから固定資産の購入額を引いたもので、固定資産の中には内部利用するソフトウェアやウェブサイトの開発費の資産計上部分も含まれ、そのどちらもキャッシュフロー計算書に記載されています。２００４年のフリーキャッシュフローは４億７７００万ドルとなり、これは営業活動によるキャッシュフローの５億６７００万ドルから、社内利用ソフトウェアやウェブサイト開発費の資産計上部分を含む固定資産購入額の８９００万ドルを引いた額です。２００３年のフリーキャッシュフローは、営業活動によるキャッシュフローの３億９２００万ドルから社内利用ソフトウェアやウェブサイト開発費の４６００万ドルを引いた、３億４６００万ドルでした。

意思決定

2005年

アマゾン・ドット・コムでは、データに基づいて重要な意思決定が行われることが多々あります。答えが正しいか間違っているか、よりよい答えかより悪い答えかを、数字が教えてくれるのです。この手の意思決定は、アマゾンの得意とするところです。

ここで、新しい物流センター（フルフィルメントセンター）を開くかどうかの意思決定を例に挙げてみましょう。

既存の物流センターの履歴を使って、ピーク時の流通量を予測し、新しい施設の能力をシナリオ分析します。商品の大きさと重さを含む商品構成を予想し、必要な空間の広さと、自動仕分け可能な小さめのアイテムの施設が必要なのか、単品で配送するような大きめのアイテム向け施設が必要なのかを決めます。配送時間を短縮し、配送コストを下げるため、お客様や輸送拠点や既存施設からの距離の近さに基づいて、候補となる場所を分析します。計数的な分析をすることで顧客体験とコスト構造が改善するのです。

また同じように、在庫の購入判断のほとんども計数的なモデリングと分析が可能です。商品在庫をしっかりと抱えてお客様に即座にお届けしつつ、在庫量を最低限に抑えて在庫維持費を抑制することで商品価格を下げるのが、私たちの目標です。

このふたつを同時に達成するためには、在庫の量を適正に保たなければなりません。アマゾンでは過去の購買データを使って、商品ごとに需要を予測し、その需要の変動幅も予想します。また、仕入れ先の過去のパフォーマンスデータを使い、補充回数も予測できます。それから、仕入れと販売の輸送コスト、保管コスト、予想される顧客所在地に基づいて、私たちの配送網の中のどこにその商品を保管するかを決めます。

このやり方で、ひとつ屋根の下に１００万点の商品アイテムを置き、お客様への即時配送を可能にしながら、年間14回を超える在庫回転数を実現しているのです。

ここに述べた意思決定には、私たちなりの前提と判断が必要とされるわけですが、そうした判断や意見は補足的な役割を果たすだけです。最も手間のかかる部分は定量的な分析がもとになっています。

とはいえ、みなさんも感じられているように、重要な意思決定のすべてがこのようなきちんとした数字をもとに行われるわけではありません。指針となるような過去のデータがほとんど存在しない場合もありますし、前もって検証することが不可能だったり現実的でなかったり、あまりにも面倒すぎて決断の支障になる場合もあります。データと分析と数字は大切ですが、こうした意思決定で重要な役割を果たすのは判断力です※。

株主のみなさまもご承知のとおり、私たちは効率性と規模拡大によって、毎年継続的かつ大胆にお客様のために値下げを行っていくと決めています。この決定は、数字に基づくやり方で決められない、重要な意思決定の一例です。

じつのところ、値下げは定量的な分析に反しています。数字をもとにすれば、値上げを行うことが賢い決定だという答えが出ます。

価格弾力性については大量のデータが手元にあります。どのくらい値下げを行うと、販売量がどの程度増えるかは、かなり正確に予測できます。ほぼ例外なく、短期的には値下げ分を補うほどには販売量は増えません。

ですが、価格弾力性についての定量分析は短期的なものでしかありません。値下げの影響が予測できるのはその週やその四半期までです。5年後、10年後、またはその先に、継続的な値下げがこの事業にどう影響するかは、定量的にわかるものではありません。

徹底的な効率化とスケールメリットの追求によってお客様に値下げをすることで好循環が生まれ、長期的には莫大なフリーキャッシュフローが生み出されてアマゾンの価値が大幅に上がる、というのが私たちの判断です。

スーパー・セイバー・シッピングやアマゾン・プライムについても同じような判断を行いま

した。どちらも短期的にはお金がかかりますが、長期的に重要で価値のある施策だと信じています。

もうひとつ、２０００年にはサードパーティ出品者に商品詳細ページを開放した例もあります。アマゾンとサードパーティの商品の両方を扱う単一の商品ページをつくるのは、リスクがあるように思われました。この施策もまた消費者寄りのイノベーションの多くと同じで、アマゾンの売上を侵食するのではないか、と社内外で私たちのためを思う方々が心配してくださいました。このやり方がうまくいくことを事前に証明する手立てはなかったのです。

アマゾン上にサードパーティ出品者を招き入れると在庫予測が難しくなり、サードパーティに商品詳細ページを「奪われれば」、過剰在庫に陥《おちい》るのではないかと社内のバイヤーは指摘しました。

ですが、私たちの判断は単純なものでした。もしサードパーティが特定の商品をより安く提供し、より早くお客様に届けられるのであれば、お客様にはそれに簡単便利にアクセスしてほしいと思ったのです。

その後時間が経つうちに、サードパーティ出品者の売上はアマゾンの中で大きな規模になっていきました。サードパーティの商品は２０００年には全販売数量の6パーセントでしたが、２００５年には28パーセントにもなりました。その間に小売総売上は3倍にもなりました。

数字に基づく意思決定は幅広い賛同を得ることができますが、主観的な判断に基づく意思決定には異論も多く、実践され効果が証明されるまでは賛否が分かれることも少なくありません。論争を避けたがる組織なら、前者の判断、つまり数字に基づく意思決定しかできなくなります。ですが、そうなると異論が抑えられるばかりか、イノベーションや長期的な価値創造までもが抑制されてしまいます。

　私たちの意思決定の哲学の基本は、１９９７年の株主への手紙で説明されています。その手紙をここに添付いたしました。

　アマゾンは今後とも徹底的にお客様に集中し続けます。

　これからも、目先の利益や短期的なウォール街の反応ではなく、長期的に市場リーダーとしての地位を確立することを念頭に置いて、投資の意思決定を行い続けます。

　事業内容と投資効果を定量的に分析し、適正なリターンをもたらさない事業は断念し、最もうまくいく事業への投資を増やします。そしてこれからも失敗と成功の両方から学び続けます。

　市場リーダーとしての地位を強化できる可能性が十分にあると思った分野には、臆せず大胆な投資を行います。

　こうした投資は、成功することも、失敗することもあるでしょう。どちらにしろ、そこから価値ある教訓を学んでいきます。

　私たちが、強力な定量的かつ分析的な文化と大胆な意思決定を行える勇気を併せ持っていることは間違いありません。その両面を組み合わせるにあたり、まずはお客様を起点にしてそこからさかのぼって仕事をします。それが株主価値を創造するための最もいいやり方だと、私たちは信じています。

※「構造化されない意思決定プロセスの構造」という非常に面白い論文があります。1976年にこれを書いたのは、ヘンリー・ミンツバーグ、デュールー・ライジンガニ、アンドレ・テオレットの3人です。彼らは、組織が、より定量的な「業務」決定とは対極にある「構造化されていない」戦略的な意思決定をどのように行うかを調査しました。この論文には秀逸な論点が多くありますが、とくに注目すべきは次の点です。「経営学者が業務決定に注目しすぎると、組織は間違った行動に走りやすくなる」。3人は厳格な定量分析の重要性を疑っているわけではなく、計測できるという理由だけで定量的な分析や研究ばかりに目が向きがちであることに注意をうながしています。当論文はこちらから読むことができます。www.amazon.com/ir/mintzberg

新規事業を成長させる

2006年

アマゾンの現在の規模を考えると、それなりの規模に成長できそうな新しい種を植えるには、ある程度の規律と、ちょっとした忍耐と、種を育む文化が必要になります。

アマゾンの既存事業は若木ですが、しっかりと根を張っています。すくすくと成長し、高いリターンを生み出し、非常に大きな市場セグメントの中で事業を展開しています。

こうした特徴のせいで、これからはじめようとする新規事業にはどれも高い基準が設けられてしまいます。株主のみなさまのお金を新規事業に投資する前に、まずはその新しい事業機会が、投資家がアマゾンに期待するだけのリターンを生み出せることに、自分たちが納得しなければなりません。また、その新規事業がアマゾン全社の中で大きな意味を持つまでの規模に成長できると、自分たちが確信できなければなりません。

しかも、その事業機会がいまはまだ発掘されておらず、私たちがその市場のお客様に向けて何か違う差別化要因を持ち込める力があると納得できることが必要です。それがなければ、その新規事業が私たちの望む規模に達する可能性は低いでしょう。

「実店舗をいつ開くんですか？」とよく聞かれます。これまで、その事業機会には抵抗してきました。実店舗は、先ほど挙げた基準のほぼすべてに当てはまらないからです。

ただし、ひとつの点だけは、当てはまります。実店舗網の潜在的な市場規模は莫大であるという点です。

ですがいまのところ、どうしたら低資本高リターンで実店舗を運営できるのか、私たちにはわかっていません。リアルの小売業界は、すでに多くの企業がひしめく、昔ながらの確立されたビジネスです。お客様にこれまでとは違う体験を提供できるような実店舗をどうつくったらいいのか、いまのところまったくわからないのです。

実際に私たちが新規事業に参入するのは、先ほどの基準を満たしていることに確信を持っているときです。ジョーヨー・ドット・コム（卓越ネットワーク）の買収は、世界で最も人口の多い国への参入の第一歩です。中国のイーコマースはまだ生まれたばかりで、まさに素晴らしい事業機会であると確信しています。靴、洋服、食品といったセグメントは規模が大きく、私たちのスキルによって、顧客体験を本当に改善できるような、高リターンの大規模事業を生み出し育てることができるはずです。

フルフィルメント・バイ・アマゾン（ＦＢＡ）は、１２００万平方フィートの物流センター網を最先端の巨大なコンピュータ周辺機器へと変えるような、一連のウェブサービスＡＰＩだと言えます。毎月、１平方フィート当たり45セントを支払ってもらえれば、私たちの物流網の中で商品を保管、流通できます。出品者はウェブサービス経由で在庫の到着時期を伝え、ひとつ、または複数の商品のピックアップと梱包を指示し、どこに送るかを伝えるだけです。私たちと話をする必要すらありません。これは差別化できているサービスで、規模拡大が可能ですし、アマゾンが求めるリターンの基準を満たしています。

　アマゾン・ウェブ・サービス（ＡＷＳ）はもうひとつの事例です。私たちはＡＷＳを通して、新たな種類のお客様に注目した新規ビジネスを築こうとしています。そのお客様とは、ソフトウェア開発者です。

　アマゾンは現在、10種類の異なるウェブサービスを提供し、24万人を超える開発者が登録するコミュニティを構築しています。世界中の開発者がいたるところで直面している共通の課題、たとえばストレージ容量と計算能力といった課題など、開発者が助けを必要とし、この12年間アマゾンを拡大する中で積み上げてきた深い知見のある分野の幅広いニーズに対応することを狙っています。こうしたニーズに誰よりうまく対応できるのがアマゾンですし、このサービスは高度に差別化できていて、長期的に利益面で大きな魅力のある事業です。

　小さな種から新規事業を育てるには忍耐と育成が必要なので、これがなかなかできない大企業もあるでしょう。ですが私から見ると、多くの大企業と違ってアマゾンには大きな可能性のある小さな事業を支援する文化があり、それが競争優位の源泉になっています。

どの会社もそうだと思いますが、アマゾンの文化もまた、意図してつくられた部分とその歴史から自然にできあがった部分があります。

アマゾンはまだ新しい会社で、その歴史は比較的短いですが、ありがたいことに小さな種が大きく育った例があります。1000万ドル程度の種がいくつも、10億ドル規模の事業に成長するのを見てきたアマゾン社員は少なくありません。そうした自身の経験と、成功体験に伴って育まれた企業文化こそ、私たちがゼロから事業を立ち上げられる能力の大きな源泉になっていると私は考えています。

アマゾンの文化において新規事業には、高い潜在成長力があり、かつイノベーティブで差別化されていることが求められますが、だからといって最初から大きな事業である必要はありません。

1996年に書籍売上が1000万ドルを超えたときの興奮は、いまも忘れられません。ゼロから1000万ドルまできたのだから、当たり前でしょう。

いまでは、社内の新規事業が1000万ドル規模に達したとしても、アマゾンの全社売上は100億ドルから100・1億ドルに増えるだけです。10億ドル規模の既存事業をすでに運営している経営者ならバカにしてもおかしくないような些《さ》細《さい》な金額にすぎません。

ですが、私たちはバカにしません。アマゾンの経営陣は新規事業の成長率をしっかりと注視して、お祝いのメールを送ります。そんな姿勢をかっこいいと思いますし、それがアマゾンの文化の一部であることを誇りに感じます。

私たちの経験では、新規事業が急成長を遂げたとしても、それが全社利益に何らかのインパクトをもたらしはじめるまでには3年から7年ほどかかります。海外事業もそうでしたし、初期のメディア以外の事業も、またサードパーティ出品事業もそのくらいかかりました。

いまでは海外事業は総売上の45パーセントを占め、非メディア事業は全体の34パーセントになり、サードパーティの販売量は全体の28パーセントにのぼります。現在植え付け中の新しい種が同じような成功を遂げてくれたら、非常に嬉しいことです。

はじめて売上１０００万ドルを祝ってからここまで、私たちは大きな飛躍を遂げてきました。今後も成長し続けるにあたって、新規事業を見守り、育てる文化を維持するために努力していくつもりです。しかも規律を持って、リターンと潜在規模に注目し、顧客にとって価値のある差別化を実現できるかどうかを見極めながら、引き続き新規事業を育てていきます。

いつも正しい道を選べるとは限りませんし、成功するとも限りません。ですが、選別しながら、勤勉に、忍耐強く努力してまいります。

伝道者たち

２００７年

２００７年11月19日は特別な日になりました。３年にわたる努力の末、お客様にアマゾン・キンドルをお披露目できたのです。

すでにキンドルについて何かしらご存じの方も多いかもしれません。幸い、さまざまな場所で記事になったり話題になったりしていることをありがたく思います。

簡単に紹介しますと、キンドルは11万点を超える書籍、ブログ、雑誌、新聞をワイヤレスで読める専用デバイスです。ワイヤレス接続といってもワイファイではなく、最新の携帯電話と同じネットワークを使います。つまり、家でベッドに入っていても、歩き回っていても、使えるということです。

デバイスから直接本を買うことができ、ワイヤレスでダウンロードして１分もしないうちに読みはじめることができます。「ワイヤレスプラン」を購入する必要はありませんし、年間契約を結ぶ必要も、月会費を支払う必要もありません。

画面は紙にインクで文字が書いてあるように見え、明るい日差しの中でも読みやすくなっています。はじめてキンドルのディスプレイを見た人は、驚いて二度見してしまうほどです。ペーパーバックより薄くて軽く、２００冊までダウンロード可能です。キンドルの詳細ページに行くと、お客様の感想が見られますが、すでに２０００件を超えるレビューが掲載されています。

３年間も努力を重ねてきたので、キンドルがお客様に受け入れられることを心から願っていましたが、正直これほど熱烈に受け入れていただけるとは予想していませんでした。発売から５時間半で売り切れたため、サプライチェーンと製造チームが急遽、製造能力を増強しなければならなくなったほどです。

当初から私たちが目指していたのは、紙の本よりもいいものをつくるという、正直なところとんでもなく大胆な目標でした。この目標は軽い気持ちで立てたわけではありません。これまで５００年ものあいだ、ほぼ同じかたちで存在し続け、変化のなかったものをよりよくしようというのは、簡単なことではないはずです。

デザインプロセスの最初の段階で、私たちは書籍のいちばん大切な特徴を突き止めました。それは、消え失せることです。本を読んでいるときは、紙にもインクにも糊にもとじ目にも気づかなくなります。そうしたものがすべて消え失せて、著者の世界だけが残るのです。

キンドルも紙の本と同じように、読書の邪魔をしないものでなければならないと思いました。読者が著者の言葉に没頭し、電子デバイスで本を読んでいることを忘れられるように。

ですが、紙の本のあらゆる特徴を模倣すべきではないこともわかっていました。そのやり方では紙の本を超えることはできません。ですから、新しい機能を加えることが必要でした。紙では絶対にできないことを、可能にしなければなりません。

アマゾン・ドット・コムをはじめたころも、同じでした。当時は、オンライン書店もリアル書店とまったく同じ機能を備えていなければならないと考える人が少なくありませんでした。リアル書店で行われていることについて、何度も質問されました。「オンライン書店でどう著者サイン会を開くのか？」と。

あれから13年が経ちましたが、まだ著者サイン会は開けていません！　私たちはリアル書店を模倣するのではなく、リアル書店から発想をもらい、昔ながらの書店には決してできないけれども新しいメディアならできることを見つけることに力を注ぎました。

オンライン書店では、著者サイン会は開けませんし、コーヒーを飲みながらひと休みできる場所を提供することもできません。ですが、文字通り数百万点もの書籍を販売し、読者のレビューを通して購入判断を助け、「この本を買った人はこちらも買っています」といった発見機能を提供できます。新しいメディアにしか提供できない便利な機能を並べれば、きりがありません。

キンドルに組み込んだ便利な機能の中でも、紙の本では決してできないことをいくつかここに挙げさせてください。

たとえば、本の中に知らない言葉があれば、簡単に意味を調べられます。購入した本をすぐに探せます。余白に書いたメモや自分で引いた下線はクラウドのサーバーに保存されてなくなりません。読みかけのページも自動的に保存されます。目が疲れたらフォントの大きさを変えることができます。何より大切なのは、読みたい本を探して手に入れるまでに１分もかからないという、簡単便利な一気通貫の購買体験です。

出版社もまた——大手出版社もすべて——キンドルを喜んでくれていますし、私たちはそれをありがたく感じています。出版社にとっても、キンドルはいいことだらけです。本が絶版になりませんし、売り切れにもなりません。刷りすぎて売れ残りが出ることもありません。いちばん重要なのは、キンドルによって、読者がより楽に、より多くの本を手に入れられるという点です。何かをよりシンプルに、よりスムーズにすればかならず、みんなが手にするようになるのです。

私たち人間はツールと共に進化します。ツールが変われば、私たちも変わります。数千年前に生まれた文字はとんでもなく革命的なツールで、それが人間を劇的に変えたのは間違いありません。５００年前にグーテンベルクが発明した活版印刷は、出版コストを大きく下げることにつながりました。紙に印刷された本を通して、人は新たなかたちで共に働き、学ぶようになりました。

最近ではデスクトップコンピュータ、ラップトップ、携帯電話、携帯情報端末（ＰＤＡ）といった、つながり合うツールが私たち人間を変えています。人々は情報をつまみ食いするようになり、短い時間しか物事に集中できなくなっています。

私にとってブラックベリーはとても重宝なツールです。ブラックベリーのおかげで自分の生産性が高まっていることは確かです。

それでも、３００ページの文書をブラックベリーで読みたくはありません。何百ページもある文書なら、デスクトップやラップトップでも、読もうとは思いません。

すでにこの手紙でも言いましたが、人はより便利で快適なことに傾きます。ツールによってより楽に情報のつまみ食いができるようになれば、人々は長い文章を読まなくなり、もっと情報をつまみ食いするようになるでしょう。

キンドルは長い文章を読むことを目的とした専用ツールです。キンドルとその後継機によって、長い時間軸ではありますが、この世界で少しずつでも人々の集中力が持続する方向に向かい、私たちのツールが、このところ蔓延している情報のつまみ食いへの対抗力になることを願っています。

このような物言いが綺麗事に聞こえることは承知していますが、これが本心からの言葉であることをはっきりと申し上げておきます。私だけでなく、アマゾンの多くの人たちが、同じ想いを持っています。私はそのことを嬉しく思います。なぜなら志ある伝道者のほうがよりよいプロダクトをつくれるからです。

そしてもうひとつ、書籍がいままさにより便利になりつつあるのは間違いありませんが、アマゾンがその変化の媒体になって当たり前だとは思っていません。本がよりよいものになるのは確かですが、アマゾンがそれを上手に実行しなければ、別の誰かがその役目を果たすはずです。

アマゾンの伝道者たちは、株主のみなさまのために一株当たりフリーキャッシュフローと資本収益率を上げようと熱心に取り組んでいます。お客様第一を徹底することで、それが実現できるはずです。これまでよりもさらに多くのイノベーションを起こせることは保証しますが、その道が楽でないこともわかっています。キンドルがその名の通り「火を熾《おこ》し」、読書の世界をよりよいものにしてくれることを願っていますし、かならずできるはずだと信じています。

キンドルは私たちの哲学がかたちになったものであり、１９９７年の最初の株主への手紙に書いた長期の投資姿勢を表すものなのです。

お客様起点で考える

2008年

現在、グローバル経済が混乱に陥っている中でも、私たちの基本姿勢は変わりません。黙々と仕事に向き合い、長期に目を向け、お客様にこだわるだけです。

長期思考によって既存の能力が引き出され、思いもよらないような新しいことが可能になります。長期に目を向けることで失敗と反復が許容され、それが発明につながりますし、未知の領域を開拓する自由が生まれます。目先の見返りや絵に描いた餅を追いかけても、結局は二番煎じに陥るのが関の山です。

長い目で物事を見ることは、お客様にこだわる姿勢に大きく重なります。お客様のニーズを突き止め、そのニーズが深刻で長期的なものであることに確信が持てたなら、アマゾンの哲学として、解決策をお届けするために何年でも辛抱強く努力し続けることが許されます。

お客様のニーズを起点に「さかのぼって考える（ワーキング・バックワーズ）」という哲学は、「スキルを起点にして考える」やり方とは対照的です。

スキル起点の姿勢とは、既存のスキルと能力を使って事業機会を広げるというものです。つまり、「私たちが得意なのはXである。Xを使ってほかにどんなことができるだろう？」という考え方が、スキル起点の哲学です。

たしかにそれも事業姿勢として有効で割に合うものでしょう。ですが、既存のスキルはいずれ時代遅れになります。お客様のニーズを起点にさかのぼって考えることにより、いやでも新しい能力を身につけ、これまでに使わなかった筋肉を使わざるを得なくなります。最初の一歩がどれほど不安で居心地が悪くても、そんなことを考えている余裕はないのです。

キンドルは私たちの基本姿勢を表すいい例です。もう4年以上前のことになりますが、私たちにははじめにひとつの長期ビジョンがありました。それは、これまでに出版されたすべての書籍を、どんな言語でも、1分もかからずにお客様にお届けするというビジョンです。

私たちが思い描いた顧客体験は、デバイスとしてのキンドルとサービスとしてのキンドルに切れ目がなく、そのふたつがスムーズにつながったものでなければなりませんでした。

アマゾンはそれまで、ハードウェアを設計も製造もしたことはありませんでしたが、既存のスキルに合わせてビジョンを変えようとはせず、才能ある（使命感もある）ハードウェアの開発者を数多く採用し、組織として新たなスキルを学習しはじめました。未来の読者によりよいサービスを提供するには、その新しいスキルが必要だったからです。

いまはキンドルの売上が私たちの最も楽観的な予想を超えたことを嬉しく思い、興奮しています。キンドル2は2月23日に発送を開始しました。キンドル2には、お客様が気に入ってくださったオリジナル機種の機能がすべて搭載されたうえ、より薄く、より速く、より画面がくっきり見やすくなり、バッテリーの持続時間は伸び、１５００冊まで収容できるようになりました。

品揃えも、25万点を超える人気書籍、雑誌、新聞からお選びいただけます。無料でワイヤレス送信でき、１分以内に本が届きます。お客様からキンドルについて数千件にものぼるご意見をメールでいただきましたが、ありがたいことにその26パーセントに「本当に気に入った」という言葉が使われていました。

顧客体験の柱

小売事業において、お客様が気にかけるのは低価格、品揃えの充実、便利で迅速な配達であることを確信していますし、時代が変わってもそのニーズは決して変わらないと思っています。これから10年後にお客様が、値段が上がり、品揃えが減り、配達が遅くなることを望むとはとても考えられません。

これらの柱が変わらないことを確信しているので、それを強化するために自信を持って投資できるのです。いまここに注いでいる熱量が、かなり先までかならず利益をもたらし続けることはわかっています。

価格政策で私たちが目標としているのは、短期利益を最大化することではなく、お客様の信頼を得ることです。この姿勢で価格を決めることが、長期的な利益総額を伸ばす最善の策だと肝に銘じています。商品単価は下がるかもしれませんが、つねに信頼され続けることによって、販売数量は増えていくでしょう。だからこそ、すべてのカテゴリにおいて商品を低価格で提供しているのです。

アマゾン・プライムも含めて無料配送に投資し続けるのも同じ理由です。お客様は鋭く賢いので、購入判断の際には配送料を含めた総費用をきちんと計算しています。この12か月のあいだに、無料配送を利用した世界中のお客様は、合計で8億ドル以上を節約したことになります。

品揃えの拡大にも、休むことなく力を入れ続けています。既存カテゴリの品揃えを増やしながら、新しいカテゴリも加えています。2007年以来、増やしたカテゴリ数は28にものぼります。2007年に立ち上げたエンドレス・ドット・コムという靴のサイトは驚くほどの急成長を続けています。

お客様にとっては迅速で信頼できる配送が大切です。そこで2005年にアマゾン・プライムを開始しました。プライム会員になると年間79ドル[※1]で2日以内のお急ぎ配送が無料になり、わずか3ドル99セントの追加料金で、翌日のお届けが可能になります。

2007年には、サードパーティ出品者のためのサービスとして、フルフィルメント・バイ・アマゾン（ＦＢＡ）を開始しました。ＦＢＡを使えば、出品者は私たちのグローバルな物流センターに商品を保管することができ、私たちが出品者のために商品を探して梱包しお客様に届けます。

ＦＢＡの商品もアマゾン自身の在庫商品と同じように、プライムと配送料無料の対象になります。ですから、ＦＢＡは顧客体験を向上させながら、出品者の売上を上げることができるのです。２００８年の第４四半期には、ＦＢＡを使った出品者のために３００万点を超える商品を発送しました。お客様も出品者も得をしたことになります。

慎重な支出

コスト構造が効率的でなければ、顧客体験の向上を追求できません。株主のみなさまにとって幸いなことに、この点では改善余地がまだまだあります。

どこを見ても（当然目に入るわけですが）、経験豊富な日本の製造メーカーが「ムダ」と呼ぶものがあちこちで見当たります。[※2] 私はそれを見ると力が湧いてきます。

私にとって、ムダはチャンスです。これに対処することで、毎年、変動費と固定費の削減から生産性を上げていけますし、設備投資の効率と回転率と柔軟性を何年にもわたって毎年上げていくことができるからです。

私たちの主要な財務目標は、長期的にフリーキャッシュフローを最大化すること、そしてリターンの高い事業に投資してそれを実現することです。アマゾン・ウェブ・サービス（ＡＷＳ）、サードパーティ出品者のためのツール、デジタルメディア、中国、そして新規の商品カテゴリに積極的に投資していますが、それはこうした事業がかなりの規模に成長し、高いリターンの基準を超えてくれると信じているからです。

世界中で、勤勉で創造性に溢れた素晴らしいアマゾニアンたちが、お客様第一を実践しています。このチームの一員であることは私の誇りです。株主のみなさまのご支援と励ましに、そしてこれからも続いていく私たちの冒険に参加してくださることに、心から感謝しています。

※1　アマゾン・プライムは世界中で展開しています。日本では年間３９００円、イギリスでは48ポンド、ドイツでは29ユーロ、フランスでは49ユーロです。

※2　最近、ある物流センターで「カイゼン」の専門家に言われました。「物流センターを清潔にしておくことは賛成ですが、なぜ清掃に力を入れるのですか？　ゴミのもとを断てばいいのでは？」。まるで映画『ベスト・キッド』の少年になったような気持ちになりました。

目標を定める

２００９年

15年にわたって顧客体験を改善してきた努力の積み重ねが表れたのが、２００９年の業績です。これまで、品揃えを増やし、配送を迅速にし、コストを削ってきたのは、私たちが体力をつけてできる限りの低価格やその他の特典をお客様に提供するためです。それができたのは、社内のあらゆる場所で、大勢の賢い社員がお客様のために惜しみなく不断の努力を続けてきたからです。

アマゾンの低価格、迅速な配送、そして希少な商品や目立たない商品でも在庫を確保できていることを、誇りに思います。もちろん、これからまだまだもっといいサービスを提供できることは確かですし、さらなる改善に力を注いでいくつもりです。

２００９年の業績で強調しておきたいことをいくつかここにご紹介します。

売上高は前年比28パーセント増の２４５億１０００万ドルになりました。10年前の１９９９年には16億４０００万ドルだった売上が15倍になったわけです。

フリーキャッシュフローは前年比１１４パーセント増の29億２０００万ドルになりました。

アマゾン・プライムも順調で、昨年に比べて会員数が世界中で大幅に伸びました。即時配送できる商品数も、50パーセント以上増えました。

２００９年のあいだに、世界中で21にのぼる新しい商品カテゴリを加えました。たとえば日本では自動車、フランスでは乳児用品、中国ではアパレルと靴が新しく加わりました。

靴事業にとっては大変忙しい一年になりました。11月にはザッポスを買収しました。ザッポスはアパレルと靴では最大手のオンラインストアで、お客様に最高のサービスと品揃えを提供することに力を注いでいます。ザッポスが加わったことで、私たちが持つエンドレス、ジャバリ、アマゾン、ショップボップの品揃えがさらに拡充されることになります。

アパレルのチームも、デニムショップの開店によりさらに顧客体験を強化し続けています。デニムショップでは、ジョーズ、ラッキー・ブランド、セブン・フォー・オール・マンカインド、リーバイスを含む１００ブランドを展開しています。

靴とアパレルのチームは12万１０００点の商品説明を書き、ウェブサイトに２２０万点の画像をアップロードし、お客様に生き生きとした購買体験を提供しています。

また、カスタマーレビューの件数は世界中でおよそ７００万件増えました。

サードパーティ出品者の商品販売数は、２００９年の総商品販売数の3割にものぼっています。アクティブ出品者のアカウント数は前年に比べて24パーセント増加し、１９０万アカウントになりました。フルフィルメント・バイ・アマゾン（ＦＢＡ）を使って出品者がアマゾンの物流ネットワークに保管する商品点数は１００万点を超え、これらの商品はすべてアマゾン・プライムと配送無料の対象になっています。

アマゾン・ウェブ・サービス（ＡＷＳ）も引き続き、次々とイノベーションを生み出し、新しい機能やサービスを展開しています。

たとえば、アマゾン・リレーショナル・データベース・サービス、バーチャル・ピクチャー・クラウド、エラスティック・マップリデュース、ＥＣ２・ハイ・メモリー・インスタンス、リザーブド・インスタンス、スポット・インスタンス、ストリーミング・フォー・アマゾン・クラウドフロント、バージョニング・フォー・アマゾンＳ３などです。

また、ＡＷＳはＥＵと北カリフォルニアの新たな地域でサービスを追加しました。２０１０年にはアジア太平洋地域での展開も計画しています。継続的なイノベーションとこれまでの優れた成果の積み重ねによって２００９年のＡＷＳの新規顧客獲得数は過去最高になり、多くの大企業がサービスを使ってくださるようになりました。

アメリカ国内のキンドルストアは現在、46万点の書籍を取り扱っています。昨年からは25万点の増加となり、ニューヨーク・タイムズ・ベストセラーに選ばれた１１０冊のうち１０３冊、８９００のブログ、１７１の国内外の一流新聞と雑誌もキンドルで読めるようになりました。

キンドルは120か国に発送され、コンテンツは6か国語で提供しています。

他社で経験を積んでアマゾンに入社したリーダー層はまず、私たちが財務業績や収益予想の話し合いにあまり時間を割かないことに驚きます。もちろん、私たちが財務業績を重く受け止めていることははっきりさせておきたいのですが、それでも、自分たちがコントロールできる業務インプットに力を入れることこそが、長い目で見て最高の財務業績を生み出すための最も効果的な方法だと信じています。

年間目標を定めるプロセスは秋にはじまり、終わるのはクリスマスの繁忙期が終了したあとの年明けです。目標設定の会議は長く、活発で、細かいのが特徴です。私たちのお客様にふさわしい体験に要求される基準は高く、その体験をいますぐに改善したいという切迫感には強いものがあります。

これまで何年も毎年、同じプロセスで年間目標を定めてきました。2010年に向けては452の目標を細かく定め、それぞれに担当者と達成可能性と目標期限を決めました。チームが自分たちに課した目標はこれだけではありませんが、この452項目は私たちが最も重要だと思うものです。

この目標のいずれも簡単ではありませんし、イノベーションを起こさなければ達成できないものばかりです。それぞれの目標の達成度や状況を年に数回、リーダー層が見直し、状況に応じて目標を加えたり取り除いたり修正したりしています。

現時点の目標をよく見てみると、興味深い事実が浮かんできます。

４５２項目のうち３６０項目は顧客体験に直接インパクトを与えるものです。

「売上」という言葉が使われているのは8回で、「フリーキャッシュフロー」はわずか4回です。

「純利益」、「粗利」または「粗利率」、そして「営業利益率」という言葉は一度も使われていません。

全体を見ると、この一連の目標は私たちの基本姿勢をよく示しています。それは、お客様を起点にしてさかのぼって考えるという姿勢です。つまり、お客様の声に耳を傾けながら、聞くだけではなく、お客様のためにイノベーションを起こすということです。

今年の目標をすべて達成できると保証はできません。これまでも、達成できない目標はありました。ですが、お客様に執拗にこだわり続けることは、確約できます。長い目で見ると、このやり方がお客様だけでなく株主のみなさまにも最善であることを強く確信しています。

アマゾンでは、毎日がはじまりの日です。

基本ツール

2010年

ランダムフォレスト、単純ベイズ推定量、RESTfulサービス、ゴシッププロトコル、結果整合性、データシャーディング、アンチエントロピー、ビザンチン定足数、消失訂正、ベクタークロック。アマゾンのある種の会議に参加したら、一瞬コンピュータサイエンスの授業に紛れ込んだかと思うかもしれません。

アマゾンで実際に使われている技術は、ソフトウェアアーキテクチャの教科書に書いてあるようなものではありません。私たちが使っているのは、高機能取引システム、複雑なテキスト配置とオブジェクトキャッシング、ワークフローと待機システム、ビジネスインテリジェンスとデータアナリティクス、機械学習とパターン認識、ニューラルネットワークと確率論的意思決定、その他のさまざまな技術です。

私たちのシステムの多くは、最先端のコンピュータサイエンス研究に基づいていますが、それだけでは十分ではありません。アマゾンのアーキテクトとエンジニアは、学術研究者がまだ試していない方向へと研究を進める必要に迫られます。私たちの目の前にある問題の多くは、教科書に答えがないため、喜んで自分たちで新たな方法を生み出しているのです。

アマゾンのテクノロジーは、ほぼかならず「サービス」として実行されます。サービスとは、動作に必要なデータをカプセル化し、セキュリティが強化されたインターフェースを提供するロジックの小さなまとまりです。各機能を実行するには、かならずそのインターフェースを呼び出すことになります。このやり方なら副作用を減らし、システムのほかの部分に影響を与えずに、サービスをそれ自身のペースで進化させることが可能です。

アマゾンのテクノロジーの土台となる抽象的概念が、サービス指向アーキテクチャ（ＳＯＡ）です。思慮深く先見の明のあるエンジニアと設計者のチームのおかげで、アマゾンでは、ＳＯＡが業界の流行になるはるか以前から、この方法を取り入れてきました。

アマゾンのイーコマースのプラットフォームは、リコメンデーションから注文配送、在庫追跡までさまざまな機能を届けてくれる無数のソフトウェアサービスの集合体です。

たとえば、アマゾンを訪れるお客様のための商品詳細ページをつくるためには、ソフトウェアが２００から３００ものサービスを呼び出し、そのお客様個人に合わせた体験を実現するのです。

事業を大きく拡大させようと思えば、状態管理がシステムの肝になります。急拡大してきたアマゾンではもう何年も前に、市販のソリューションではシステムの多くを支えられなくなりました。アマゾンの根幹であるデータサービスは、ペタバイトのデータを保管し、１秒間に数百万件ものリクエストを処理します。

これほど大量の非凡な要求を満たすために、たとえばキーバリュー型データベースや単一テーブル型データベースといったいくつかの問題別専用ソリューションを社内で開発しました。私たちが独自に開発したストレージシステムは、莫大な規模拡大に対応でき、同時に性能と可用性とコストを厳しくコントロールできることが証明されています。

このような超大規模なサービス対応を可能にするため、データ更新管理にはこれまでにない手法を取り入れています。更新の同期化条件を緩めて膨大な数のレプリカに拡散することで、最も厳しい性能と可用性の条件下でもシステムが機能できるようにしているのです。

この手法は、結果整合性の概念に基づくやり方です。アマゾンのエンジニアが開発した最先端のデータ管理システムが起点となって、アマゾン・ウェブ・サービス（ＡＷＳ）が提供するクラウドストレージとデータ管理サービスを支える構造が設計されてきました。たとえば、シンプル・ストレージ・サービス、エラスティック・ブロック・ストア、そしてシンプルＤＢの基本構造はいずれも、アマゾン独自のテクノロジーから成り立っています。

また、アマゾンではその他の領域でも、複雑なデータ処理と意思決定の問題を解決しなければなりません。たとえば、商品データの取り込みと分類、需要予測、在庫配置、不正検出などです。

ルールベース型のシステムでうまくいく場合もあるでしょうが、維持管理が大変で、時間が経つと不安定になりかねません。多くの場合、先端的な機械学習技術のほうがより正確な分類が可能になり、状況変化に応じて自己修正できるのです。

たとえば、アマゾンの検索エンジンはデータマイニングと機械学習のアルゴリズムを使ってトピックモデルを走らせ、情報抽出アルゴリズムを使って特徴を特定し、構造のない文章から本質を抜き出し、お客様の検索範囲を狭めてお望みの商品を素早く探し出すことを助けます。検索に関連する膨大な要素を考慮に入れて、お客様の興味の確率を予測し、結果の順番を最適化しています。商品が多岐にわたるため、ランダムフォレストといった先進的な回帰テクニックを使って膨大な数の商品特徴を柔軟に組み入れなければなりません。

こうした縁の下を支えるすべてのソフトウェアが、どんな結果をもたらすでしょう？　お客様のほしいものを、素早く正確に教えてくれる検索能力です。

私たちがこのようにいくら全力をテクノロジーに注ぎ込んだとしても、もしどこかの研究開発部門に技術を閉じ込めて実際に使わなければ、意味がありません。アマゾンでは、テクノロジーがすべてのチーム、すべてのプロセス、意思決定、各事業のイノベーションの取り組みに組み込まれています。私たちが行うすべてのことに、テクノロジーが深く統合されているのです。

そのひとつの例が、ウィスパーシンクです。ウィスパーシンクは、お客様がどこにいても、どのデバイスからでも、ライブラリにアクセスし、ハイライトやメモやブックマークをあらゆるモバイルアプリとキンドルデバイスに同期させる機能です。世界の１００か国以上で、数百種類のデバイスを使って数千万冊の書籍を読んでいる数百万人のキンドル所有者に、24時間３６５日、信頼できるかたちでこのサービスを届けることは、かなりの難題です。

ウィスパーシンクの核にあるのは、結果整合性のある複製されたデータベースで、数週間以上切り離されたデバイスに対応できる競合解決アプリケーションが備わっています。もちろん、キンドルの利用者には、こうしたテクノロジーは見えません。

それでもみなさんがキンドルを開くと、同期された読みたいページ上にいるわけです。アーサー・Ｃ・クラークの言葉を借りると、十分に進んだテクノロジーは魔法と見分けがつかないのです。

さて、この手紙を律儀に読んでくださっている株主のみなさんの中にまぶたが下がってきた方がいらっしゃるかもしれませんが、こう言うと目が覚めるかもしれません。

私たちはこうしたテクノロジーをただ無駄に追求しているわけではありません。これらは直接、フリーキャッシュフローにつながるのです。

私たちが生きるこの時代は、利用可能な帯域、容量、処理能力のすべてが猛烈な勢いで拡大し、ものすごい速さで安くなっています。アマゾンには世界で最も進んだテクノロジーのいくつかがあります。いままさに可能になりつつあることを使って、課題の解決を行っているのです。これまでも何度かお話ししてきたように、株主の長期的な利益はお客様の利益と一致することに、揺るぎない確信を持っています。

アマゾンの優位性はまさにそこにあります。発明はこの会社の遺伝子の一部ですし、テクノロジーは私たちがお客様に提供する経験のすべての側面を進化させ、向上させる基本的なツールです。まだまだ学ぶべきことはたくさんありますし、これからも楽しく学び続けられることを願っています。このチームの一員であることを心から誇りに思います。

アマゾンでは、毎日がはじまりの日です。

発明のちから

2011年

「私たちにとって、アマゾン・ウェブ・サービス（AWS）の価値は絶大だ――サーバー容量を2倍にするのに、20秒もかからない。私たちのように急成長中でエンジニアが少ない会社には、世界中の音楽コミュニティに最高のサポートを届けられるという信頼性が何より大切なんだ。5年前は、サーバーが落ちたらいつ再開できるかわからない状態だった。いまはアマゾンがイノベーションを日々続けてくれるおかげで、最高のテクノロジーを提供しながら成長を続けられている」

これは、音楽コミュニティ向けにサービスを提供するバンドページというスタートアップのCTO（最高技術責任者）、クリストファー・ソレンの言葉です。事業拡大に欠かせない処理能力を、ＡＷＳが素早く信頼性を持って拡大してくれるという彼の言葉は決して仮定の話ではありません。バンドページは現在50万ものバンドやアーティストを数千万人のファンにつないでいます。

「２０１１年４月にアマゾンで販売をはじめたの。６月にお弁当箱のカテゴリで１位になったときは、日に50件から70件の注文があったわ。新学期がはじまる繁忙期の８月、９月になると、注文が日に３００件、時には５００件も入るようになったの。何だかものすごい大変なことになって。……いまはアマゾンに配送してもらってるから、すごく楽。それに、プライムで配送料無料になるってことに私のお客様が気づいてからは、ますます飛ぶように売れはじめたわ」

そう言うのは、ケリー・レスターという「ママさん起業家」で、イージーランチボックスという会社を経営し、環境に優しく詰めやすい自社ブランドの斬新なお弁当箱を販売しています。

「まあ、僕の場合はたまたま思いついてアマゾンを使ってみたら、新しい世界がパッと開けたという感じだった。自宅に蔵書が山ほどあったから、ちょっと試してみようと思ったんだ。古本を売りはじめて、どんどん拡大していくうちにすごく楽しくなって、これ以外の仕事はもうやらないって決めた。妻以外には上司もいなくて気楽だった。こんな楽しいことはないって思ったんだ。妻と一緒にやってるよ。二人で古本探しにいったり、協力してすごくうまくいってる。ひと月に７００冊ほど売れる。毎月８００から９００冊をアマゾンに送って、アマゾンが７００冊ほどを買い手に配送する。アマゾンの配送と顧客サービスがなかったら、僕と妻が毎日数十個の包みを持って郵便局やら別の場所を駆け回ることになってたよ。そこのところをやってくれるから、すごく楽なんだ。本当に素晴らしいサービスで、重宝してる。だって、アマゾンが顧客につないでくれて、そのうえ本の配送までやってくれるんだから。こんなありがたいことってある？」

そう語るのは、不況のさなかに仕事をクビになり、ＲＪＦブックスアンドモアを創業したボブ・フランクです。ボブと妻はフェニックスとミネアポリスのふたつの拠点を行ったり来たりしながら古本を発掘する生活を、「毎日が宝探しみたいだ」と言っています。

「キンドル・ダイレクト・パブリッシング（ＫＤＰ）のおかげで、ひと月のうちに、大手出版社と契約していた一年間より多くの印税を稼ぐことができたわ。当時は生活費の支払いにも困ってたし、実際何か月も支払いが滞っていたけれど、いまではそれなりに貯金ができて、休暇旅行まで考えられるようになったの。旅行なんて何年ぶりかしら。……アマゾンが私の翼を広げてくれた。以前はひとつのジャンルに縛られていたけれど、ほかにも書きたい本はあった。いまは書きたい本を自由に書ける。自分のキャリアを自分で決められる。アマゾンに出会って、やっと相棒を見つけた気分よ。アマゾンは出版ビジネスをわかってるし、著者と読者のために出版業界を変えてくれた。私たちが選べるようにしてくれたの」

そう言ったのは、Ａ・Ｋ・アレキサンダーです。彼女が書いた『ダディーズ・ホーム』は３月のキンドル本のトップ１００位に入りました。

「ＫＤＰで最初に本を出版した２０１０年３月が、私の人生の転機になるとは思いもしなかった。それから一年もしないうちに、月々十分な収入を稼げるようになり、昼間の仕事を辞めて執筆に専念できるようになった。ＫＤＰで出版を決めたことでいろいろなことがすごくうまくいきはじめて、人生が変わった。経済的にも、個人的にも、気持ちの面でも、創造性の面でもね。執筆に専念できて、家族と家にいることができて、大手出版社のマーケティング担当からあれこれと口を挟まれずに書きたいものが書けるようになった。だから作家として成長したし、作品の数も増えたし、何よりも以前より幸せになれた。アマゾンとＫＤＰのおかげで出版界の新しい才能が花開くし、私のような作家も夢を追いかけることができる。そのことに、心から感謝してる」

　キンドルのベストセラー『ラン』を含む、多数のスリラー小説を発表している作家のブレイク・クラウチはそう言っています。

「アマゾンのおかげで、私のような作家でも読者に作品を届けられるようになったし、おかげで人生が変わったわ。一年ちょっとでキンドルで25万部も売れて、昔からの夢が叶った。私の作品のうち4作がキンドルのベストセラーリストで１００位に入ったの。エージェントや海外の版権担当者から声がかかるようになったし、映画プロデューサー二人からも連絡をもらった。ロサンゼルス・タイムズ、ウォール・ストリート・ジャーナル、ＰＣマガジンにも取り上げてもらったし、最近はＵＳＡトゥデイのインタビューも受けた。それより何より、どんな作家でも、ものすごく高いハードルを越えなくても、読者に作品を届けることができるようになって、すごく嬉しい。作家には選択肢が増えるし、読者には読める作品が増える。出版界は急速に変化しているけれど、私はそんな変化の1分1秒を楽しむつもり」

そう語るのは、『誘拐』を含む複数のキンドルベストセラーをＫＤＰで出版している作家のテレサ・ラーガンです。

「60歳を過ぎて、不況のど真ん中で、妻と私の収入の道がかなり限られていることに気づいたんだ。ＫＤＰは一生の夢を叶えてくれるかもしれない唯一のチャンスだった。経済的に生き延びるための、たったひとつの道だった。出版してから数か月で、私たちの人生は一変した。この年老いたノンフィクションライターが、ベストセラー作家として新しいキャリアを歩みはじめたんだ。アマゾンとそれが拠り所のない作家に与えてくれるツールについてはいくら話しても話し足りない。物書きのみんなに、ＫＤＰが与えてくれるチャンスを調べて摑み取るよう、ぜひ勧めたい。試したからといって失うものは何もないし、うまくいけば成功は青天井だ」

キンドルのベストセラー『ハンター』を出版したロバート・ビディノットはそう言っています。

「ＫＤＰのテクノロジーを使えたからこそ、これまで立ちはだかっていた業界の壁を突破できた。ずっと長いあいだ、読者一人ひとりに出会おうとすごく苦労してきた。いまの喜びがわかってもらえるだろうか？　いまはＫＤＰがなければ絶対に出会えなかったサスペンス小説ファンに『ノーバディ』を楽しんでもらえるし、ほかの2冊の小説もキンドルで2ドル99セントで読んでもらえる。昔からシンデレラストーリーが描きたかった。その夢が実現できた。ＫＤＰという白馬の王子様のおかげで、さらに多くの作品を出版できそうだ」

キンドルでベストセラーになった小説『ノーバディ』を書いたクレストン・メイプスはそう

語っています。

発明は、その形も規模もさまざまです。中でも、人々に力を与え、その創造性を解き放ち、夢を追いかけることを可能にするようなものこそ、世の中を一変させる劇的な発明と言えるでしょう。それがまさに、アマゾン・ウェブ・サービス、フルフィルメント・バイ・アマゾン、キンドル・ダイレクト・パブリッシングで起きていることです。

ＡＷＳ、ＦＢＡ、ＫＤＰがあることで強力なセルフサービス型のプラットフォームが生まれつつあり、それを通して多くの人々が大胆に試行錯誤を行い、これまで不可能だったり現実的ではなかったことを実現できるようになっています。

このような革新的で大規模なプラットフォームは、誰かが勝てば誰かが負けるというものではありません。こうしたプラットフォームのおかげでウィンウィンの状況が生まれ、開発者にも起業家にもお客様にも著者にも読者にも、多大な価値が生み出されるのです。

アマゾン・ウェブ・サービスは30種類もの異なるサービスを提供するまでに育ち、大企業や中小企業、そして個人の開発者など数多くのお客様にご利用いただけるようになりました。ＡＷＳの初期からのサービスのひとつがシンプル・ストレージ・サービス、通称Ｓ３です。

Ｓ３は現在、９０００億個以上のデータオブジェクトを保持しており、毎日、10億以上の新たなオブジェクトが追加されています。

Ｓ３は１秒に５万件の取引を日常的に処理し、ピーク時には１秒に１００万件近くの取引を処理します。ＡＷＳのサービスはすべて従量制であり、資本的支出を変動費に変えるような革命的な仕組みです。ＡＷＳはセルフサービスです。契約の交渉をしたり営業マンがあいだに入ったりすることはありません。オンラインの文書を読めば、誰でもはじめられます。しかも柔軟性の高いサービスです。規模拡大も縮小も簡単にできます。

２０１１年の最終四半期には、フルフィルメント・バイ・アマゾンは出品者にかわって膨大な数の商品を出荷しました。ＦＢＡで出荷される商品はプライムやスーパー・セイバー・シッピングの対象となり、返品処理や顧客サービスもアマゾンが行います。ＦＢＡもまたセルフサービスで、アマゾン・セラーセントラルの使いやすい在庫管理システムを利用できます。さらに、テクノロジーに通じた出品者なら、一連のＡＰＩを使ってアマゾンのグローバルな物流センターのネットワークを巨大なコンピュータ周辺機器のように利用できるでしょう。

こうしたプラットフォームが基本的にセルフサービスであることをなぜ私が強調するのか、みなさんにはわかりにくいかもしれません。ですが、私にとってはここが重要な点です。つまり、よかれと思って番人になることは、イノベーションを遅らせてしまうのです。

セルフサービス型のプラットフォームであれば、無理そうなアイデアを試してみることができます。専門知識を持つ番人から、「そんなのは絶対に無理だ！」などと止められることがないわけです。しかも、やってみてわかったのは、そうしたあり得ないアイデアの多くは実際に成功しますし、社会はその多様性の恩恵を受けるということです。

キンドル・ダイレクト・パブリッシングはあっという間に、驚くほど広がりました。ＫＤＰでは１０００人を超える作家がそれぞれ月に１０００部以上を売り上げ、そのうち２人は１００万部作家（キンドル・ミリオン・クラブ）の仲間入りを果たしました。

作家にとってＫＤＰは得になることばかりです。ＫＤＰを使えば著作権や派生的権利を作家が持ち続けられ、好きなタイミングで出版できます。大手出版社なら本を書き終えてから出版まで一年以上待たされることも珍しくありません。

それより何より、作家への印税率が70パーセントなのです。大手出版社が電子書籍の著者に支払う印税率はたった17・５パーセントです（販売価格の７割のうち25パーセントを作家に支払うので、17・５パーセントになります）。

ＫＤＰの印税率は著者にとっては革命的です。一般的なＫＤＰ書籍の単価は、読者の財布に優しい２ドル99セントに設定されていますが、著者はそのうちおよそ２ドルを受け取れます。大手出版社の印税率17・５パーセントで考えると、１冊当たり２ドルの印税を受け取るには、書籍を11ドル43セントで販売しなければなりません。言うまでもなく、11ドル43セントよりも２ドル99セントの本のほうが何倍も売れるはずです。

ＫＤＰは読者にもお得です。値段が安いこともそうですが、もっと重要なのは多様な作品に出会えることです。大手出版社なら断っていたかもしれない作品が日の目を見るわけですから。その例は、みなさんにも明らかでしょう。キンドルのベストセラーリストとニューヨーク・タイムズのベストセラーリストを比べると、どちらがより多様性があるでしょう？　キンドルのリストには零細出版社や作家個人の自費出版の本が数多く並んでいますが、ニューヨーク・タイムズのリストには成功した有名作家の作品しか並んでいません。

アマゾニアンたちは未来を見据え、社会に変革をもたらすような大胆なイノベーションを起こして、数多くの作家や起業家や開発者に価値を提供しています。

発明はアマゾンの遺伝子の一部になり、私たちのイノベーションの速度はますます上がっていると感じます。それを見ると力が湧いてきます。アマゾンの全員を心の底から誇りに思いますし、その最前線に立てることを幸運に感じています。

アマゾンでは、毎日がはじまりの日です。

最大の競争相手は自分

2012年

毎年この手紙を読んでくださっているみなさまならご存じかと思いますが、アマゾンの何よりの活力の源はお客様に喜んでほしいという願いであって、何がなんでもライバルを出し抜きたいという欲ではありません。

どちらのやり方のほうが業績を最大化できるかについての見解はありません。どちらのやり方にもいい点と悪い点がありますし、ライバルを注視して大成功している企業もあまた存在します。私たちもライバル会社に注意を払う努力はしますし、ライバル会社に刺激を受けてはいますが、いまのところはお客様中心主義がアマゾンの文化における最も重要な要素になっていることは間違いありません。

一見目立たない利点ですが、お客様を起点にすべてを考えると、ある種の積極性が内側から生まれます。自分たちが最高でないと思えば、外からの圧力がなくてもすぐに行動するからです。私たちは必要に迫られなくても、自分たちから進んでサービスを改善し、特典や機能を加えます。誰かに言われなくても、お客様のために価格を下げ、価値を向上させます。必要に迫られる前に発明します。

ライバルに対応するためではなくお客様に注目するからこそ、こうした投資が進むのです。この姿勢によってお客様からより大きな信頼を得ることができますし、私たちがすでに一番手の領域でも、顧客体験を急速に改善することが可能になるわけです。

「いつもありがとう。アマゾンのトップページにお知らせが出るたびに、思ったよりも得ができることがわかって嬉しい気分です。プライムに登録したのは配送のことがきっかけでしたが、いまでは本だけでなく映画もテレビ番組も楽しんでいます。値段は据え置きなのに品揃えは増え続けていますよね。いろいろと増やしてくれてありがとう」

現在、プライムには開始時の15倍の１５００万を超えるアイテムが揃っています。インスタント・ビデオの品揃えは映画とテレビ番組を合わせてこの一年間で3倍の3万８０００本になりました。キンドル・オーナーズ・レンディング・ライブラリーの書籍数も3倍以上の30万冊となり、莫大な投資の結果、『ハリー・ポッター』の全シリーズもこの中に含まれています。プライムをここまで進化させる「必要」に迫られたわけではありません。ただ自分たちから積極的にそうしたまでです。

それに関連しますが、複数年にわたる多額の投資といえば、フルフィルメント・バイ・アマゾン（ＦＢＡ）です。ＦＢＡを通してサードパーティ出品者はアマゾンの物流センター網に商品を保管できます。そしてサードパーティの商品もプライムの対象になるため、出品者にとっては革命的なサービスになっています。プライムの対象になれば出品者の売上も増加しますし、プライムの品揃えが増えればお客様の得にもなります。

私たちは、アマゾンでの顧客体験がみずからの高い基準に満たないケースを自動的に検知するシステムを開発してきました。こうしたシステムによって、サービスが基準に満たなければこちらからお客様に返金することになっています。

最近、この業界のウォッチャーがアマゾンから次のような自動メールを受け取りました。

「お客様がアマゾン・ビデオで有料の『カサブランカ』をご覧になっている最中に画像の質が低下したことを検知いたしました。ご不便をおかけしたお詫びに、代金の2ドル99セントを返金いたします。また近々アマゾンにいらしていただけますことを楽しみにしております」

自動返金に驚いたお客様は、その後この経験を文章にしてくださいました。

「アマゾンは、配信中に画像の質が低下したことに気がついて、勝手に返金してくれた……すごい。顧客第一っていうのは、まさにこういうことなんだ」

アマゾンで商品を予約していただくと、予約日と発売日のあいだの最安値を保証しています。

「さっき予約価格保証のおかげでクレジットカードに5ドル返金があったと通知がきたわ……最高ね！　公平で正直に接してくれてありがとう！」

お客様はみなさん忙しいので、予約注文のあとに値段をいちいちチェックしたりしません。私たちのポリシーとして、お客様のほうから返金を求めてもらうシステムにすることもできました。それに私たちから自発的に行動を起こすほうが、こちらにとってはお金がかかります。ですが、お客様がそれで驚き、喜んでくだされば、信頼が得られます。

作家のみなさまもまた私たちのお客様です。アマゾン・パブリッシングはつい先日、出版の60日後から印税を毎月お支払いすると発表しました。出版業界の慣例は年間二度払いで、この慣例が昔からずっと続いていました。ですが、お客様である著者のみなさんに伺ったところ、支払い頻度が少ないことに大きな不満を持っておられました。年に二度しかお金が入ってこなければどう思うか、想像してみてください。どの出版社も横並びで半年に一回しか支払わない中で、私たちは自主的に毎月払いを決めました。

ところできちんと調査をしたわけではないので贔屓《ひいき》目かもしれませんが、私はフロリダのビーチで多くの方がキンドルを使っているのを見かけました。これまでに5世代のキンドルが流通していますが、第1世代以外はすべて見かけたと思います。

良質なハードウェアをほぼ原価で販売するのがアマゾンのやり方です。お客様がデバイスを買ったときではなく、それを使ってくださってはじめて儲かる仕組みにしています。お客様の得になるほうが私たちにもいいからです。たとえば、お客様はえんえんと新しいモデルに切り替え続ける必要はありません。お客様が4年前に発売された初代のキンドルを使ってくださっているのを見るのは、私たちも嬉しいものです。

キンドル・ファイアのフリータイム、顧客サービスのアンドン・コード、アマゾンＭＰ３のオートリップなど、まだまだお伝えしたいことはありますが、最後にとてもわかりやすい自発的な取り組みの例であるアマゾン・ウェブ・サービスの話をさせていただきます。

２０１２年、ＡＷＳは１５９もの新しい機能やサービスを発表しました。７年前にＡＷＳを立ち上げて以来、値下げは27回に及び、企業向けのサポートを強化し、革命的なツールを発明して、お客様の効率化を助けてまいりました。

ＡＷＳトラステッドアドバイザーはお客様の状況をモニターし、それをベストプラクティスと比べ、どの点でパフォーマンスが改善できるか、どの部分のセキュリティを強化すべきか、どうしたらもっと節約できるかをお客様にお知らせします。そうです、私たちは自分からお客様がお金を払いすぎているとお知らせしているのです。

この3か月のあいだに、トラステッドアドバイザーを通してお客様は莫大な費用を節約しました。そしてこのサービスはまだはじまったばかりです。しかも、ＡＷＳはこの分野で圧倒的な首位にあることが認知されている中で、このような改善がいくつも行われているわけです。ライバルの脅威がなく、外発的モチベーションには頼りにくい状況です。それでもお客様を「あっ」と言わせたいという強い想い、つまり内からの原動力がイノベーションの速さを維持させています。

プライム、ＡＷＳ、キンドル、デジタルメディア、そして顧客体験全般への莫大な投資に対して、やりすぎだとか、株主への配慮がないとか、営利企業らしくないなどと思われる方もいらっしゃるでしょう。「私の見る限り、アマゾンは投資家コミュニティの一部が消費者のために経営する慈善組織だ」と書いた評論家もいます。

ですが、私はそうは思いません。そのときどきに求められる改善だけを小出しにするようなやり方は、私には小賢しいだけに映ります。現在のように世界が激変する中で、そのやり方は危険です。しかも、もっと根本の部分で、長期思考はみんなの得になるはずです。先手を打ってお客様を喜ばせれば信頼を得ることができ、その信頼が売上の拡大につながりますし、新しい領域においてもお客様が取引してくださるようになります。長い目で見れば、お客様と株主の利益は一致するのです。

この手紙を書いているいま、株価は堅調に推移していますが、私たちにはいつも肝に銘じている大切なことがあります。それは、私がよく全社ミーティングで引用する著名投資家のベンジャミン・グレアムの言葉のとおり、「株式市場は短期的には投票機だが、長期的には計量器である」ということです。

株価が10パーセント上がってもそれほど喜びませんが、優れた顧客体験を提供できたら大喜びします。株価が上がることは私たちが10パーセント賢くなることではありませんし、株価が下がることは10パーセント愚かになることでもありません。私たちはより重い存在になりたいのです。そして、より価値の重い企業になれるようつねに努力しています。

アマゾンの進歩と発明を誇りに思っていますが、これからの歩みの中で失敗もあることは間違いありません。自分たちのミスもあれば、賢く勤勉なライバルにやられることもあるでしょう。先駆者としての熱い思いから、私たちはあえて狭い路に進んでいきます。そうすれば当然、多くの場合はその路が袋小路だと知ることになるでしょう。ですが、ほんの少しの幸運に恵まれて、広い通りに出られることも何度かはあるはずです。

使命感に溢れた伝道者の一員であることを心から幸運に感じています。チームのみんなが、私と同じくらいお客様を大切にし、日々の努力を通してその思いを実践に移しています。

「あっ」と言わせる

2013年

この一年間、お客様のためにアマゾンの全チームが成し遂げたことを大変誇りに思っています。世界中のアマゾニアンたちが期待以上、または求められる以上のレベルでプロダクトとサービスに磨きをかけ、長期的な視点に立ち、発明により「普通」の意味を根本からくつがえし、お客様を「あっ」と言わせる驚きを届けています。

ここで、プライム、アマゾン・スマイル、メイデイなど、さまざまな取り組みの中からいくつかを具体的に取り上げて、みなさんにその中身をお見せします。

アマゾン全社を見渡して、どれほどたくさんのことが起きているかをみなさんに感じていただき、こうした取り組みがどれほどエキサイティングなものかをお伝えしたいのです。ここまで幅広い取り組みが可能なのはひとえに、全社をあげて上から下まで数多くの才能ある人々が日々正しい判断を下し、「どうしたら改善できるだろう?」とつねに自問しているからです。

では、そうした取り組みを一つひとつ見ていきましょう。

プライム

プライムはお客様に愛されています。12月の第3週だけで新規会員は１００万人を超え、現在の会員数は数千万人を超えています。会員一人当たりの注文点数も注文カテゴリ数も、過去最高に伸びています。

プライムを9年前に立ち上げたときはこれが何の裏付けもない絵に描いた餅だと言われていた(無謀と言う人もいました)ことを、社内の人間でさえ忘れてしまいそうになるほどです。定額の年会費を支払えば、何でもかんでも無料で2日で送りますと言ったのですから、無理もありません。

当時、プライム対象商品は１００万点でした。今年、対象商品の数は２０００万を超え、これからも増やしていくつもりです。改善点は品揃えだけではありません。キンドル・オーナーズ・レンディング・ライブラリーやプライム・インスタント・ビデオといった新しいデジタルサービスも加わりました。

もちろん、進化はまだまだ続きます。プライムをよりよいサービスにしていくためのアイデアは数多くあります。

読者と著者

アマゾンは読者のために莫大な投資をしています。これまでにないほど解像度が高く、文字の読みやすいキンドル・ペーパーホワイトは発売直後から大評判になりました。

キンドルには人気読書コミュニティサイトのグッドリーズを組み入れ、子ども向けに視聴制限をかけられるキンドル・フリータイムを導入し、インドとメキシコとオーストラリアでもキンドルを発売しました。

キンドルが空の旅のお供になるように、連邦航空局は離着陸時の電子機器の利用を認めることになりました。アマゾンの公共政策チームは多くの支援者の協力を得て、４年のあいだ、辛抱強くこの政策の実現に努め、１５０台のキンドルを旅客機に持ち込んで実験したこともあります。もちろん、すべてうまくいきました！

クリエイトスペース、キンドル・シングルス、キンドル・ダイレクト・パブリッシングに加えて、新たにキンドル・ワールド、文芸誌のデイワン、アマゾン・パブリッシング内の新たな８つの出版レーベルがはじまり、イギリスとドイツでもアマゾン・パブリッシングが開始されました。

数千人もの著者がすでにこうしたサービスを利用して、作家として充実したキャリアを築いています。アマゾンのおかげで子どもを大学にやり、医療費を払い、自宅を購入できたとわざわざ報告してくださる作家の方も少なくありません。

読書を支援することがアマゾンの使命ですし、このような報告を聞くと私たちも刺激を受け、作家や読者のためにこれからも発明を続けていこうと背中を押されます。

プライム・インスタント・ビデオ

プライム・インスタント・ビデオ（ＰＩＶ）はどの指標で見ても、爆発的に拡大しています。新規会員数、リピート利用率、ストリーミング総数など、すべてにおいて伸びています。

これらはアウトプットの指標ですが、正しいインプットに力を入れることで、私たちがいい方向に向かっていることがわかります。最も重要なインプットは、品揃えの拡大と、お客様が求める人気タイトルの確保です。

２０１１年にＰＩＶを立ち上げたときのタイトル数は５０００本でしたが、いまでは映画とテレビ番組のエピソードの総数が４万本を超え、そのすべてがプライム会員特典に含まれています。

『ダウントン・アビー』をはじめ、『アンダー・ザ・ドーム』『ジ・アメリカンズ 極秘潜入スパイ』『ＪＵＳＴＩＦＩＥＤ 俺の正義』『ＧＲＩＭＭ／グリム』『オーファン・ブラック 暴走遺伝子』といった高視聴率番組や、子ども向けの『スポンジ・ボブ』『ドーラといっしょに大冒険』『ブルーズ・クルーズ』など、数百本の人気テレビシリーズもＰＩＶで独占的に見ることができます。

そのうえ、アマゾン・スタジオも引き続きオリジナルコンテンツに莫大な投資を行っています。ギャリー・トゥルードーが制作、ジョン・グッドマンを主役に迎えた『アルファ・ハウス』は昨年公開され、アマゾンで最も視聴された番組になりました。

また最近では6本のオリジナル作品の制作を決めたところです。マイクル・コナリー原作の『ＢＯＳＣＨ／ボッシュ』、『Ｘ-ファイル』を制作したクリス・カーターによる『The After』、ロマン・コッポラとジェイソン・シュワルツマンの『モーツァルト・イン・ザ・ジャングル』、ジル・ソロウェイが制作を務め、このところで最高の前評判を誇る絶妙なホームドラマの『トランスペアレント』などです。

この戦略は大成功で、イギリスとドイツでも同じ手法でＰＩＶを展開しています。これらの国でも初期のお客様に予想を超える好評をいただいています。

ファイアＴＶ

2年間の苦労の末、つい先週、ファイアＴＶを発売することができました。ファイアＴＶは、アマゾンが提供する動画を見るにもうってつけですし、アマゾン以外の多くのコンテンツサービス、たとえばネットフリックスやフールー・プラス、ＶＥＶＯ、ウォッチＥＳＰＮなどにも対応しています。

ファイアＴＶは、これまでは軽量ハードウェアとされてきたカテゴリでありながらも、大型ハードウェア並みのスペックを備えています。

まず、ファイアＴＶは速度が速く、滑らかです。ＡＳＡＰテクノロジーによってお客様の見たいコンテンツを予測し、事前バッファリングを行うので、すぐにコンテンツを視聴できます。また、リモコンに極小マイクが入っています。マイクボタンを押して検索ワードを話しかければ、アルファベット表から文字をタイプする必要もありません。開発チームがいい仕事をしてくれたおかげで、音声検索は見事に機能します。

プライム・インスタント・ビデオに加えて、20万本以上の映画やテレビ番組を自由に見ることができます。新作映画の『ゼロ・グラビティ』『それでも夜は明ける』『ダラス・バイヤーズクラブ』『アナと雪の女王』など、多くのタイトルが揃っています。

また、おまけと言っては何ですが、ファイアＴＶなら、リビングのテレビで高品質、低価格のゲームを楽しむこともできます。ぜひお試しになってみてください。利用されたら、感想をお知らせください。チームのみんなも、みなさんのご意見をお待ちしています。

アマゾン・ゲームスタジオ

——時は22世紀のはじめ。地球はネアトゥーというエイリアンに攻撃を受けている。ネアトゥーは地球の防衛機能を麻痺させるため、エネルギー網をコンピュータウイルスに感染させた。エイリアンが一斉攻撃を仕掛ける直前、天才コンピュータ科学者のエイミー・ラマヌジャンがウイルスを除去して地球を救った。だが、いままたネアトゥーが逆襲を開始し、ラマヌジャン博士はエイリアンの地球侵略を防がなくてはならない。博士は助けを必要としている。

これが、アマゾン・ゲームスタジオがファイアＴＶ専用に開発した初のタイトル、『Sev Zero』の最初の場面です。このゲームではタワーモード（ミサイルと手榴弾など）とシューターモード（マシンガン）を組み合わせ、一人のプレイヤーがコントローラーを使って地上戦を行うあいだに二人目のプレイヤーがタブレットで空中から援護を行うことができます。ここぞというタイミングで空からの攻撃ができ、緊張の瞬間を味わえることを保証します。

実際にプレイしてみれば、低価格のストリーミングデバイスでここまで高水準のゲームができることに驚かれるはずです。『Sev Zero』はまだはじまりにすぎません。ファイアタブレットやファイアＴＶ専用に革新的でグラフィックの美しいゲームを続々と開発しているところです。

アマゾン・アプリストア

アマゾン・アプリストアは現在、ほぼ２００か国で展開されています。世界中の開発者による2万タイトルを超えるアプリとゲームをここで提供しています。

この一年でタイトル数は3倍にもなりました。アプリやアプリ内の購入に使うと1割引きになる、仮想通貨のアマゾン・コインを導入しました。ウィスパーシンクの技術によって、あるデバイスではじめたゲームを別のデバイスで続けるときにも、やめたところから再開できます。開発者はモバイル・アソシエーツ・プログラムを利用して、自分たちのアプリ内でアマゾンの何百万もの商品を紹介することができ、購入に結びつけば紹介料を得ることが可能です。また、マーケティングプログラムである、デベロッパー・セレクトも導入しました。キンドル・ファイアタブレットとアマゾン・モバイル広告ネットワークで新しいアプリやゲームを宣伝するためのプログラムです。アナリティクスとＡ／Ｂテストを無料で提供し、開発者がユーザーエンゲージメントを追跡し、ｉＯＳ、アンドロイド、ファイアＯＳ向けアプリのすべてを最適化できるようにしています。

今年はＨＴＭＬ５ウェブアプリの開発者も受け入れはじめました。現在、キンドル・ファイアとアマゾン・アプリストアで、彼らのアプリを提供しています。

読み上げ・音声コンテンツ

２０１３年はオーディブルにとって記念すべき年になりました。オーディブルは世界最大のオーディオブックの制作・販売企業です。オーディブルは、お客様の目が忙しいときにも読書することを可能にしています。

数多くのお客様が数千万冊にのぼるオーディオブックやその他の音声コンテンツをダウンロードしています。２０１３年には、およそ6億時間相当の音声コンテンツがダウンロードされました。

オーディブル・スタジオのおかげで、運転通勤中にもケイト・ウィンスレットやコリン・ファース、アン・ハサウェイといったスターたちの朗読に耳を傾けることができます。２０１３年の大ヒット作は、ジェイク・ギレンホールが朗読する『華麗なるギャツビー』で、すでに10万部の売上を記録しています。

ウィスパーシンク機能によって、キンドルで読んでいる本を途中からスマートフォンで聞いたり、その逆に切り替えたりすることがスムーズに切れ目なくできます。ウォール・ストリート・ジャーナルは音声用ウィスパーシンクを「アマゾンの新しい読書用キラーアプリ」と呼びました。まだお試しになっていない方には、ぜひお勧めします。楽しいですし、読書に使える時間が増えるはずです。

生鮮食品

シアトルで5年にわたって実験的な販売を行ったのち（忍耐力にかけては誰にも負けないと自負しています）、ロサンゼルスとサンフランシスコにもアマゾン・フレッシュを拡大しました。

プライム・フレッシュ会員は年会費２９９ドルで生鮮食品だけでなく、おもちゃから家電、家庭用品まで、当日配達や早朝配達を受けられます。

また、地元の名店（ビバリーヒルズのザ・チーズストア、パイクプレイス・フィッシュマーケット、サンフランシスコ・ワイントレーディング・カンパニーなど多数）と提携し、さまざまな惣菜やグルメ食品を自宅にお届けしています。

これからも引き続き、系統的な手法で、つまりアマゾン・フレッシュを評価計測し改善しながら、時間をかけてより多くの都市に素晴らしいサービスをお届けすることを目標に努力してまいります。

アマゾン・ウェブ・サービス

ＡＷＳをはじめてから8年が経ちますが、イノベーションの速度はますます速まっています。２０１０年には61の主要サービスと機能を立ち上げました。２０１１年にはその数が82になりました。２０１２年にはそれが１５９に増え、２０１３年には２８０にもなりました。

また、地域《リージョン》も拡大しています。アメリカの東海岸、西海岸の2つのリージョン、ヨーロッパ、シンガポール、東京、シドニー、ブラジル、中国、そして「ガバメント・クラウド」と呼んでいる政府領域の10のリージョンに広がりました。また、リージョンをまたいで26のアベイラビリティゾーンがあり、コンテンツ流通網のための51のエッジロケーションがあります。

開発チームはお客様に直接対応し、そこで学んだことをもとに設計、構築、プロダクト開発をする裁量を与えられています。私たちは絶えず改善のサイクルを回し続け、新機能や機能強化の準備が整うと、それを公開して、すぐに誰もが使えるようにします。このやり方は素早く、お客様中心で、効率的です。

この8年間に40回以上にわたって値下げができたのも、このやり方を貫いてきたからですし、これからもペースを緩めずに進んでいく予定です。

社員のエンパワメント

私たちは外向きの機能を発明するだけでなく、内向きにも物事をよりよく行う手法を見つけるべく、みずからに挑戦しています。経営の質を上げ、世界中の数千人の社員に役立つことを行おうと努力しています。

キャリアチョイスというプログラムもその1つで、社員が飛行機の整備士や看護師など人手不足の分野でのスキルを身につける場合は、その学費の95パーセントをアマゾンが前払いします。アマゾンの仕事と関係のない分野でもかまいません。

この狙いは、キャリア選択を可能にすることです。物流センターの従業員の中には、アマゾンで一生働きたいという人もいるでしょう。別の仕事に就くまでの腰かけだという人もいるはずです。目指す仕事には新しいスキルが必要かもしれません。もし適切な訓練を受けることで夢が叶うなら、力になりたいと思っています。

２つ目は、ペイ・トゥー・クイットというプログラムです。これを発明したのはザッポスの優秀な人たちで、アマゾンの物流センターでこのプログラムを試してきました。

やり方はきわめて単純です。年に一度、社員に、辞めるならお金を支払うと提示します。初年度は２０００ドル。次年度以降は毎年１０００ドルずつ上乗せされ、上限５０００ドルまで続きます。

「お願いなのでこの話に乗らないでください」というのが、キャッチフレーズです。これは本音で、辞めてほしくないのです。

ではなぜ、そんな話を持ちかけるのでしょう？　それはこの機会に、自分が本当に何をしたいのかを考えてもらうためです。自分が働きたくない場所にいることは、長い目で見ると社員にとっても会社にとっても健全ではありません。

社内向けイノベーションの３つ目は、バーチャル・コンタクト・センターです。これは数年前にはじめた試みで、拡大しながら素晴らしい結果を出しています。

このプログラムのもと、顧客サービスの社員は自宅にいながらにして、アマゾンとキンドルのお客様向けサポートを提供できるようになっています。小さな子どもがいたり、その他の理由で会社に来られないか、自宅勤務を望んでいる多くの社員にとって、こうした柔軟な働き方は理想的です。

バーチャル・コンタクト・センターは米国内で最も拡大著しい「拠点」で、いまでは10を超える州に広がっています。拡大は今後も続き、２０１４年にはバーチャル拠点を持つ州の数がいまの2倍になると予想しています。

退役軍人の採用

アマゾンは新しいものを発明し、広い視野で大きく発想し、迅速に行動し、お客様のために結果を出せるリーダーを求めています。男女を問わず、軍人としてこの国に奉仕してきた人々にはこうした考え方が染み付いているでしょうし、そうして人を導いてきた経験は、変化の激しい現代の職場環境において、かけがえのない価値を持っています。

アマゾンは、政府による「軍事奉仕者支援」プロジェクトと、「10万人雇用計画」を支持しています。このふたつのプロジェクトは、民間企業が軍人とその家族に仕事の機会を提供し、支援することを奨励するものです。

昨年、アマゾンの軍人採用チームは50を超える採用イベントに参加して、退役軍人がアマゾンでの仕事の機会を見つけるお手伝いをしました。２０１３年には１９００人の退役軍人を採用しています。

入社後は複数の制度を提供して民間の仕事への移行がスムーズに行えるようにし、社内の退役軍人ネットワークにつないで、メンタリングとサポートを得られるようにしています。こうした制度のおかげで、アマゾンは軍関係者向け専門誌の「ＧＩジョブズ」「ＵＳベテラン」「ミリタリースパウス」などから高い評価を受けました。今後も事業拡大と共に、退役軍人採用への投資を続けていくつもりです。

物流イノベーション

19年前はワゴン車にアマゾンの小包を積んで、毎晩、郵便局まで行ったものです。そのころは目の前のことで精一杯で、将来の夢といえば、フォークリフトをいつか買いたいと思っていたくらいでした。いまでは96か所に物流センターを構え、センターのデザインも7世代目に入っています。

私たちのオペレーションチームは並外れて優秀です。系統的に物事に取り組み、天才的な仕事をしてくれています。日本語の「よりよくすること」という意味の「カイゼン」プログラムを通して、少人数のグループでプロセスの贅肉を削ぎ落とし、欠陥や無駄を減らしているのです。「地球カイゼン」プロジェクトではエネルギー削減、リサイクル、その他の環境目標も設定しました。2013年には4700人を超える社員が1100件以上の「カイゼン」に参加しています。

物流センターの鍵になるのが、最先端のソフトウェアです。今年は物流センター網全体を通して280件もの重要なソフトウェアの改善が行われました。これからも建物の設計、配置、テクノロジー、オペレーションを見直しながら反復、改善を続け、新しい施設を建設するたびにその前の施設よりよいものにしていくことが目標です。

ぜひみなさんもその目でご覧になってください。6歳以上の一般の方は物流センター見学ツアーに参加できます。www.amazon.com/fctours にツアー情報をあげています。私自身、物流センターを見学するといつも心を打たれます。みなさんもぜひいらしてください。感動すること請け合いです。

都市型キャンパス

２０１３年、私たちはシアトルに42万平方フィートの新しい本社キャンパスを加えることを決め、建設を開始しました。完成すれば4街区にわたる数百万平方フィートの新しい施設が誕生します。

郊外に建設すれば節約になったはずですが、都市に留まることが私たちには大切でした。都市型キャンパスは、はるかに環境に優しいのです。社員はいまあるコミュニティの恩恵を受けられますし、自家用車を使わなくても公共の交通機関で移動できます。オフィスまで、安全で大気汚染を引き起こさない通勤手段を提供するため、アマゾンは自転車専用レーンに投資しています。

社員の多くはキャンパスの近くに住み、通勤の苦労なく会社に歩いてくることもできます。証拠があるわけではありませんが、都市に本社があるほうが会社に活気が保たれ、アマゾンに合う人材が集まり、社員にとってもシアトルの街にとっても心身共に健康でいられると思っています。

迅速な配達

アマゾンは郵便局と提携し、特定の都市で日曜日の配達をはじめました。アマゾンのお客様にとって日曜配達は大変便利なことで、２０１４年にはこれをアメリカの大部分に広げる計画を立てています。

イギリスでは、既存の配送業者が繁忙期の大量の配送を処理できなかったため、アマゾン独自の迅速なラストマイルの宅配網をつくりあげました。配送インフラがまだ成熟していない中国とインドでは、大都市でアマゾン自転車配達人が荷物を運んでくれています。

これからもさらに多くのイノベーションが予定されています。プライム・エアのチームはすでに第５世代と第６世代の配達用ドローンの飛行試験に入っており、第７世代と第８世代の設計段階に入っています。

実験、そしてまた実験

アマゾンには独自の「ウェブラボ」という実験ツールがあります。これを使って、自社サイトやプロダクトの改善を評価しています。2013年には世界中で1976件のウェブラボテストが行われました。2012年には1092件、2011年には546件だったので、年々その数が増加していることがわかります。

最近の成功例をひとつ挙げますと、「購入者に聞く」という新機能です。カスタマーレビューのアイデアを開発したのはもう何年も前ですが、これはお客様が購入した商品についての意見を公開し、ほかのお客様がその情報を知って購買を判断できるようにするためでした。「購入者に聞く」もコンセプトは同じです。お客様は商品ページからその商品に関係する質問ができるようになりました。「この商品は自分のテレビ／ステレオ／PCに対応していますか？」「組み立ては簡単ですか？」「バッテリーはどのくらい持ちますか？」。アマゾンのサイトからそうした質問を購入者に投げかけることができます。

商品レビューと同じように、購入者は喜んで知識を披露し、進んでほかのお客様を助けてくれています。すでに数百万件もの質問と回答が寄せられています。

アパレルと靴

ファッションのカテゴリは急成長しています。高級ブランドも、アマゾンを使えばおしゃれに関心の高い高所得者層に訴求できることに気づきはじめていますし、お客様も幅広い品揃えと無料返品と詳細な画像を喜び、モデルが歩いて振り向いたときの洋服の動きや流れを動画で見ることもできます。

ブルックリンに4万平方フィートの撮影スタジオを開き、スタジオ内の28か所の撮影室で毎日平均1万413枚もの写真が撮影されています。スタジオ開所を祝って、プラット、パーソンズ、スクール・オブ・ビジュアルアーツ、ファッション工科大学の学生たちによるデザインコンテストを開き、審査員にこの業界のリーダーであるスティーブン・コーブ、エヴァ・チェン、デレク・ラム、トレイシー・リース、そしてスティーブン・アランを招きました。優勝したパーソンズに賛辞を送りたいと思います。

フラストレーション・フリー・パッケージ

小包に巻き付いた針金や、なかなか開かないビニール包装と格闘していると、怒りが湧いてくるものです。新しい家電やおもちゃを開封するのに怪我などしなくていいように、という単純な発想から、5年前にこのプロジェクトははじまりました。いまやこれが20万もの商品に広がり、それらがすべて開けやすいリサイクル包装で提供されています。「開封時の怒り」を軽減し、包装ゴミを減らして地球を助けることが狙いです。

「フラストレーション・フリー・パッケージ」プログラムには、フィッシャー・プライス、マテル、ユニリーバ、ベルキン、ビクトリノックス・スイスアーミー、ロジテックなど、200社のメーカーが参加しています。これまでに、このフラストレーション・フリーの包装で17

５か国に数百万点の商品を発送してきました。また、お客様のゴミを軽減する努力もしています。今日までに３３００万ポンドの過剰包装を削減してきました。

このプログラムは、志ある伝道者チームが地道にお客様に目を向け続けて結果を出した、とてもいい例です。彼らが粘り強く努力し続けたことで、わずか19商品からはじまったアイデアが数十万商品へと拡大し、数百万人のお客様に役立っています。

フルフィルメント・バイ・アマゾン

フルフィルメント・バイ・アマゾン（ＦＢＡ）を利用する出品者の数は、昨年一年間で65パーセント以上も伸びました。ここまで大きな規模のサービスがこれほど成長するのはきわめて稀です。

ＦＢＡはさまざまな点でアマゾンにしかできない独自のサービスです。ひとつのサービスで２種類のお客様を喜ばせることはあまりありません。出品者はＦＢＡを使ってアマゾンの物流センターに商品を保管し、それをアマゾンが取り出して梱包、発送し、顧客サービスまで行います。出品者は世界最先端の配送網を利用でき、簡単に事業規模を拡大し、数多くのお客様に商品を提供できるのです。

一般のお客様だけでなく、プライム会員にもリーチできます。つまり、ＦＢＡの商品はプライムの無料２日配送の対象になります。お客様にとってはより幅広い品揃えから商品を購入でき、プライム会費のもとがさらに取れるようになるのです。

しかも、当然ですが、ＦＢＡに加入すると出品者の売上が上がることがわかっています。２０１３年の調査では、出品者のうち４分の３は、ＦＢＡ加入後にアマゾンでの販売数量が20パーセント以上増えたと報告されています。ＦＢＡはウィンウィンのサービスなのです。

「ＦＢＡは史上最高の社員です。……ある朝、目を覚ますとＦＢＡが50個もの商品をすでに発送してくれていました。自分が寝ているあいだに商品が売れることに気づいてからは、ＦＢＡを使わないわけにはいかなくなりました」――タニー・シュック（アクションスポーツＬＬＣ）

「最初はブランドの知名度がなかったので、私たちの商品を置いてくれる小売店をなかなか見つけられませんでした。アマゾンにはそんな壁はありません。『商売をはじめたい』と思えば、誰でもアマゾンに行って実際にはじめられます。それがアマゾンの素晴らしいところです。オフィスを借りなくていいし、最初は社員だっていりません。自分ひとりでできるのです。私もそうしました」――ウェンデル・モリス（ヨガラット）

アマゾン・ログイン＆ペイメント

これまで数年間、アマゾンのお客様がキックスターターやスマグマグ、ゴーゴーインフライトなどアマゾン以外のサイトで、アマゾンに登録済みのクレジットカードとお届け先住所を使って支払いができるようにしてきました。

今年はその機能を拡大し、お客様がアマゾンのＩＤとパスワードでほかのサイトにサインインできるようにしました。別のアカウント名やパスワードをわざわざ設定しなくてもよくなったのです。そのほうがお客様にもオンライン事業者にも便利です。

オンライン家具ショップのサイマックスストアは、このアマゾン・ログイン&ペイント〔現在のアマゾン・ペイ〕を使って大成功しています。いまでは注文の2割がアマゾンのログインを使い、新規登録数が3倍に増え、導入から3か月で購入率が3・15パーセントも上がりました。

これは例外ではありません。数多くの提携企業でこのような結果が出ていますし、担当チームもこの結果を喜び、励まされています。２０１４年にはこの取り組みがますます拡大することでしょう。

アマゾン・スマイル

２０１３年にアマゾン・スマイルを立ち上げました。これは買い物のたびにお客様がお気に入りの慈善団体を支援することができる、簡単なプログラムです。スマイル・ドット・アマゾンで商品を購入すると、アマゾンは購入金額の一部をお客様が選んだ慈善団体に寄付します。スマイルは品揃えも値段も発送オプションもプライム対象も、通常のアマゾンのサービスと同じです。カートもほしい物リストも同じです。大規模な国家的慈善事業に寄付することもできますし、地元の小児病院や学校のＰＴＡやその他のどんなチャリティーでもかまいません。みなさんのお気に入りの慈善団体が見つかることを願っています。

メイデイボタン

「キンドルだけでもすごいと思うけど、メイデイボタンの機能がもう秀逸すぎる！！！　キンドルチームの大ホームランだ」

「さっきＨＤＸでメイデイボタンを試してみた。レスポンスがたった15秒。アマゾンがまたやってくれた。心から感動した」

「普通を塗り変える」ことは、アマゾンにとって何ものにも代えがたい喜びです。お客様が心からほしがるものを発明し、「普通」に対する期待を刷新することが、それにあたります。

　メイデイは、デバイス上での技術サポートに対する考え方を革命的に塗り替えるサービスです。メイデイボタンに触れるだけで、アマゾンのスタッフがファイアＨＤＸの画面上に現れて、どんな機能の使い方でも画面上で図解したり、お客様自身で何かを操作する方法を教えたり、またはスタッフがお客様のためにそれをしてさしあげたり、お客様にとって最もいいやり方をお教えします。

メイデイのサービスは24時間３６５日ご利用になれますし、応答の待ち時間も15秒以下を目標にしています。いまではその目標を上回り、一年で最も忙しいクリスマス当日でも平均待ち時間はわずか9秒です。

メイデイにはたまに、愉快なリクエストも寄せられます。技術アドバイザーへのリクエストを合計したところ、これまでにお客様から結婚してほしいとプロポーズを受けた回数は35回、メイデイのテレビコマーシャルに出演したエイミーと話したいとおっしゃったお客様は４７５人、ピザの注文を助けてほしいというリクエストが１０９件。その中でも、ドミノピザよりピザハットへの注文リクエストがほんの少しだけ多かったそうです。

メイデイスタッフがお客様にハッピーバースデーの歌を歌ったことは45回。逆に、お客様がスタッフに歌を披露した回数は６４８回にのぼります。お休み前の物語を聞かせてほしいと頼んだお客様も3人いたそうです。素敵ですよね。

こうしたエピソードを通して、メイデイというサービスの広さと深さ、またそこにあるチャンスを感じていただければ幸いですし、私たちの発明精神とサービス向上への並々ならぬ意気込みをおわかりいただけることを願っています。

ここに説明したことは、私たちの試みのほんの一部にすぎないことを、もう一度強調しておきたいと思います。この手紙に書いていない試みにも、同じくらい有望でインパクトがあり面白いものがたくさんあります。

幸運にも、アマゾンでは多数の斬新な発想を持ったメンバーがチームで働き、お客様にこだわって辛抱強く新しい道を切り開いていく文化があります。そこから、お客様のために全社のあらゆる層で大小さまざまな素晴らしいイノベーションが毎日生まれています。そのように、イノベーションの担い手が経営層にとどまらず、全社のいたるところに分散されていることこそが、高速で力強いイノベーションを起こせる秘訣です。

私たちの試みは大胆で楽しいものです。現在にいながら未来で働いているのですから。

発明に失敗はつきもので、例外はありません。早めに失敗して、成功するまで反復し改善していくしかないと信じています。このプロセスなら、失敗は比較的小さく（ほとんどの実験は小さくはじめるので）、お客様が本当に求めている何かを摑んだと感じたら、その種をより大きな成功にできるようにさらにリソースを投下することができます。

ただし、いつもそんなにすっきりとうまくいくわけではありません。発明には混乱がつきもので、私たちもそのうちに大きな賭けに負けることはかならずあるはずです。

手紙の最後にジョイ・コヴィーを偲ばせてください。ジョイはアマゾンの創業期を支えたＣＦＯ（最高財務責任者）で、この会社に大きな足跡を残してくれました。

彼女は頭が切れ、強烈な個性を持つ、楽しい人でした。よく笑い、目を大きく見開いて、何ひとつ見逃しませんでした。見た目より中身を重視する人でした。また長い目で物事を考えていました。懐が深く、大胆な人でもありました。私たち経営陣すべてとアマゾンの企業文化に深い影響を与えてくれました。

ジョイの遺志はこれからもずっとアマゾンに残り続け、私たちがきちんと細かい点に気を配り、周囲の世界を見渡し、みんなが仕事を楽しめるよう見守ってくれることと思います。

私はアマゾンのチームの一員でいられることを、心から幸運に感じています。アマゾンでは、毎日がはじまりの日です。

3つのビッグアイデア

2014年

理想の事業アイデアには、少なくとも4つの特徴があります。お客様に愛されていること。巨大な規模に拡大できること。投下資本に対するリターンが高いこと。そして長期にわたって、つまり数十年という期間にわたって継続できるということです。

そんな特徴を備えた事業に出会ったら、ちょっと付き合ってみるなんて言わずに即結婚すべきです！

冗談はさておき、アマゾンが1人の配偶者に縛られずに済むのはありがたいことです。20年にわたってリスクを取り、チームで協力し、そのあいだかなりの運にも恵まれて、アマゾンはいま、素晴らしい人生のパートナー3人と幸せに結ばれています。それがマーケットプレイス、プライム、そしてAWSです。

これらのいずれの事業も最初は大胆な賭けでしたし、まともな人たちからはうまくいかないのではないかと心配されました（いつものことですが！）。

ですが、いまこの時点では、この3事業に大きな力があり、この3事業を持てたことがいかに幸運かはかなりはっきりしています。また、何も手をかけずに育つ事業などないことも明らかです。事業を育て、強くしていくことが私たちの仕事であると自覚しています。

この仕事に取り組むにあたって私たちが使うツールは、これまでに使ってきたものと同じです。競争相手よりお客様にこだわること、心から情熱を持ってイノベーションを起こすこと、優れた業務運営に力を注ぐこと、そして進んで長期的に考えること。

戦略をうまく実行に移し、少しの運に恵まれれば、マーケットプレイスとプライムとAWSは、これからもお客様に重宝され、長きにわたってリターンを生み出す事業になるはずです。

マーケットプレイス

マーケットプレイスの立ち上げには苦労しました。最初に立ち上げたのはアマゾン・オークションです。サイトの訪問者はたった7人。しかも私の両親や弟妹を入れてその人数です。アマゾン・オークションはその後zショップに姿を変えましたが、基本的にはアマゾン・オークションを固定価格にしたものでした。またしても、誰も来てくれません。ですが、このzショップこそがマーケットプレイスになっていきました。

社内では、マーケットプレイスはSDP、つまり単一詳細《シングル・ディテール》ページとして知られていました。私たちの最も価値ある資産である商品詳細ページで、サードパーティ出品者と自社のカテゴリ担当者を競わせるのが狙いでした。そのほうがお客様には便利です。そして一年もしないうちに取扱量の5パーセントをサードパーティの商品が占めるようになりました。

いまではその割合が40パーセントを超え、世界中で２００万を超えるサードパーティ出品者がマーケットプレイスで商品を販売しています。２０１４年には出品者への注文点数が20億点を超えました。

このハイブリッド方式が成功したことで、アマゾンの商品にもますます弾みがつきました。お客様はまず、アマゾン商品の幅広い品揃えと低価格と簡単便利な購買体験に惹かれてやってきます。ですが、サードパーティ出品者の商品を一緒に並べれば、お客様にはアマゾンがより魅力的になりますし、そのことでさらに出品者も増えるわけです。これがスケールメリットにつながり、私たちは価格を下げ続け、一定の注文の配送料を無料にできました。

マーケットプレイスをアメリカ国内で立ち上げたあと、他の地域にも急いで拡大してきました。その結果、全世界で切れ目なくつながったマーケットプレイスができました。

私たちはできるだけ出品者の仕事量を減らし、彼らのビジネスが成功するように支えています。セリングコーチというサービスを通し、機械学習による「お知らせ」を出品者に自動的に発信しています（通常、週に７００万件を超える「お知らせ」が発信されます）。

たとえば、在庫が切れそうだとか、売れ筋を足したほうがいいとか、価格を下げて競争力を高めたほうがいいといった、ちょっとしたプッシュです。こうして出品者の行動を促すことが、数十億ドルの売上増加につながっています。

マーケットプレイスをさらにグローバルに展開するため、アマゾンのある地域でも、アマゾンのない国々でも出品者を助け、出品者の国以外のお客様に商品を訴求するお手伝いをしています。昨年は１００か国以上からの出品者を受け入れ、１８５か国のお客様につなぎました。

現在、サードパーティ出品者による売上のほぼ5分の１が、出品者の住む国以外からあがっていますし、全体の越境売上は昨年、倍増しました。ＥＵでは出品者は１つのアカウントで、複数の言語で取引を管理でき、ＥＵ内の５つのアマゾンサイトのどこでも商品を販売できます。最近では越境配送を取りまとめて、アジアからヨーロッパや北米への配送に割安な船便送料を提供できるようになりました。

インドでのアマゾンの急成長を牽引してくれているのもマーケットプレイスです。というのも、インドでの品揃えはすべて、サードパーティ出品者からの商品だからです。

アマゾンＩＮ（インド）は、現在、インド国内のどのイーコマースサイトより多数の商品を揃えています。インドのアマゾンには2万１０００を超える出品者が２０００万点以上の商品を掲載しているのです。

インドではイージーシップというサービスを通して、私たちが出品者から商品を受け取り、購入者のところまで商品をお届けしています。イージーシップにさらに加えるかたちで、インドチームは、地元のキラナと呼ばれる小さな小売店の日用品を2時間から4時間で配達する「キラナ・ナウ」というサービスを実験しています。これによりお客様の利便性が向上し、参加店舗の売上が伸びています。

おそらく出品者に最も役立っているのはフルフィルメント・バイ・アマゾン（ＦＢＡ）でしょう。ＦＢＡについては、プライムのあとにお話しします。

アマゾン・プライム

アマゾン・プライムを立ち上げてから、10年になります。もともとは会員すべてに商品を無料で迅速に配達するサービスとして考えられたものです。リスクの大きな打ち手だと何度も警告を受けましたし、ある意味でそれは本当でした。

初年度は数百万ドルもの送料収入をあきらめましたし、そこまでやる意味があるかどうかは簡単に計算できるものではありませんでした。それでもプライムの展開を決断したのは、その前にスーパー・セイバー・シッピングで配送料無料サービスを導入したときの結果が上々だったからです。また、これが買い物史上最高にお得なサービスだということをお客様がすぐに理解してくれるだろうという勘も働きました。さらには、社内の分析から、会員規模が拡大すれば即時配送のコストを大幅に下げられることが予測できました。

アマゾンが所有する在庫商品の小売事業が、プライムの土台になります。カテゴリ別のオンライン店舗を展開するチームに加えて、在庫補充、在庫配置、価格決定のほとんどを自動化できる大規模システムを構築しました。プライムでは配送日を確約するため、新しい方法で物流センターを管理しなければなりませんでした。こうしたことをすべて実現できたのは、アマゾンのグローバルオペレーションチームによる偉業のひとつです。

２００５年に13か所だった全世界の物流センター数は、プライムを立ち上げた今年は１０９か所になりました。施設のデザインは8世代目に入り、独自のソフトウェアを開発して商品の受け取り、保管、ピッキング、配送を行っています。

２０１２年にはキバを買収してアマゾン・ロボティクスを立ち上げ、いまでは1万５０００台を超えるロボットを使って、これまでにない高密度かつ低コストで商品の保管と取り出しを行っています。

アマゾンが所有する在庫の小売事業は、引き続きプライム会員の主な獲得ツールですし、お客様のトラフィックとサードパーティ出品者を惹きつけるカテゴリ作りに欠かせない役割を担っています。

プライムの最も大切な価値が即時配送にあることは変わりませんが、そのほかにも新たな価値を加えようとしています。中でも重要なのがデジタルとデバイスのふたつです。

２０１１年、特典にプライム・インスタント・ビデオを加え、アメリカ国内では数万本の映画とテレビ番組が自由に視聴できるようになりました。インスタント・ビデオはイギリスとドイツでも展開しはじめています。このコンテンツには多額の投資を行っており、その効果をしっかりと測っていくつもりです。

これをやる意味があるのか？　プライム会員の増加に寄与しているか？　インスタント・ビデオ経由のプライムの無料トライアルから有料会員へのコンバージョン率、プライム会員の更新率、また商品購入率なども注視しています。これまでのところ結果は上々で、引き続き、投資を続けていく計画です。

インスタント・ビデオへの投資のほとんどはコンテンツのライセンス取得にかかる費用ですが、オリジナルコンテンツの制作もはじめています。アマゾン制作の『トランスペアレント』は、ストリーミングサービス初のゴールデングローブ賞受賞作となり、『タンブルリーフ』は幼児向けの最優秀アニメーションとしてアニー賞を受賞しました。賞レースで認められたことに加え、視聴数も有望です。

オリジナルコンテンツの利点は、他のメディアで公開されていない作品を、まずプライムで独占的に公開できる点です。作品が良質であることに加え、最初はプライムでしか視聴できないことが、非常にいい数字につながっている要因のひとつでしょう。

オリジナルコンテンツは固定費しかかからないことも魅力です。その固定費は莫大な数の会員に分散できるわけです。オリジナルコンテンツによる事業拡大のモデルも、アマゾンならではの独自のモデルです。ゴールデングローブ賞作品に投入した制作費を、工具や赤ちゃんのお尻拭きの売上増加で回収している企業は、世界中でアマゾンだけでしょうから！

キンドル、ファイアTV、エコーといったアマゾンが設計、製造しているデバイスは、インスタント・ビデオやプライムミュージックといったサービスにエネルギーを吹き込み、アマゾンの生態系のすべての分野の顧客エンゲージメントの上昇に寄与しています。しかも、これからまだまだ新しい試みが待っています。デバイスチームは強力でエキサイティングな開発計画を進めています。

サービス面でも、当初の目的だった迅速な無料配送という約束をさらに改善していくつもりです。最近立ち上げたプライムナウは、プライム会員に数万点の商品を2時間で無料配送し、7ドル99セントで1時間以内の配送を提供するサービスです。

立ち上げ時のレビューの多くは次のようなものでした。

「この6週間で、夫と私は恥ずかしいくらいたくさんのものをプライムナウで注文しちゃいました。安いし、簡単だし、めちゃくちゃに速いから」

プライムナウはマンハッタン、ブルックリン、マイアミ、ボルチモア、ダラス、アトランタ、オースティンで展開をはじめ、その他の多くの都市でももうすぐサービスが開始されます。

さて、ここでフルフィルメント・バイ・アマゾン（ＦＢＡ）について話をさせてください。ＦＢＡはマーケットプレイスとプライムをピッタリとつなぎ合わせる接着剤のような、非常に重要なサービスです。ＦＢＡのおかげでマーケットプレイスとプライムは別々のものではなくなりました。いまではこのふたつを分けて考えることはできません。その経済性と顧客体験がいいかたちで深く結びついているのです。

ＦＢＡはマーケットプレイスの出品者向けのサービスです。出品者はＦＢＡを利用する際、アマゾンの物流センターに商品を預けます。物流と顧客サービスと返品はすべてアマゾンが取り扱います。お客様がＦＢＡ商品とアマゾン所有の在庫品を一緒に注文すると、私たちは両方の商品をひとつの箱に入れて配送します。大幅な効率アップです。それより重要なのは、ＦＢＡに加入すると、その出品者の商品がプライムの対象になるということです。

当たり前のことをやり続けるのは、やさしいようで難しいことです。ですが、挑戦する価値はあります。もし出品者が望んでいることは何かと考えるなら、正しい（そして明らかな）答えは、売上を伸ばすことです。では、ＦＢＡに加入して商品がプライムの対象になったらどうなるか？　売上が伸びるのです。

プライム会員から見ると、どんな得があるでしょう？　ＦＢＡに加入する出品者が増えるにつれて、プライム対象商品が増えるのです。同じ会費で得られるメリットが増えるわけです。これでさらに勢いがつきます。ＦＢＡが好循環の輪をつくるのです。マーケットプレイスがプライムに燃料を注ぎ、プライムがマーケットプレイスに燃料を注げるようになります。

２０１４年にアメリカの販売業者を対象に行ったアンケートでは、ＦＢＡに加入した出品者の71パーセントが、加入後に販売数が20パーセント以上増加したと答えています。

今年のホリデーシーズンは昨年と比べてＦＢＡ商品の出荷が世界中で50パーセント以上増え、サードパーティ出品者の販売数量の４割以上をＦＢＡ商品が占めました。プライムの有料会員数は昨年に比べてアメリカで50パーセント以上増え、世界では53パーセント増えました。ＦＢＡは出品者も消費者も得をするサービスなのです。

アマゾン・ウェブ・サービス

9年前に立ち上げたときには過激なアイデアだと思われたアマゾン・ウェブ・サービス（AWS）も、いまでは大きくなり、速いスピードで成長を続けています。

AWSの初期からこのサービスを利用してくれたのはスタートアップ企業でした。オンデマンドの従量制クラウドストレージとコンピューティングリソースが、起業のスピードを劇的に上げたのです。ピンタレスト、ドロップボックス、エアビーアンドビーといったスタートアップはすべてAWSのサービスを利用し、いまでも使い続けてくださっています。

以来、大企業も参加してくださり、スタートアップと同じ理由でAWSを選んでいます。つまり、速くて小回りが利くことです。

ITコストの削減は魅力的です。時に莫大な費用の節約も可能になります。ですが、いくらコストが節約できても、性能や機能に欠陥があれば利用されません。

ITは企業の命綱であり、不可欠な要素です。ですから「年間のITコストを大幅に削減しながら、いまのシステムとほぼ同等の性能を維持できます」というだけでは、多くの企業に利用されることはありません。

企業が本当にほしいのは「よりよくより速い」サービスであり、もし「よりよくより速い」サービスが結果としてコスト削減になるのであれば、なおさらいいということです。コスト削減はおまけであって、本丸ではありません。

ＩＴは事業の根幹です。競合企業のＩＴ部門が自社よりも動きが速いなどとは誰も思いたくないでしょう。どんな企業にも、できるだけ早く実装したいテクノロジーのプロジェクトがいくつもあるはずです。ただし、その中で何を優先するかを泣く泣く決めて、多くのプロジェクトは終わらないまま切り捨てなければなりません。

リソースを割り当てても実現が遅れたり、機能が不完全なままになってしまう場合も少なくありません。もしＩＴ部門が事業を可能にするための多数のテクノロジープロジェクトをより速く実現できたら、自社に大きな価値を創造できるはずです。

ＡＷＳがこれほどまでに急成長しているのは、それが理由です。ＡＷＳを採用すれば、ＩＴ部門が仕事を片付けられることがわかってきたのです。

ＩＴ部門としては、データセンターの管理、ネットワーキング、ＯＳのパッチ管理、処理能力の計画設定、データベースのスケーリングなど、付加価値の低い作業にかける時間を減らすことができます。

それより何より、強力なＡＰＩとツールにアクセスでき、規模拡大が容易でセキュリティの強固な性能の高いシステムが、これまでよりはるかに簡単に構築できるようになるのです。これらのＡＰＩとツールは、お客様が何も手をかけなくても舞台裏で継続的かつシームレスに更新され続けます。

今日、ありとあらゆる事業分野の大小さまざまな企業や組織がＡＷＳを利用してくれているおかげで、アクティブユーザーの数は100万を超えるまでになりました。2014年の第4四半期にはAWSの利用量が前年に比べて約90パーセントも伸びています。

GE、メジャーリーグベースボール（MLB）、タタ・モーターズ、カンタス航空といった大企業が、クラウドソーシングやパーソナル医療のアプリから運送トラック管理のモバイルアプリまで、AWS上で新たなアプリケーションを開発しています。

NTTドコモ、ファイナンシャル・タイムズ、米国証券取引委員会（SEC）といったお客様はAWSを使って大量のデータを分析し、行動につなげています。

コンデナスト、ケロッグ、ニュースコープのように、旧来の重要なアプリケーションをAWSに移行したり、場合によってはすべてのデータセンターをAWSに移すケースも多くあります。

2012年にはおよそ160だった新機能やサービスが、2013年には280、昨年は516と増えていくにつれ、イノベーションも加速してきました。ワークドックスやワークメール、AWSラムダやEC2コンテナサービスにAWSマーケットプレイスなど、お話ししたいことはたくさんありますが、ここでは手短にひとつだけお話しさせていただきます。

それは最近立ち上げたアマゾン・オーロラです。オーロラが非常に重要な（かつ非常に厄介な）テクノロジーの新たな標準型を提供できることを願っています。

そのテクノロジーとは、多くのアプリケーションの土台になるリレーショナルデータベースです。オーロラはMySQLと互換性のあるデータベースエンジンで、ハイエンドの商用データベースのスピードと信頼性を備えながら、同時にオープンソースデータベースと同じくらいシンプルでコスト効率のよいものです。

オーロラは平均的なMySQLデータベースよりも5倍は性能がよく、コストは商用データベースパッケージの10分の1です。リレーショナルデータベースは、これまでずっと企業や開発者にとって悩みの種でしたので、それを解決できるオーロラをご紹介できることに私たちとしてもワクワクしています。

ＡＷＳはお客様の悩みを解決しながら、同時に将来長きにわたって私たちにリターンをもたらしてくれる理想的な事業のひとつだと確信しています。

なぜ私がＡＷＳにこれほど楽観的になれるかを説明させてください。ひとつには、潜在的な市場規模が大きいことです。サーバー、ネットワーク、データセンター、インフラソフトウェア、データベース、データ保管、その他の世界中で使われているさまざまなコストがすべて、ここに含まれるからです。アマゾンのイーコマース事業と同じように、多岐にわたる実用性を考えると、ＡＷＳの市場規模は無限大だと信じています。

もうひとつは、現在のアマゾンの業界リーダーとしての地位（ダントツです）が、今後も私たちの大きな利点になるということです。私たちは日々必死に——誰にも負けないほど必死に——ＡＷＳをできる限り使いやすいものにしようと努力しています。

それでもまだ、一連の複雑なツールであることには変わりありませんし、機能も豊富で使いこなせるようになるにはそれなりに時間も労力もかかります。ＡＷＳで複雑なシステムをうまく構築するのに慣れたあとで、またいちから別のツールやＡＰＩを学びたい人はいないでしょう。いま使っているツールがとてもうまくいっている場合はなおさらです。

もちろん、のうのうとあぐらをかいているわけにはいきませんが、本当に卓越したサービスをお客様に提供し続けていれば、お客様も当然私たちと一緒にいてくださるはずです。

アマゾンが一番手であることに加えて、いまでは莫大な数のＡＷＳの応援団が世界中に散らばっています。転職して別の会社に移ったソフトウェア開発者が、最高の営業マンになってくれるのです。「以前の職場でＡＷＳを使っていたから、ここでも利用を検討してみたほうがいい。きっと生産性が上がるよ」といった具合に。ソフトウェア開発者が履歴書に自分のスキルとしてＡＷＳとそのサービスを使いこなせる能力を書き加えはじめていることも、私たちにとってはよい兆候です。

最後に、ＡＷＳは投下資本に対して高いリターンをもたらしてくれる可能性がかなり高いと私は思っています。ＡＷＳは資本集約的な事業なので、この点についてはチームで精査しています。その結果、満足のいく分析結果を得ています。

構造的に、ＡＷＳはそれまでの自前のデータセンターに比べるとはるかに投下資本が少なくて済むのです。既存のデータセンターは稼働率が低く、ほとんどの場合20パーセントにも達していません。それに対して、ＡＷＳは多数のお客様のワークロードをまとめているため、稼働率がはるかに高く、資本効率もその分高くなるわけです。

しかも、ここでも業界一番手の地位が役に立ちます。スケールメリットによって資本効率が相対的に上がるのです。これからもＡＷＳが投下資本に対して高いリターンを出せるよう、引き続きしっかりと監督、管理してまいります。

ＡＷＳはまだ若く、成長し、進化している途上です。お客様のニーズを何より優先することを心に留めてサービスを実行し続ければ、今後も先頭を走り続けられると考えています。

キャリアチョイス

この手紙を締めくくる前に少しお時間をいただいて、このところ私たちが心を躍らせ、誇りに思っていることについて、株主のみなさまにお伝えさせてください。

3年前、アマゾンは社員の福利厚生の一環としてある斬新な取り組みをはじめました。それがキャリアチョイスというプログラムです。航空機の整備や看護といった、人気のある専門分野のスキルを身につけるための授業を社員が受ける場合には、そのスキルがアマゾンでの仕事に関係なくても、授業料の95パーセントをアマゾンが負担するというものです。

その目的はごく単純です。社員に選択肢を持たせるためです。

物流センターや顧客サービスセンターの社員の中には、アマゾンでキャリアを積みたいという人がいることはわかっています。一方で、アマゾンを足掛かりに、新しいスキルの必要な別の仕事に就きたいと思っている人もいるでしょう。

もし必要な訓練を受けることで社員の夢が叶うのであればお手伝いしたいですし、これまでに8か国で2000人を超える社員がこのプログラムを利用しています。

このプログラムは大人気になり、社員が物流センターの中で大学の授業や専門分野のクラスを受講できるように、アマゾン施設の中に教室を設置して、スタッフが自分の目標をさらに叶えやすい環境をつくっています。

現在、8つの物流センター内に専用の教室を設けて、15課目の授業を提供しています。施設内の教室には最新のテクノロジーを備え付け、ガラスで仕切って他の社員の参加や応援を促しています。

キャリアチョイスは、物流センターと顧客サービスセンターでお客様にお仕えする、優秀な人材を惹きつけるための斬新な施策です。アマゾンが世界に拡大していく中で、物流センターや顧客サービスの仕事はアマゾンでの素晴らしいキャリアの第一歩になり得ますし、ここできっかけを得て、人材需要の高い他の分野で夢を実現することもできます。キャリアチョイスの最初の卒業生は、地元でまさに看護師のキャリアを歩みはじめています。

これまでに2万4000人を超えるお客様が、アマゾンのサイト上で物流センターの見学ツアーに申し込み、ここで起きている奇跡をご覧になりました。ぜひみなさんにも見学にいらしていただきたいと思います。アメリカのほか、イギリスのルージリーやドイツのグラーベンの施設も見学できますし、さらに地域を拡大するつもりです。見学ツアーのお申し込みはこちら

からお願いいたします。 www.amazon.com/fctours

マーケットプレイス、プライム、アマゾン・ウェブ・サービスはいずれも非常に大きな事業アイデアです。この3事業を持てたことを幸運に思いますし、これからもこの事業を改善し、育み、お客様のためにもっといいサービスにしていくことを誓います。

また、４つ目の事業を見つけるため、精一杯努力することも約束します。

すでにいくつも動いている候補がありますし、20年前にお約束したとおり、これからも大胆な賭けを続けていきます。目の前にあるチャンスを摑み、発明を通してお客様によりよいサービスを提供していけるよう、これからもたゆまず努力していくつもりです。

アマゾンでは、毎日がはじまりの日です。

ひとつの大勝ちが多くの実験をまかなう

２０１５年

　アマゾンは今年、史上最速で年間売上１０００億ドルを達成した企業となりました。さらに、アマゾン・ウェブ・サービスは本年度の売上が１００億ドルに達し、アマゾン本体よりも速い速度で１００億ドルの大台を達成することになりました。

　どうしてそんなことができたのでしょう？　どちらの事業も小さな種を植えるところからはじめて、大きな買収はせずに内部成長を続け、あっという間に重要な巨大事業に育ちました。

　一見すると、このふたつはこれ以上ないほど違っているように思われるかもしれません。アマゾンは消費者向けサービスですが、ＡＷＳは企業向けです。一方は茶色い箱がトレードマーク、もう一方はＡＰＩで知られています。これほど対極にあるサービスが同じ屋根の下で急速に成長したのはただの偶然でしょうか？

どんな試みにも運がものすごく大きな役割を果たすのは間違いありませんし、私たちがこれまでかなり運に恵まれてきたことは言うまでもありません。

ですが、このふたつのビジネスには、運に恵まれたこと以上の共通点があります。一皮めくると、アマゾンとＡＷＳはそれほど違いません。どちらにも、ほんのいくつかの原則を心から気にかけ、その原則に忠実に行動するという際立った組織文化があるのです。

その原則とは、競争相手よりお客様にこだわること、熱を込めて新しいことに取り組み、道を切り開くこと、失敗を厭わないこと、辛抱強く長期に目を向けること、そしてプロとしての誇りを持って優れた業務運営を行うことです。この視点で見ると、ＡＷＳとアマゾンはとてもよく似ています。

企業文化について一言。よくも悪くも、企業文化というものは、組織に染み付いていて、変えることは難しいものです。それは、強みにも弱みにもなり得ます。

企業文化を書き記すことはできますが、それは企業文化を発見し、表に出すだけのことであり、つくりだすことにはなりません。企業文化は長い時間をかけてゆっくりと、人や出来事によってつくられるもので、過去の失敗と成功の物語が、企業の歴史に深く刻み込まれていく過程でかたちになっていくものです。

独特で際立った文化に、ピッタリと合う人も中にはいます。企業文化が時を経ても変わりにくいのは、その文化に合う人が自然と集まるからです。

熾烈な競争に燃えるタイプの人はそういう文化の会社を選ぶでしょうし、その環境にいて嬉しいかもしれませんが、発明したり道を切り開いたりしたい人なら違う文化を選ぶでしょう。

幸いなことに、業績がよく、文化が独特な企業は世の中にたくさんあります。アマゾンのやり方が唯一の正しいやり方だとは決して言いません。ただ私たちには私たちのやり方があるというだけであり、この20年間同じような志を持った人を多く集めてきました。アマゾンのやり方に意義を見出し、心を燃やしてくれる人たちです。

私たちがとりわけ独特だと思っていることは、「失敗」をどう捉えるかという点です。アマゾンは失敗するには最高の会社で（たくさん練習できます！）、失敗と発明は切っても切り離せないものだと考えています。何か新しいものを生み出すには失敗が欠かせませんし、前もってうまくいくとわかっていたら、それは実験ではありません。

たいていの企業はイノベーションを奨励すると口では言っても、そこに至るために繰り返し実験に失敗する覚悟はありません。

世の中の常識に外れたものに賭けてこそ、思いも寄らないような莫大なリターンが生み出されるわけですが、たいていの場合、世の中の常識のほうが正しいものです。

投資に対して１００倍のリターンが得られる確率が10パーセントあるとしたら、かならずその賭けに乗るべきです。それでも、10回挑戦して、9回は失敗することになります。いつもフェンス超えを狙っていれば、三振も増えますが、ホームランも何本かは打てるわけです。ただし、ビジネスと野球は違い、野球の場合は結果が切断分布になります。バットを振ったとき、どれほど遠くに飛ばしても得点できるのは4点までです。ビジネスであれば、打席に立つことで、ほんのたまにではありますが１０００点挙げることも可能です。

このように、ビジネスではリターンの分布がロングテールであるからこそ、大胆な賭けが大切になるのです。大勝ちすれば、たくさんの実験のもとが取れるというわけです。

プライム、マーケットプレイス、ＡＷＳの３つはいずれも大きな賭けがうまくいった例で、アマゾンは幸運にもこの三本柱を持つことができています。

この三本柱のおかげでアマゾンは大企業に成長できました。そして世の中には大企業にしかできないことがあります。シアトルにスタートアップは数多くありますが、どんなに優秀な起業家でも、小さなガレージ企業で全複合素材《オールコンポジット》の７８７型機を製造することは不可能です。少なくとも、自分が乗って安全というレベルの航空機をガレージでつくることはできません。

アマゾンはこれだけの規模だからこそ、その規模を上手に使えば、小さな企業には考えられないようなサービスをお客様に提供することが可能になるのです。ですが同時に、私たちが気を緩めたり思慮を欠いたりすれば、規模の大きさゆえに進歩が遅れ、斬新さを失いかねません。

アマゾンのチームメンバーと顔を合わせるたびに、いつも彼らの情熱と知性と創造性に驚かされます。昨年はみんなで多くのことを成し遂げました。彼らがプライム、マーケットプレイス、そしてＡＷＳという三本柱を育て、グローバル化するために行った施策のうちのいくつかを、ここでご紹介したいと思います。

今回ご紹介するのはこの三本柱だけですが、四本目の柱を探すため引き続き努力してまいります。

プライム

プライムがお得すぎて、加入しないのは愚かだと感じるほどのサービスにしたいと思っています。

2日以内配送の対象商品の数は１０００万点から３０００万点に増え、日曜配送も開始しました。また、世界中の35の都市で数十万点の商品を即日配送できるようになりました。また、音楽、フォトストレージ、キンドル・オーナーライブラリー、映画やテレビ番組のストリーミングサービスも開始しました。

プライムナウは日用品など一部の商品を2時間以内にお届けするサービスで、構想からわずか１１１日でサービスを開始しました。

この短い準備期間で、少人数のチームがお客様用アプリを開発し、都市部に倉庫を確保し、2万５０００点の対象商品を決め、それらの商品をストックし、新メンバーの採用と研修を行い、社内向けの新しいソフトウェア――倉庫管理システムとドライバー向けアプリ――を開発、検証して改善し、ホリデーシーズンに間に合うように公開したのです。

最初の都市でサービスを開始してから本日でちょうど15か月目になりますが、いまでは世界中の30の都市に広がっています。

プライムビデオは、世界でも指折りのストーリーテラーが制作するオリジナルコンテンツを配信しています。ジル・ソロウェイ、ジェイソン・シュワルツマン、スパイク・リーといった優れたクリエイターたちがリスクを取り、可能性を広げてくれていることを、私たちは応援しています。

アマゾンのオリジナルシリーズはすでに１２０を超える賞にノミネートされ、ゴールデングローブ賞やエミー賞など、およそ60にのぼる賞を受賞しています。そうした作品の多くは、これまでの業界のやり方では日の目を見なかったはずの物語です。また、ジェレミー・クラークソン、デイビッド・Ｅ・ケリー、ウディ・アレン、そしてケネス・ロナーガンといったクリエイターの新シリーズや映画も現在制作中で、間もなくお目見えする予定です。

フィリップ・Ｋ・ディック原作の『高い城の男』は、アメリカが第二次世界大戦で負けた世界を描く歴史改変ＳＦです。これは11月20日にプライムビデオで公開されると、４週間でこれまでで最も視聴された作品になり、批評家からも次のように絶賛されました。「アマゾンの『高い城の男』は今シーズン最高のドラマだ」「近ごろのテレビドラマが挑戦さえしないようなことを数多く成し遂げた」

これらのオリジナルコンテンツはお客様に大人気で、プライムの好循環につながっています。プライムビデオを見た会員は無料トライアルから有料会員に移行する傾向が高く、年間契約を更新する可能性も高いのです。

最後にもうひとつ、史上初のプライムデーは私たち全員の期待をはるかに超える結果になりました。その日、プライムのトライアルを行った新規会員はアマゾン史上最多となりました。注文件数は前年同日に比べて世界中で２６６パーセント増加し、フルフィルメント・バイ・アマゾン（ＦＢＡ）を利用する出品者のプライム対象商品の売上は３００パーセント近く増加し、史上最高を記録しました。

プライムは、物理的な商品と電子的なコンテンツの両方が混じり合った、食べ放題のビュッフェのような定額サービスになりました。会員数はこの一年で51パーセント増加しました。アメリカでは47パーセント増加し、その他の地域ではさらに増加して、いまでは世界中で数千万人に拡大しています。みなさまもすでに会員となられている可能性は高いと思いますが、もしまだでしたらぜひともお得なプライムにご加入ください。

マーケットプレイス

マーケットプレイスを立ち上げたのは15年前ですが、それ以前に大きな空振りが二度ありました。オークションとzショップです。

私たちは失敗から学び、夢をかたくなに持ち続け、おかげでいまではサードパーティ出品者がアマゾンの販売点数の半分近くを占めています。

マーケットプレイスは、独自の品揃えが加わるという点でお客様の得になりますし、出品者にとってはまたとないプラットフォームです。アマゾンで年に10万ドル以上を売り上げる起業家の数は7万人にのぼり、そこから6万人を超える新しい雇用が生み出されてきました。出品者がＦＢＡに加入すると、その商品はプライムの対象となるため、さらに好循環のスピードが速まります。お客様はプライムにますます価値を見出し、それによって出品者の売上も上がっていくのです。

今年はマケプレプライムという新しいプログラムをつくりました。配達が速く、サービス品質が一貫して高い出品者にプライムのサービスに加入していただき、出品者から直接、プライムと同じ配達期限でお客様に配送するというものです。

すでに、新たに加入してくださった出品者の売上は急増しています。また、アメリカとイギリスとドイツのプライム会員のみなさまが2日、または翌日配送で手に入れられる商品が数十万点増えています。

また、出品者の成長を助けようと、〔融資サービスの〕アマゾン・レンディングというプログラムも新規に立ち上げました。アマゾン・レンディングの開始以来、アメリカ、イギリス、日本の中小零細事業者向けに総額で15億ドルの短期貸付を実行し、貸付残高は4億ドルにものぼっています。

サーフボードショップのタワー・パドル・ボーズを経営するサーファーのスティーブン・アーストルも、利用者の一人です。スティーブンの会社は、アマゾン・レンディングの助けもあって、サンディエゴで最も急成長しています。クリックひとつで資金を提供することで、こうした小規模事業者の成長を助け、その結果さらに幅広い品揃えをお客様に提供することが可能になり、出品者の販売が増えることでマーケットプレイスの収益が拡大し、アマゾンも恩恵を受けます。

今後もアマゾン・レンディングが拡大することを願って、金融機関との提携に向けて努力しています。金融機関の専門性を利用し、信用リスクの大半を管理してもらうのが目的です。

こうした目玉サービスを育てると共に、これらをグローバル化する努力もしています。出品者がどこにいようと、マーケットプレイスを通して世界中のお客様に商品を届ける機会をつくっているのです。

昔なら、売り手は自国の買い手に物を売るしかありませんでした。国外への販売は実務的に難しかったからです。私たちはマーケットプレイスをグローバル化し、出品者の販売機会を拡大するための販売ツールを開発しました。その結果、昨年は１７２か国の出品者が１８９か国のお客様に商品を販売することができました。こうした越境販売が、いまではアマゾン上のサードパーティの売上点数の約４分の１を占めています。

これが可能になったのは、私たちが数億点もの商品リストを翻訳し、44種類の通貨間の変換サービスを提供したからです。小規模でニッチな分野の出品者でもいまではアマゾンのグローバルなお客様につながり、世界的な物流網を利用できるようになりました。かつてのように出品者が一つひとつ商品を海外に発送していたときとはまったく違う結果が出ています。

プラガブル・テクノロジー社のＣＥＯ、バーニー・トンプソンはこう言っています。「大量の商品をまとめてヨーロッパや日本の倉庫に送っておいて、それを１日か２日で配送してもらうことができれば、商売のやり方がガラリと変わる」

もうひとつ、次はインドの例で、マーケットプレイスと同じように、お客様へのこだわりと発明への情熱から生まれたグローバル化のサービスをご紹介します。

昨年、私たちはアマゾン・チャイ・カートというプログラムをはじめました。お茶やお水やレモンジュースを載せた３輪カートの屋台でビジネス街を回り、小規模事業者にお茶を振る舞いながらオンライン販売の方法を説明するというものです。

４か月のあいだに31都市の１万５２８０キロを走行し、３万７２００杯のお茶を配り、１万人の事業者と話をしました。

このプログラムとそのほかの対話を通して、インドでもオンライン販売への興味は非常に高いものの、イーコマースは時間がかかり面倒で複雑だと思われているため出品へのハードルが高いということがわかりました。

そこで発明したのがアマゾン・タトカルです。これを使うと、60分以内に小規模事業者がオンライン販売をはじめることができます。アマゾン・タトカルはスタジオとして使える大型車で、この「移動式スタジオ」で国内を巡回し、登録、画像作成、目録作成のほか、基本的な出品者研修など、一連の立ち上げ方法を手ほどきするのです。アマゾン・タトカルは2月17日のサービス開始以来、25都市に拡大しています。

フルフィルメント・バイ・アマゾンにも地域顧客のニーズに合わせたサービスを組み入れ、グローバル化を進めています。インドではセラーフレックスというプログラムを立ち上げ、地元ならではの品揃えをアマゾンの流通網に乗せています。

出品者は自社の倉庫の一部をアマゾン商品用に確保し、そのスペースをアマゾンの物流センターとして指定して、アマゾンが注文を受け、配達を行います。倉庫のレイアウト、ＩＴ、業務インフラについてはアマゾンのチームが指導し、現場業務の標準的なやり方などの研修も行います。いまでは10都市で25か所のセラーフレックス倉庫が稼働しています。

アマゾン・ウェブ・サービス

ＡＷＳがはじめて、簡単なデータストレージサービスを大々的に打ち出したのは10年前でした。いまでは、データ処理、ストレージ、データベース、アナリティクス、モバイル、ＩｏＴ、エンタープライズアプリケーションなど、70を超えるサービスを提供するまでになりました。

また、世界中の12の地域で33のアベイラビリティゾーン（データセンター）を提供し、カナダ、中国、インド、アメリカ、イギリスの5か国でも今年さらに11のアベイラビリティゾーンを開くことになっています。

ＡＷＳは最初は開発者とスタートアップ向けのサービスでしたが、いまでは１００万社を超える、ほぼすべての産業のあらゆる規模の組織に使われています。ピンタレスト、エアビーアンドビー、ＧＥ、エネル、キャピタルワン、インテュイット、ジョンソン・エンド・ジョンソン、フィリップス、ヘス、アドビ、マクドナルド、タイム・インクもＡＷＳのお客様です。

ＡＷＳは、創業10年目当時のアマゾン・ドット・コムの規模をすでに上回り、アマゾンよりも速いスピードで成長しています。何よりすごいのはイノベーションの速度が引き続き加速していることです。２０１５年には、２０１４年を40パーセントも上回る７２２件の新しい機能とサービスを発表しました。

ＡＷＳを立ち上げた際は、大胆で珍しい賭けだと多くの人に言われました。「書籍販売と何の関係があるんだ？」と。あるいは、編み物に急にこだわりだしてもおかしくありませんでした。そうでなくてよかったです。いや、そうでもないでしょうか？　もしかすると編み物も私たちの事業哲学とは共通点が多いかもしれません。ＡＷＳはお客様にこだわり、発明と実験を重んじ、長期を見据え、業務に卓越することを第一に心がけています。

この10年、多くの実験と改善を繰り返してきたおかげで、ＡＷＳは急速に広がり、世界で最も包括的で広く使われるクラウドサービスになりました。小売事業もそうですが、ＡＷＳもまた、専任リーダーによるシングルスレッドの少人数チームで構成されています。このチームが70のサービスにわたって毎日のように新しい機能を加え、お客様がアップグレードしなくてもその新しい機能が「目の前に現れる」ようになっています。

顧客第一を掲げる企業は数知れませんが、それを実行している企業はほとんどありません。大手テクノロジー企業はほぼみんなライバル会社ばかりを気にしています。他社の動向を見て、すぐに追随しています。

私たちは正反対で、ＡＷＳのサービスの90パーセントから95パーセントはお客様がほしがっているものがもとになっています。そのいい例が新しいデータベースエンジンのアマゾン・オーロラです。従来の商用データベースは閉鎖的でコストが高く、ライセンス制約があったため、お客様は不満を抱えていました。MySQLやPostgresといったオープンソースのエンジンに移行する企業が増えていたとはいえ、性能面で物足りない部分もありました。

そんな不便を解消して、高性能と低コストの両方を実現したいというお客様の要望に応えるかたちで開発したのがオーロラです。商用利用に十分な耐久性と柔軟性があり、MySQLと完全互換性のあるオーロラは、MySQLを実装した典型的なケースに比べて5倍の性能が実現できるうえ、価格はこれまでの10分の1です。

これがお客様のニーズにピッタリと合い、オーロラはＡＷＳ史上、最速で拡大したサービスになっています。データウェアハウスのレッドシフトも開発のきっかけはオーロラとほとんど同じで、オーロラに次ぐ急成長を遂げ、大企業も小規模事業者もレッドシフトにデータウェアハウスを移しています。

価格の決定もまた、お客様中心の考え方がもとになっています。これまでに51回の値下げを行ってきましたが、ほとんどはライバルの値下げ圧力が起きる前に行っています。

値下げと同時に、オーロラ、レッドシフト、クイックサイト（機械学習を利用した新たなビジネスインテリジェンスサービス）、ＥＣ2コンテナサービス（新たなコンピュートコンテナサービス）、そしてラムダ（サーバーなしでコードを実行できるコンピューティングサービス）といった低価格の新たなサービスを開始する一方、どんな種類のアプリケーションや使用事例にも対応できるようなコスト効率のいいソリューションを幅広く提供してきました。

私たちはお客様がどこでお金を節約できるか教えてくれるトラステッドアドバイザーなどのサービスを継続的に開発・改善し、お客様が莫大な金額を節約できるよう努力しています。ＩＴベンダー多しといえど、自分たちにお金を支払わずに済む方法をお客様に伝授している会社は、アマゾンだけでしょう。

起業ほやほやでも、１４０年の歴史を持つ企業でも、クラウドは私たちすべてに事業を再構築し、新しい顧客体験をつくりだし、資本の再分配によって成長を促し、安全性を高め、それらのすべてを以前よりはるかに速いスピードで行うといった、驚くべきチャンスを与えてくれます。

ＭＬＢアドバンスト・メディアもＡＷＳのお客様の一社で、顧客体験をつねに刷新していこうとしています。

ＭＬＢのスタットキャストという追跡テクノロジーは、野球ファン向けの新しい機能で、各選手の位置や塁に出たランナーとボールの動きをプレイごとに計測し、たとえば「もし○○のプレイが起きれば、どうなる？」といった、みんなが昔から知りたがっている問いについての統計学に基づいたデータをスクリーン上で視聴者に見せながら、新しい問いも提供してくれるものです。

野球を高度な科学に変えてくれるスタットキャストが使っているのは最先端のミサイルレーダーシステムで、ピッチャーが投げたボールの動きを１秒間に２０００回以上計測し、同時にアマゾンのキネシス（リアルタイムのデータストリーミング処理サービス）を使ってデータを収集してストリーミングし、アマゾンのＳ３にデータを保存し、それからアマゾンＥＣ２で分析しています。

この一連のサービスでは、１試合につきおよそ7テラバイトのデータを、シーズン全体では17ペタバイトものデータを生成し、たとえば「一塁にはスライディングするな」といった、大昔から当たり前とされていながら証明されていない野球の常識を定量的に分析できます。

7年前、ネットフリックスはすべてのアプリケーションをクラウドに移すと発表しました。そこでネットフリックスが選んだのはＡＷＳでした。サービスと機能の規模と幅広さにおいて、ＡＷＳが圧倒的だからです。ネットフリックスは最近、クラウドへの移行を完了しましたが、同じような話はますます増えていて、インフォー、インテュイット、タイム・インクもすべてのアプリケーションをＡＷＳに移す計画になっています。

ＡＷＳはすでに１００万社以上のお客様を抱えるほど優れたサービスですが、これからますますよくなるばかりです。引き続き急ピッチでイノベーションを進めると同時に、さらに機能を追加して、開発者に自由な開発環境を提供したいと考えています。

データの収集と保存と分析をますます簡単にし、さらに地理的にも拡大します。引き続きモバイルと、「ネット接続された」デバイスのアプリケーションも増やしていくつもりです。そのうちに、ほとんどの企業は自社でデータセンターを運営しなくなり、クラウドに移行するでしょう。

発明マシン

私たちは大企業でありながら、発明マシンでありたいと願っています。大企業にしかできない抜きん出たサービス力と、スタートアップが持つようなスピード感やしなやかさや大胆なリスクテイクを組み合わせたいのです。

私たちにできるでしょうか？　できると思っています。出だしは上々ですし、アマゾンの企業文化がその目標を達成する助けになってくれると考えています。

もちろん、簡単ではありません。好業績の大企業が知らず知らずに陥ってしまう落とし穴はいくつかありますし、そうした落とし穴から自らを守るためにはどうすればいいのかを、組織として学んでいかなければなりません。

大企業が陥りがちな落とし穴のひとつ――スピードと発明を遅らせてしまう原因――はすべての意思決定を同じやり方で行うことです。

意思決定には影響が深刻で取り返しのつかないもの、またはあとでもとに戻すのがかなり難しいものがあります。そうした片道切符の決定は、順を踏んで注意深くゆっくりと、さまざまなことを考慮し検討したうえで行わなければなりません。いったん決定を下して扉を開けてからがっかりしても、もとには戻れないのです。この手の意思決定を「タイプ１」と呼ぶことにしましょう。

一方で、ほとんどの意思決定は変えられますし、もとに戻すこともできます。往復切符があるのです。この手の「タイプ２」の決定については、それが間違っていたと気づいたら、そこに留まる必要はありません。扉をもう一度開いて、来た道を戻ればいいだけです。タイプ２の決定は、判断力のある個人や少人数のチームが素早く下せますし、そうすべきです。

組織が大きくなると、後戻りできないタイプ１の意思決定のプロセスを、タイプ２にも当てはめてしまいがちになるようです。すると、動きが遅くなり、むやみにリスクを回避してしまい、実験が十分にできず、その結果、発明が減ってしまいます。※そんな傾向に陥らないための方法を考えなければなりません。

硬直的な意思決定は、いくつかある落とし穴のひとつにすぎません。私たちはそれを避けられるように努力しますし、そのほかにわかった大企業病も避けられるように努力していくつもりです。

サステナビリティと社会的発明

アマゾンはあっという間にここまで成長しました。自家用車に小包を積んで郵便局まで往復し、いつかフォークリフトがほしいと夢見ていたのは、わずか20年前のことです。絶対数で見ると（比率ではなく）、ここ数年の成長はとりわけ著しいものがあります。２０１０年に３万人だった社員数は、いまでは23万人になっています。ある日はっと気づくと、子どもが大きくなったなぁと感じる親のような気分です。瞬きしているあいだに、それが起きていたという感じです。

会社の規模が大きくなって嬉しいのは、発明に価値を置くアマゾンの文化によって、持続可能性を促し、社会課題を解決するお役に立てるということです。

２年前、グローバルなＡＷＳのインフラすべてにおける再生エネルギーの利用率を１００パーセントにするという長期目標を掲げました。その後、４つの大規模な風力と太陽光発電所によって、ＡＷＳのデータセンターに電気を供給する配電網に、年間１６０万メガワットアワーの再生エネルギーを送ることを発表しました。

風力発電所のアマゾン・ウィンドファーム（ファウラーリッジ）はすでに稼働しています。昨年はＡＷＳ全体で再生可能エネルギーの利用率が25パーセントにのぼり、今年は40パーセントに届く見込みです。現在は物流センターを含むアマゾンの全世界の施設をすべて再生エネルギーで動かすという目標に向けて努力しています。

それ以外に、包装などの面でも改善の努力を続けています。ここでもまた、アマゾンの発明文化が大成功につながりました。

それが、フラストレーション・フリー・パッケージです。この新しい包装のやり方を19種類の商品に導入したのは7年前です。いまではその対象が世界中の40万商品に広がりました。２０１５年にはこのおかげで莫大な量の包装材が節約できました。

フラストレーション・フリー・パッケージは開けやすいので、お客様に大好評です。廃棄物を減らせるので、地球にも優しいです。しかも、包装を小さくすることで運ぶ「空気」が減り、輸送コストが下がるため、株主のみなさまの得にもなります。

私たちは社員向けの新しいプログラムも次々と導入しています。たとえばキャリアチョイス、リーブシェア、ランプバックといったものです。

キャリアチョイスは、希少なスキルを身につけるための授業料の95パーセントを会社が負担するプログラムです。そのスキルがアマゾンでのキャリアに関係なくても構いません。看護師、航空機の整備士、その他多くのコースの授業料をアマゾンが支払います。物流センター内にガラス張りの教室をつくり、社員がこのプログラムに参加するよう背中を押して利用しやすくしています。

フェニックスの物流センターで働きながらシングルマザーとして8人の子どもを育てていたシャーリー・ワーマックは、このプログラムを利用して人生を変えたひとりです。シャーリーが18輪トラックの運転資格を取るための授業料を、キャリアチョイスが支払いました。シャーリーは努力を重ねて試験に合格し、いまでは大手運送会社のシュナイダー・ナショナルの長距離ドライバーになり、その仕事を心から楽しんでいます。今年は他社にもキャリアチョイスの利点と実施方法を教えるプログラムを立ち上げる予定です。

リーブシェアとランプバックは、親になる社員に、家族が増えることに伴う柔軟な働き方を提供するプログラムです。

リーブシェアは、配偶者の勤め先が有給休暇を与えてくれない場合に、アマゾンの有給休暇を配偶者やパートナーと分け合えるプログラムです。

ランプバックは出産後の母親たちに、自分のペースで仕事に復帰してもらうためのプログラムです。医療保険もそうですが、これらの福利厚生はすべての社員に平等に与えられます。物流センターや顧客サービスで働く人も、経営上層部も、同じプログラムを使うことができるのです。

再生可能エネルギー、フラストレーション・フリー・パッケージ、キャリアチョイス、リーブシェア、ランプバックは、発明と長期思考に価値を置く企業文化を体現する事例です。アマゾンの規模だからこそ、これらの領域にインパクトをもたらすことができるのは嬉しいことです。

これほど賢く、創造性と情熱に溢れた人々と共に毎日働くことができるのは、私の大きな喜びです。

アマゾンでは、毎日がはじまりの日です。

※ 逆のケースは取り上げてもあまり面白くありませんし、生存者バイアスがかならず入ってしまいます。タイプ2の軽い意思決定プロセスでいつもタイプ1の重要な決定を下している企業は、会社が大きくなる前につぶれてしまうはずです。

二日目をかわす

2016年

「ジェフ、二日目《デイツー》のアマゾンはどんな姿なんですか？」

先日の全社員ミーティングでそう聞かれました。この数十年というもの私は、「アマゾンははじまりの日《デイワン》」で、いまも創業したばかりだと言い続けてきました。自分のオフィスがある棟をデイワンと名付け、オフィスを移ったときはその名前ごと移動させたほどです。このトピックについては時間をかけてじっくり考えてきました。

「二日目には組織が立ち止まる。すると、時代に乗り遅れる。次第に苦しみながら会社が傾く。そして死ぬ。だからいつもはじまりの日でなくちゃならないんだ」

みなさんにわかっていただきたいのは、この場合、きわめてゆっくりとスローモーションのように組織が傾いていくということです。伝統的な大企業なら二日目を迎えても数十年と利益を出し続けられるかもしれませんが、やがて最期が訪れることには変わりありません。

私が知りたいのは「どうしたら二日目を撥《は》ね除けられるか？」ということです。二日目をかわすテクニックや戦術は何か？　大企業の中でいかにしてはじまりの日の熱気を保ち続けるか？

この問いに、簡単な答えはありません。さまざまな要素があり、複数の道筋があり、落とし穴も多くあります。正解のすべては見えていませんが、わかっていることもいくつかあります。はじまりの日を維持するための必須要素は次のことです。

お客様にこだわること、既存のプロセスを疑うこと、外部のトレンドを取り入れること、そして素早く意思決定を行うことです。

お客様に本当にこだわるということ

事業経営で何を最優先するかは、会社によってさまざまです。競合他社に目を向ける会社もあれば、プロダクトに注目する会社もありますし、テクノロジー中心の会社も、ビジネスモデル中心の会社も、それ以外のことを核に置く会社もあります。私は、お客様にとことんこだわることが、はじまりの日の熱気を維持するうえで何より大切な要素だと思っています。

なぜでしょう？　お客様中心の姿勢で得をすることはたくさんありますが、最大の利点は、お客様はつねにかならず、何かしら不満を抱えているということです。アンケートでは満足していると答えていても、商売が絶好調だと答えていても、不満があります。私たちにとっては、その不満が美しく素晴らしいものなのです。たとえ自覚がなくても、お客様はもっといいものを求めています。そんなお客様を喜ばせたいという気持ちが発明につながるのです。

プライムをつくってほしいとお客様から頼まれたわけではありませんが、このサービスをお客様がほしがっていたことは間違いありませんし、そうした例はほかにも数知れません。はじまりの日にとどまるには、実験をあきらめず、失敗を受け入れ、種を植え、苗木を育て、お客様が喜んでくださったあかつきにはさらにいいサービスを提供しなければなりません。お客様にこだわる企業文化は、そうしたことが行える最高の土壌になります。

プロセスを疑う

企業が大きく複雑になると、何事も型にはめて管理しがちになってきます。型といってもかたちも大きさもさまざまですが、これが見えにくく危険で、二日目を招くことになりかねません。

よくある例がプロセスです。優れたプロセスは、お客様へのサービス向上につながります。ですが気をつけていないと、そのプロセスが障害になります。とくに大企業ではそうです。プロセスが手段でなく目的になってしまうのです。すると、プロセスが正しく行われているかどうかを確認することに目がいって、結果に目が向かなくなってしまいます。とんでもないことです。

新米のリーダーが失敗したときに「でもプロセスには従いました」と言い訳するのは珍しいことではありません。経験豊かなリーダーであれば、むしろ失敗をプロセスの調査、改善の機会にするでしょう。プロセスは絶対ではありません。「私たちがプロセスを支配しているのか、それともプロセスに支配されているのか?」。つねにそう自問してみるべきです。二日目に陥った企業は、プロセスに支配されているかもしれません。

もうひとつ、別の例を挙げましょう。市場調査と顧客アンケートを見て、お客様の頭の中がわかったと思い込んでしまうことがあります。プロダクトを開発し設計するにあたって、これはとくに危ない思い込みです。「ベータ版を試した人の55パーセントはこの機能に満足している。最初の調査の47パーセントから改善している」。こうした結果をどう解釈するかは難しいところで、間違った方向に向かいかねません。

優れた開発者や設計者は、お客様を深く理解しています。彼らはそうした勘を養うために、膨大な努力をしています。アンケート調査の数字を見るだけでなく、数多くの事例を研究し理解しているのです。彼らはその顧客勘と共に生きています。

私はベータテストやアンケート調査を否定してはいません。ですが、プロダクトやサービスを展開する人はお客様を理解し、ビジョンを持ち、自分が満足のいくプロダクトを提供しなければなりません。そのうえで、ベータテストやアンケート調査を、自分の盲点を探すのに役立てることができます。

卓越した顧客体験に向かう出発点は、心と直感と好奇心、遊び心、勘、センスです。アンケート調査のどこにも、それはありません。

外部トレンドを取り入れる

時代の流れを素早く取り入れる心構えと能力がなければ、外の世界の圧力によって会社は二日目に押しやられてしまいます。世の中の流れと戦うことは、未来と戦うようなものです。外のトレンドを取り入れれば、追い風に乗ることができます。

大きなトレンドを見つけるのは、それほど難しくありません（よく話題にものぼりますし、記事や本にもなります）が、なぜか大企業は外のトレンドを取り入れるのが苦手です。いまも、あるトレンドのど真ん中に私たちはいます。それが機械学習と人工知能、すなわちＡＩです。

この数十年間、コンピュータが幅広い分野の仕事を自動化してきました。それはプログラマーがはっきりとしたルールやアルゴリズムを使って書ける類いの仕事です。ですがいま、先端の機械学習技術によって、正確にルールを書けないような仕事でも、同じように自動化できるようになってきました。

アマゾンはすでに何年間も機械学習のアプリケーション開発に関わってきました。目立った結果も出ています。ドローンによる自動配送のプライム・エア。カメラとセンサーによりレジでの支払いをなくしたコンビニのアマゾン・ゴー。クラウド技術を使ったＡＩアシスタントのアレクサ※（エコーはすぐに売り切れてしまい、補充が遅れています。贅沢な悩みではありますが、問題です。ただいま鋭意努力中です）。

もっとも、私たちの機械学習のほとんどは、表に見えないところで行われています。需要予測、商品検索ランキング、商品やセールのリコメンデーション、商品の見せ方、不正検知、翻訳、その他もろもろ。機械学習の成果のほとんどはこういったもので、目には見えずとも、事業の核になる業務を、深く静かに改善しています。

ＡＷＳにおいても、機械学習やＡＩのコストと障壁を下げることに成功し、企業規模にかかわらず多くの組織がこうした先端技術を利用できるようになってきました。

Ｐ２インスタンスで走る深層学習ソフトウェアもパッケージ化し、好評を得ています。これを使って、疾病《しっぺい》の早期発見から穀物の収穫高向上まで、さまざまな素晴らしいシステムが開発されています。

また、こうしたアマゾンの高度なサービスを、使いやすいかたちでお客様に提供しています。アマゾン・レックス（アレクサに内蔵）、アマゾン・ポリー、アマゾン・レコグニションは、自然言語理解、読み上げ、画像分析に関わる面倒な作業を一手に処理できるサービスです。開発者は簡単なＡＰＩでこうしたサービスを利用でき、機械学習の専門知識は必要ありません。この領域は注目です。今後もさらに話題が続くはずです。

高速で意思決定を行う

二日目の企業も質の高い意思決定を行っています。ですが、意思決定の質は高くても、スピードが遅いのです。はじまりの日の熱量と活気を維持するには、質の高い意思決定を素早く行わなければなりません。スタートアップにとっては簡単なことですが、大企業にとってはこれが難しいのです。

アマゾンの経営陣は素早い意思決定を鉄則にしています。ビジネスはスピードが命。それに意思決定が素早い職場は、楽しいのです。私たちにも正解がすべてわかっているわけではありませんが、意思決定のコツをここに紹介しておきましょう。

一つ目は、硬直的な意思決定のプロセスは厳禁ということです。多くの決定は取り消せますし、もとに戻すことが可能です。こうした意思決定は簡単なプロセスでいいのです。もし間違ったとしても、どうということはありません。昨年の手紙にこのことは詳しく書きました。

二つ目は、たいていの意思決定は、ほしいと思う情報の70パーセント程度しか手に入らない時点で下さなければならないということです。90パーセントの情報が手に入るまで待っていたら、だいたい遅いのです。どちらにしろ間違った判断については、早く気づいて正せるようにしておかなければなりません。軌道修正が得意なら、間違った判断をしても浅い傷ですむかもしれませんが、判断が遅れた場合は確実に大きな代償を払うことになります。

三つ目は、「反対してもコミットする」を合言葉にすることです。そうすれば、たくさんの時間を節約できます。みんなが賛成してくれなくても、自分の提案に自信があれば、こう言えばいいのです。「みんな、反対意見があるのはわかるけど、ここは僕に賭けてくれませんか？反対でもコミットしてもらえませんか？」。話がここまで来ているときは、おそらく正解は誰にもわからなくなっているはずなので、みんなもすぐに賛成してくれるでしょう。

これは下から上の場合だけではありません。上司もこの言葉を実行するべきです。私もしょっちゅう「反対してもコミット」しています。

このあいだ、アマゾン・スタジオのあるオリジナルコンテンツの制作を許可しました。私は自分の見方をチームに伝えました。中身が十分に面白いか疑問だし制作が複雑だ、契約条件もあまりよくない、ほかにもっといい機会があるのではないかと意見したのです。

チームは私の意見と正反対で、制作を望んでいました。私はすぐに返信しました。「反対するがコミットするよ。史上最高に人気のあるコンテンツになるといいね」

もし私を説得しなければならないとしたら、意思決定がかなり遅れていたはずです。ですが、反対でも支えることにすれば、時間の節約になるのです。

ちなみに誤解しないでいただきたいのは、私は頭の中で「あいつらは間違っていてよくわかっていないが、あまり追い詰めても無駄だ」と思っていたわけではありません。ただお互いの意見が違っていただけで、私は正直に自分の意見を言い、彼らに私の意見を考える機会を与えたうえで、彼らのやり方を心から支えるとすぐに伝えたのです。

このチームがこれまでに11回のエミー賞、6度のゴールデングローブ賞、3度のアカデミー賞に輝いていることを考えると、私は話し合いに入れてもらっただけでもありがたいと思っています。

四つ目は、考えの本質的な違いを早めに認識し、すぐに上にあげて処理することです。チームの中で目的が違い、根本的なものの見方が食い違うことはあります。メンバーが同じ方向を向いていないのです。どれほど話し合っても、会議を何度重ねても、深い考え方の違いは解決できません。上の人間が処理しなければ、話し合いが果てしなく続いてみんなヘトヘトになります。誰であれいちばん体力のある者が決断をすることになってしまいます。

アマゾンでもこれまで、純粋な方向性の違いが表に出たことが何度もあります。たとえば、サードパーティ出品者をアマゾンの商品詳細ページに載せて、直接競合させると決めたときも、激しく意見が分かれました。賢くて会社想いのアマゾン社員の多くが反対しました。大きな方向性が違っていると、無数の小さなことでも意見が食い違います。その多くについて経営陣が処理しなければなりませんでした。

「疲れ果てたからもう終わり」というのは意思決定において最悪のパターンです。判断が遅くなり、気力も削がれます。ならば、早い段階で解決を上に任せるべきです。

みなさんは意思決定の質だけを気にしていないでしょうか？　スピードも気にかけていますか？　世の中のトレンドは追い風になっているでしょうか？　プロセスに囚われていませんか？　うまく生かせていますか？　何よりも、お客様を喜ばせていますか？

大企業の規模と能力を持ちながら、スタートアップの精神と心を保つことは可能です。ですが、努力しなければそれはできません。

私たちがサービスを提供させていただいているすべてのお客様一人ひとりに、支えてくださる株主のみなさまに、勤勉で才能があり情熱を持って働いてくださる世界中のアマゾニアンたちに、心からの感謝を申し上げます。

アマゾンではずっと、毎日がはじまりの日です。

※ ちょっとしたお楽しみに、「アレクサ、60の階乗は?」と聞いてみてください。

高い基準の文化をつくる

2017年

全米顧客満足度指数がこのほど発表した年次調査で、アマゾンは8年連続で第1位に選ばれました。イギリスにも、顧客サービス研究所が発表するイギリス顧客満足度指数という同様の指標があります。この調査で、アマゾンUKは5年連続で第1位に選ばれています。リンクトインが発表する、アメリカで最も人気の職場を選ぶトップ企業リストでも、アマゾンは第1位に輝きました。

またつい先日、ハリス・ポール社が毎年恒例の「評判指数」を発表しました。これは、職場環境や社会的責任から商品・サービスまで幅広いトピックについて、2万5000人の消費者に訊ねた調査です。ここでも、アマゾンは3年連続で1位にランクされています。

56万人を超えるアマゾニアンのみなさんに、お祝いとお礼を申し上げます。これはアマゾニアンたちがひたすらお客様にこだわり、創造性を発揮し、優れた業務運営を実現するため、毎日仕事に取り組んできた結果です。

また世界中で働いているアマゾニアンたちに代わって、私からお客様に心よりのお礼を申し上げます。こうした調査でお客様の反応を知ることで、私たちはあり得ないほど勇気づけられるのです。

私がお客様にこだわる最大の理由は、お客様はいつも絶対に不満を抱えているからです。お客様の期待はずっと同じではありません。上がり続けます。それが人間というものです。満足できないからこそ、狩猟時代から進化してこられたのです。

人間はつねに貪欲によりよい方法を求め続け、昨日の感動はすぐに色褪せて今日の普通になってしまいます。いま、この改善のサイクルがかつてない速さで回っているように思います。お客様がこれまでになく多くの情報を簡単に手に入れるようになったこともひとつの要因でしょう。何度かスマホを触るだけで、数秒もしないうちにレビューを読み、複数の出品者の値段を比較し、在庫があるかを調べ、どのくらい早く配送できるか、または引き取りができるかなどがいまではわかります。

これは小売業界の例ですが、アマゾンの事業すべてにわたって同じようにお客様が力を持つようになったと感じますし、ほかのほとんどの産業でも同じことが言えるでしょう。いまの世の中では成功にあぐらをかいているわけにはいきません。お客様がそれを許してくれないのです。

では、高まり続けるお客様の期待の先を行くにはどうしたらよいでしょう？　やり方はひとつではありません。たくさんの方法の組み合わせです。

とはいえ、高い基準を求めること（社内に広く隅々まで浸透していること）が大きな要素のひとつであるのは間違いありません。

お客様の高い期待に応えようと長年模索する中で、成功もいくつかありました。また、これまでに何十億ドルにも相当するほどの失敗もしてきました。こうした経験の積み重ねから、社内で高い基準を保つことについて私たちが学んだ基本要素をここでご紹介したいと思います。

先天的か、後天的か？

まず、そもそも論から話しましょう。高い基準を求める性格は、生まれつきでしょうか、それとも教わって身につくものでしょうか。

バスケットボールのチームに入ったら、教わってできるようになることもたくさんあるでしょうが、背の高さはどうにもなりません。

とすると、企業はまず何より「基準の高い」人を選ぶべきなのでしょうか？　それなら採用方法だけを考えていればいいことになりますが、私は違うと思っています。高い基準は教えられるものだと確信しています。

実際、人間は基準の高い環境にいれば、同じようになるものです。基準の高さは感染します。基準の高いチームに新人が入ると、すぐに順応します。逆もまた同じです。基準の低さもすぐに蔓延するのです。

基準の高い環境に晒されていればおのずと自分の基準も高くなりますが、いくつかの核になる原則を明確にすることで学びを加速させられると私は信じています。

全方位か、分野限定か？

もうひとつの大切な問いは、基準の高さはあらゆる領域で同じか、分野によって違うのかということです。言い換えると、ある領域で高い基準を持っている人は、別の領域でもつねにそうなのかということです。私は、人は高い基準を持っている領域とそうでない領域があり、分野ごとにそれぞれ高い基準を身につける必要があると信じています。

アマゾンを創業したときの私は、発明とお客様への心配りと、（幸運にも）採用に高い基準を求めていました。ですが、オペレーションのプロセスには高い基準を持っていませんでした。どうやって同じ問題が繰り返し起きないようにするか、どうやって欠陥を根本から取り除くか、どのようにプロセスをチェックするか、などについては深く考えていなかったのです。私はそうしたことすべてについて学び、高い基準をつくらなければなりませんでした（仲間が指導してくれました）。

この点を理解しておくことは大切です。謙虚になれるからです。自分は人よりたいていのことで基準が高いと思っていても、まったく見えていない弱点があるわけです。自分の目線が低かったり、そもそも何も見えていなかったり、世界基準の足下にも及ばない領域がまるまる存在するかもしれません。その可能性を意識しておくことがとても大切です。

知ることと深めること

では、どうしたら特定の領域で高い基準に到達できるのでしょう？　まずはじめに、その領域で「高基準」とされるものが何かを知らなければなりません。次に、そこに到達するのが実際にどれほど大変か（どれほどの努力が必要か）をきちんと理解する必要があります。

その例をふたつ紹介しましょう。ひとつはたとえ話のようなものですが、要点がはっきりと伝わるはずですし、もうひとつはアマゾンでよく問題になる現実の事例です。

完璧な逆立ち

最近、親しい友人が逆立ちをマスターしようと心に決めました。壁に寄りかからず、一瞬で崩れたりせず、インスタグラムに載せられるくらいの、立派な逆立ちができるようになりたいと思ったのです。

そこでまずは通っていたヨガ教室で逆立ちのレッスンに参加してみました。それからしばらく練習したものの、思ったようにいきません。そこで逆立ちのコーチにつくことにしました。そう、ちょっと驚かれたかもしれませんが、逆立ちのコーチなんて職業が存在するんです。初回のレッスンで、そのコーチが素晴らしいアドバイスをくれました。

「逆立ちなんて、頑張れば2週間くらいでできるようになるはずだと思ってる人がほとんどだ。でも実際は、半年間毎日練習しないとできるようにならない。もし2週間でできるようになると思ってはじめたら、途中であきらめることになる」

現実的でない甘い考え——ほとんどは目に見えず話題にものぼりません——は、高い基準を殺してしまいます。自分自身が、またはチームの一部として高い基準を達成するには、それが現実にどれほど大変かをしっかりと理解し、まわりにも積極的に伝えなければなりません。友人のコーチはそのことをよくわかっていたのです。

6ページの文書

アマゾンではパワーポイント（または、その他のスライド）を使ったプレゼンテーションはやりません。そのかわり、6ページの叙述《ナラティブ》形式の文書を書くことにしています。

そして毎回ミーティングのはじめに、勉強会のような感じでその文書をみんなで黙読します。当然ですが、文書の質は千差万別です。天使の歌声のように鮮やかに読み手に響く文書もあります。そうした明晰で思慮深い文書ですと、質の高い議論ができます。一方で、それとは対極にあるような、質の低い文書を読まされることもあります。

逆立ちについては、何を「高い基準」とするかは非常にわかりやすいです。完璧な美しい逆立ちの条件を細かく挙げて、それができているかできていないかを見ればいいだけです。

文書については、まったく違います。秀逸な文書と月並な文書の差は紙一重です。何が「秀逸な文書」なのか、その条件を細かく書き出すのは至難の業です。それでいて、秀逸な文書は読めばすぐにわかりますし、読んだ人はみな同じように反応します。つまり、見ればわかるということです。細かく書き出すことはできなくても、そこには基準が存在し、誰もがそれを認識しているのです。

経験からわかったことがあります。文書のできがよくない場合、それは「書き手が高い基準を認識できていない」からではなく、「どのくらい努力したらその基準に達するかがわかっていない」のが原因だということです。

質の高い6ページの文書を書こうと思えば、本来なら1週間かそれ以上かかるはずなのに、1日か2日、もしかすると数時間で書き上げられると勘違いしているのです。

たった2週間で完璧な逆立ちができるようになると生徒が思い込んでいるとしたら、教え方が間違っています。文章を何度も書き直し、同僚に見てもらい、修正してもらい、数日寝かせてからまた新鮮な角度で手直しをしてはじめて、卓越した文書ができあがります。1日、2日でできるものではありません。

何が言いたいかというと、どの程度の努力が必要かを教えるだけで、結果がよくなるということです。つまり、秀逸な文書を書くには、最低1週間かそれ以上かかることを教えてあげればよいのです。

スキルは必須要素か？

求められる基準がわかり、それに到達するにはどのくらいの努力が現実に必要かを理解したとして、ではスキルはどうでしょうか？　たしかに世界レベルの文書を書くには、一流作家のような文章力が必要です。ではスキルも必須の要素でしょうか？　そうでもないというのが私の考えです。少なくとも、チームの中のいち個人にとってはそうでもありません。

フットボールのコーチはパスを投げる名人でなくてもいいですし、映画監督は演技ができる必要はありません。ですが、どちらの仕事も、高い基準を持っていることは必要ですし、そこに到達するためにどの程度の努力が必要かを教えることはできなくてはなりません。

たった6ページの文書でさえ、チームワークの賜物です。あなたでなくても、チームの中に文章力のある人がいればいいのです（余談になりますが、アマゾンでは文書に筆者個人の名前を載せないことになっています。文責はチーム全員にあります）。

高い基準を持つことのメリット

高い基準を持つ企業文化をつくりあげるのは大変ですが、その努力に見合う価値はありますし、メリットは多いのです。まず当たり前ですが、明らかなのは、お客様のためにもっといいプロダクトやサービスをつくるようになるというメリットです。これだけでも十分ですよね！

そこまではっきりと目に見えるわけではありませんが、高い基準のある企業にはいい人が集まるというメリットもあります。人材の採用と引き留めに役立つのです。

さらに隠れたメリットとしては、どんな会社にもある、非常に大切なのに「目に見えない」仕事を守ってくれるということがあります。ここで言っているのは、誰も気づかないような仕事です。人が見ていないあいだにきちんと実行されている仕事のことです。高い基準を持つ企業文化の中では、そうした仕事にも独自のやりがいがあるのです。目立たない仕事にもプロとしての矜持《きょうじ》を持てるということです。

それに何より、基準が高いと仕事が楽しいのです！　高い基準を一度味わうと、もうもとに戻れません。

高い基準には4つの要素があると思っています。「教えられるものであること」「その領域に特化したものであること」「認識できるものであること」「現実にどのくらいの努力が必要かを明示できるものであること」です。

これらは、どんな場面でもあらゆるレベルで役に立ちます。社内文書を書くときもそうですし、これまでにないような事業を立ち上げるときもそうです。みなさんにも役立つことを願っています。

高い基準にこだわる

リーダーはつねに高い基準を追求することにこだわります。多くの人にとり、この基準は高すぎると感じられるかもしれません。――アマゾンの「リーダーシップ・プリンシプル」より。

最近の節目

アマゾンのリーダーが高い基準を追求してきたことが、ここまでの成長に役立っているのは間違いありません。残念ながら逆立ちはできませんが、昨年いくつかの節目に達したことを非常に誇らしく思いますし、どの節目もみんなの長年の努力が実った結果です。いずれも当たり前に成し遂げられたことだとは思っていません。

プライム

立ち上げから13年で、有料会員数は世界で1億人を超えました。２０１７年には世界中のプライム会員様に合計50億点の商品を発送し、年間の新規加入者数はアメリカでもその他の地域でも過去最高となりました。

アメリカ国内なら、1億点の商品のいずれも2日以内に無料で配送できます。いまはメキシコ、シンガポール、オランダ、ルクセンブルクでもプライムを開始し、アメリカとドイツでは企業向けのプライム配送サービスも開始しました。

引き続き、プライム配送のスピードを上げる努力も続けており、無料の当日お届け便と翌日お届け便が可能な都市は８０００以上になりました。

プライムナウは世界中9か国の50を超える都市でご利用いただけます。２０１７年のプライムデーには過去最多の販売を記録し（サイバーマンデーにはさらにその記録を更新しました）、新規加入者数も過去最高となりました。

AWS

すでに２００億ドルの年間売上をあげる事業となったアマゾン・ウェブ・サービスが、健全な成長をさらに加速させていることを、心から嬉しく思っています。そのうえ、ＡＷＳではイノベーションのスピードも上がっています。とくに、機械学習、ＡＩ、ＩｏＴ、サーバーレスコンピューティングといった新しい領域で、それが顕著です。

２０１７年には１４００もの重要なサービスや機能を発表しました。アマゾン・セージメーカーもそのひとつで、開発者が最先端の機械学習モデルを簡単便利に構築できるようにするツールです。

ＡＷＳの幅広い機械学習サービスをご利用くださっている開発者は数多く、アマゾン・セージメーカーが人気を得たおかげでアクティブユーザー数は昨年２５０パーセント以上増加しました。11月には第６回となるリインベント・カンファレンスを開き、会場の４万人に加えて、６万人がストリーミングで参加しました。

マーケットプレイス

２０１７年には、はじめて世界中の売上点数の半分以上を、中小事業者を含むサードパーティ出品者が占めることになりました。アメリカで昨年からアマゾンに出品をはじめた中小事業者の数は30万社を超え、フルフィルメント・バイ・アマゾンを通して数十億点もの商品を発送しています。

２０１７年のプライムデーには、世界中の中小出品者に、前年を60パーセント以上も上回る４０００万件もの注文が集まりました。グローバル・セリング（中小出品者のための越境ＥＣプラットフォーム）の売上は50パーセント以上増加し、中小事業者の越境ＥＣ比率はサードパーティ売上全体の４分の１を超えるまでになりました。

アレクサ

おかげさまでアレクサはお客様に大好評をいただき、アレクサ搭載デバイスはアマゾンでもベストセラーアイテムとなっています。アレクサ体験を創造するためにアレクサを採用する企業や開発者もますます増えています。外部開発者が開発したアレクサの新機能は3万を超え、1200ものブランドが4000以上のスマートホーム機器を販売しています。

アレクサの土台となる技術も日々進化しています。生体認証技術を発展、実装し、テレビでアレクサのコマーシャルを聞いてもデバイスが起動しないようにしています（この技術のおかげでスーパーボウルでアレクサのコマーシャルが流れたときも、アメリカ中のご家庭にあるデバイスを起動させずに済みました）。

遠隔音声認識機能も（すでに非常に優れていますが）昨年に比べて15パーセント改善され、アメリカとイギリスとドイツではアレクサの会話理解力がこの一年で25パーセント向上しました。これはアレクサの機械学習機能と半教師あり学習技術が強化されたおかげです（この半教師あり学習技術によって、同じ精度向上に必要なラベル付きデータの量を40分の1に減らすことができました）。

そのうえ、機械翻訳と転移学習技術によってアレクサが新しい言語を習得する時間が大幅に短縮され、インドや日本など、より多くの国で使ってもらえるようになりました。

アマゾン・デバイス

2017年はハードウェア売上も過去最高を記録しました。エコーデバイス、エコードット、アレクサ搭載ファイアスティックはアマゾンのすべての商品カテゴリ中のベストセラーになり、数千万台を売り上げました。今年のホリデーシーズンは昨年に比べ、ファイアスティックとキッズモデルのファイアタブレットの売上が2倍にもなりました。

今年はデザインと音質の改善されたエコーの新しいバージョンがさらにお安くなりました。スマートホームハブ内蔵のエコープラスと、丸い液晶スクリーンの付いたコンパクトで美しいエコースポットの2種類です。４ＫウルトラＨＤとＨＤＲを搭載した次世代のファイアＴＶに加え、１０８０ｐフルＨＤディスプレイ付きファイアＨＤタブレット10も発売しました。

そして、キンドル発売10周年を記念して、リニューアルして最新技術を搭載したキンドル・オアシスも発売しました。オアシスは防水仕様で、お風呂にも持って入れ、７インチと大きくなって解像度の高い３００ｐｐｉのディスプレイにオーディオが内蔵され、オーディブルで朗読を聞くこともできます〔日本ではオーディブル未対応〕。

プライムビデオ

プライムビデオは引き続き、プライム会員の獲得と維持の牽引役になっています。昨年は新たなコンテンツを投入してお客様に喜ばれています。『マーベラス・ミセス・メイゼル』は放送映画批評家協会賞とゴールデングローブ賞で2冠に輝き、『ビッグシック　ぼくたちの大いなる目ざめ』はアカデミー賞候補になりました。

オリジナルコンテンツを世界中から調達し、アメリカからは『ＢＯＳＣＨ／ボッシュ』と『スニーキー・ピート』を、イギリスからは『グランド・ツアー』を、ドイツからは『ユー・

アー・ウォンテッド』を配信し、日本からは新たに『戦闘車』を、そしてインドからは『ブリーズ 父親の葛藤』と数々の賞に輝いた『インサイド・エッジ』をお届けしています。また今年はプライムチャンネルのサービスも拡大し、アメリカではネットワーク局であるＣＢＳの全番組を加え、イギリスとドイツでは新しい放送チャンネルを立ち上げました。

　プライムビデオでＮＦＬサーズデーナイトフットボールの配信を開始し、11試合を１８００万人の会員が視聴しました。２０１７年、プライムビデオダイレクトは３００本を超える長編映画のサブスクリプション配信権を獲得し、独立系映画製作者とその他の権利所有者に１８００万ドル以上のロイヤルティをもたらしました。

　今後もプライムオリジナルのテレビシリーズが続々と公開される予定です。ジョン・クラシンスキー主演、トム・クランシー原作『ＣＩＡ分析官 ジャック・ライアン』シリーズ、アンソニー・ホプキンスとエマ・トンプソン主演『アンソニー・ホプキンスのリア王』、マシュー・ワイナー製作総指揮『ロマノフ家の末裔 それぞれの人生』、オーランド・ブルームとカーラ・デルヴィーニュ主演の『カーニバル・ロウ』、ジョン・ハム出演の『グッド・オーメンズ』、サム・エスメイルが製作総指揮を執り、テレビ初主演のジュリア・ロバーツを迎えた『ホームカミング』などです。

　また、『ロード・オブ・ザ・リング』の複数シーズンにわたるグローバルテレビ放映権を獲得しました。アステカ王国を征服したエルナン・コルテスの生涯を描いた『コルテス』は、スティーヴン・スピルバーグが総指揮を執り、ハビエル・バルデムが主演して、今年から製作に取り掛かります。

アマゾン・ミュージック

アマゾン・ミュージックも引き続き高水準の成長を見せ、有料会員は数千万人にのぼります。オンデマンド再生可能で広告のないアマゾン・ミュージック・アンリミテッドは２０１７年に新たに30か国に進出し、この半年で会員数は倍になりました。

ファッション

アマゾンは、ファッションにおいても数千万人のお客様がお買い物にやってくる場所になりました。２０１７年には、プライム会員向けのファッション特典であるプライム・ワードローブを導入し、会員のご自宅を試着室に変え、購入前に最新スタイルを試せるようにしています。ナイキやＵＧＧの販売も開始し、ドリュー・バリモアやドウェイン・ウェイドによるセレブコレクションも新たに発表、グッドスレッズやコア10といったプライベートブランドも数十種類、品揃えに加えています。

また今後もマーチ・バイ・アマゾンを通して数千人のデザイナーやアーティストがオリジナルデザインを提供したりオンデマンドで印刷できるようにしていくつもりです。

２０１７年の締めくくりにはカルバン・クラインと協力して双方向の購買体験をお届けすることができました。ポップアップストア、即時の商品カスタマイズ、アレクサが照明と音楽などを操作する試着室などです。

ホールフーズ

昨年ホールフーズの買収を完了し、高品質の自然有機食品をみなさまにお届けする決意を発表し、その後すぐにアボカドや有機卵や環境に配慮した養殖サーモンなど、人気の食材を幅広く値下げしました。またそのあとの11月に第2弾の値下げに踏み切り、プライム会員限定の販促によって感謝祭シーズンのホールフーズ全社売上記録を更新しました。

2月にはいくつかの都市限定で、35ドル以上お買い上げくださったプライム会員様に無料で2時間以内に配達するサービスをはじめました。3月、4月には他の都市でもこのサービスをはじめましたが、今期中、さらに拡大していく予定です。ＶＩＳＡカードのプライム会員特典も拡充し、プライム会員様はホールフーズでのお買い物が5パーセント割引きになりました。

３６５エブリデーバリューなどのホールフーズのプライベートブランド商品がいまやアマゾンでお買い上げいただけますし、ホールフーズの１００以上の店舗でエコーその他のアマゾン・デバイスを購入いただけるようになり、アマゾン商品の引き取りや返品も何百ものホールフーズ店舗で行えるようになりました。

レジでプライム会員を認識するための技術開発もはじめました。実装後、ホールフーズのお客様にさらに多くのプライム特典をお届けできるのを楽しみにしています。

アマゾン・ゴー

レジでの精算不要の新しいタイプの実店舗、アマゾン・ゴーが1月にシアトルで開店しました。開店以来、多くのお客様から、アマゾン・ゴーでの購買体験が「魔法のようだった」という声をいただいています。

この「魔法の体験」は、コンピュータビジョン、センサーフュージョン、深層学習の独自技術の組み合わせによって実現されたもので、こうした技術がひとつになって「ジャスト・ウォーク・アウト」（ＪＷＯ）のサービスが生まれたのです。

ＪＷＯによってお客様はお気に入りの朝食や昼食や夕食やおやつ、また食料品や必需品を手に取るだけで、かつてないほど簡単に買い物ができるようになりました。

最もよく売れているのは、意外なものではなくカフェイン飲料や水などですが、ベトナム風チキンサンドやチョコチップクッキー、カットフルーツ、グミベア、アマゾン・ミールキットも人気です。

トレジャートラック

シアトルの1台からはじまったトレジャートラックはいまや35台となり、全米25都市とイギリス12都市に広がりました。ど派手な外装で音楽を鳴らしながら、高級ブランド牛肉から任天堂の最新ゲームまでさまざまな注文商品を荷台に詰めて走っているのがアマゾンのトレジャートラックです。

また昨年一年を通して地域コミュニティと協力して、恵まれない人たちへの支援を行い、ハリケーン・ハービーの被災者やホームレスの人たちやクリスマスプレゼントを待っている子どもたちなど地元の人たちに、チャイルドシートやおもちゃ、ソックス、その他の物資を大量に寄付したり送ってきました。

インド

アマゾンＩＮは、インドで最も急成長している市場で、コムスコアとシミラーウェブによると、デスクトップとモバイルの両方で最もアクセスの多いサイトです。

アップアニーによると、アマゾンＩＮのモバイルアプリは２０１７年、イーコマース部門でダウンロード数1位となりました。アマゾンＩＮでの初年度の新規プライム会員加入数はアマゾン史上これまでのどの地域より多いものになりました。

プライム商品には、サードパーティ出品者から４０００万点を超える現地商品が集まりました。プライムビデオでもインド発のオリジナルコンテンツに大きな金額を投資し、最近、２本の長編映画を公開したばかりです。さらに、10本を超える新しい番組を制作中です。

サステナビリティ

アマゾンでは配送網の最適化、商品パッケージの改善、業務面のエネルギー効率の向上を通して炭素排出量をできる限り削減することに真剣に努力しており、世界中のアマゾン施設の電力を１００パーセント再生可能エネルギーにすることを長期目標として掲げています。

先日、アマゾン最大の風力発電施設であるウィンドファーム・テキサスを立ち上げましたが、１００基を超えるタービンで年間１００万メガワットアワー以上のクリーンエネルギーを生産する予定です。

また、２０２０年までに50か所の物流センターに太陽光発電システムを設置する計画を立て、アメリカ国内ではこれまですでに24か所の風力と太陽光発電プロジェクトを立ち上げ、さらに29か所以上のプロジェクトも立ち上がることになっています。

これらをすべて合わせた再生可能エネルギーのプロジェクトによって、いまでは年間33万戸を超える家庭に供給できる量のクリーンエネルギーを生産しています。

２０１７年には、フラストレーション・フリー・パッケージが10周年を迎えました。これをはじめとした一連の持続可能な包装の取り組みにより、この10年で24万４０００トンを超える包装材を削減できました。２０１７年だけでも3億５００万個の外箱に相当する包装材を削減しています。

また、世界中の運送業者と契約を結び、はじめて低公害のラストワンマイル配送を立ち上げました。すでにヨーロッパの宅配車両の一部は、大気汚染物質放出量の少ない電気自動車や天然ガストラックに換わっており、都市部の近距離配達では40台を超える電気スクーターと電気カーゴバイクが稼働しています。

小規模事業者を力づける

世界中の数億という中小事業者が、アマゾンを通して新しいお客様に国境を越えて商品をお届けしています。アメリカでは全州から中小事業者がアマゾンに集まり、世界では１３０か国を超える国から出品者が集まっています。２０１７年にアマゾンで10万ドル以上を売り上げた出品者は14万社を超え、キンドル・ダイレクト・パブリッシングで10万ドル以上の印税を得た独立系作家は１０００人を超えます。

投資と雇用創出

２０１１年以来、アマゾンは世界中の物流センター、輸送システム、ＡＷＳのデータセンターを含むテクノロジーインフラに１５００億ドルを超える投資をしてきました。

そのあいだに世界中で直接、間接に１７０万人以上の雇用をつくりだしました。２０１７年だけでも、買収を除いて13万人を超える直接雇用を生み出し、グローバルな従業員数は56万人を超えました。人工知能の研究者から包装の専門家に物流センターの助手まで、幅広い職種にわたって新たな雇用を生んでいます。

直接雇用のほかにも、アマゾン・マーケットプレイスは世界中で90万人の雇用を生み出し、アマゾンの投資からは建設や物流やそれ以外の専門サービスといった分野でさらに26万人の雇用が生まれています。

キャリアチョイス

私たちがとくに誇らしく思っている従業員向けの取り組みのひとつは、アマゾン・キャリアチョイスです。一年以上勤務した時給社員を対象に、航空機整備士、コンピュータ支援設計（ＣＡＤ）、マシンツール技術、医学研究、看護といった人手の足りない職業で学位や資格を取るための学費や授業料や教科書代の95パーセント（上限１万２０００ドルまで）を前払いしています。世の中に求められている分野のスキルなら、アマゾンでのキャリアに関係があってもなくてもその習得を金銭的に支援します。

キャリアチョイスをはじめて以来、世界中で１万６０００人以上の社員（アメリカでは１万２０００人以上）が参加しました。現在10か国でこの取り組みは行われており、今年の後半には南アフリカやコスタリカ、スロバキアでも展開する予定です。トラックの運転、医療、ＩＴが人気の分野です。

これまでに39か所の物流センター内で目立つ場所にガラス張りの教室をつくり、社員が新しいスキルを学ぶ姿を見ることで、他の社員も刺激を受けられるようにしています。

以上のような大きな目標を達成できたのは、多くの人々の努力のおかげです。アマゾンには56万人の社員がいます。２００万人の出品者、数十万人の著者、ＡＷＳを利用する数百万人の開発者、そして決して満足することのない世界中の数億人のありがたいお客様が、私たちの背中を押し、日々向上させてくれています。

これから向かう先

はじめて株主への手紙を書いてから今年で20年目の節目を迎えましたが、アマゾンの核にある価値観と姿勢は変わっていません。引き続き、地球上で最もお客様を大切にする企業であり続けたいと心から願っています。それが小さな挑戦でも簡単なことでもないことはわかっています。改善できることはまだまだ多く、この先にある数多くの障害とチャンスに、心底ワクワクしています。

私たちのサービスをご利用くださるすべてのお客様一人ひとりに、支えてくださる株主のみなさまに、才能と情熱と高い基準を持つ世界中のアマゾニアンたちに、心から感謝しています。

アマゾンではずっと、毎日がはじまりの日です。

直感と好奇心と、さすらう力

2018年

この12年のあいだに、普通ではあり得ないような不思議なことが起きています。次の数字を見てください。

1999年　3パーセント
2000年　3パーセント
2001年　6パーセント
2002年　17パーセント
2003年　22パーセント

２００４年　25パーセント
２００５年　28パーセント
２００６年　28パーセント
２００７年　29パーセント
２００８年　30パーセント
２００９年　31パーセント
２０１０年　34パーセント
２０１１年　38パーセント
２０１２年　42パーセント
２０１３年　46パーセント
２０１４年　49パーセント
２０１５年　51パーセント
２０１６年　54パーセント
２０１７年　56パーセント
２０１８年　58パーセント

ここに書いた数字は、アマゾンみずからの小売事業であるファーストパーティの売上に対してサードパーティ出品者（ほとんどが中小規模の事業者）の売上が、アマゾンの商品販売に占める割合です。サードパーティの売上が、全体の３パーセントから58パーセントに増えたということです。ズバリと言わせてください。

サードパーティがファーストパーティをこてんぱんにやっつけているのです。ぐうの音も出ないほどに。

しかも、ファーストパーティをやっつけるのは並大抵のことではありません。この12年を振り返ると、１９９９年に16億ドルだったファーストパーティの売上も昨年には１１７０億ドルに拡大しているからです。この期間のファーストパーティの年平均成長率は25パーセントにのぼります。

一方で、サードパーティの売上は１億ドルから１６００億ドルになり、年平均成長率は52パーセントにも達しています。参考のため他社と比較してみると、同じ期間のイーベイの商品総売上は28億ドルから９５０億ドルに増えていますが、それでも成長率は年率平均で20パーセントです。

では、サードパーティ出品者の売上がイーベイよりもアマゾンではるかに高いのはどうしてでしょう？　アマゾンみずからが調達する組織力の高いファーストパーティ事業よりも、サードパーティ業者がはるかに速い勢いで成長しているのはなぜでしょう？　答えはひとつではありませんが、その答えの中にきわめて重要なひとつの要因があるのは確かです。

私たちはサードパーティ出品者がファーストパーティ事業と互角に戦えるように、時間とお金をかけ、いま考えられる最高の販売ツールを開発し、提供してきました。在庫管理、決済、荷物追跡、レポート作成、越境販売などを支援するさまざまなツールがあり、毎年さらに多くのツールを開発しています。

中でもいちばん重要なサービスはフルフィルメント・バイ・アマゾンとプライム会員プログラムです。このふたつのサービスの相乗効果で、お客様にとってのサードパーティ出品者からの購買体験が格段に向上したのです。

このふたつのサービスが大成功し、いまではあまりにも普及したため、立ち上げ当時にこのふたつがどれほど革命的だったかをなかなかわかってもらえなくなっています。社内での熟考と論争の末、多大な財務リスクを負って、この両方の取り組みに投資しました。さまざまに異なるアイデアを試し、試行錯誤を繰り返しながら、長期的に大きな投資を続ける必要がありました。

このふたつの取り組みが最終的にどんな姿になるのかをはっきりと見通せていたわけではありませんし、そもそも成功するかどうかもわかっていませんでしたが、直感と情熱といつもの前向きさに後押しされてこうした取り組みが前に進んだのです。

直感と好奇心と、さすらう力

アマゾンの創業当初から、何かをつくりだす人たちに価値を置く企業文化を醸成したいと考えていました。何かをつくりだす人とはつまり、好奇心があり、模索と探検を厭わない人たちです。発明好きの人たちです。また、専門家であっても、初心を忘れず、つねに新鮮な気持ちを持ち続けている人たちです。

いまのやり方は一時的なものでしかない、と彼らは考えます。何かをつくりだす人たちの姿勢が、私たちをなかなか解決できない大きな問題に取り組ませてくれますし、成功は試行錯誤の繰り返しから生まれるのだという謙虚な気持ちにしてくれます。発明し、使ってもらい、また発明し、また使ってもらい、またはじめからやり直し、洗い直し、ひたすらそれを繰り返すという考え方です。成功への道はまっすぐでないことを、彼らはわかっています。

事業経営において、目的地がわかっていることもたまに（じつはしょっちゅう）ありますし、そういうときは効率よく物事が進みます。計画を立てて実行するだけですから。反対にそうでない場合、つまり、さすらっているときは非効率です。といってもそれは、行き当たりばったりというわけでもありません。直感と感性と好奇心に導かれ、お客様のためになるなら多少混乱があっても脱線してみる価値はある、という深い信念に動かされているのです。

さすらうことは効率第一のやり方だけでは足りない部分を埋め合わせてくれます。組織には効率とさすらいの両方が必要です。さすらいがなければ、予想外の大きな発見、つまり「直線的でない」発見はできません。

ＡＷＳのお客様はスタートアップから大企業、政府機関から非営利組織まで数多く多岐にわたり、それぞれが自身のエンドユーザーによりよいソリューションを届けようとしています。こうした組織が何を求めているのか、その中にいる人たち、つまり開発者や開発マネジャーやオペレーション担当者、最高情報責任者、最高デジタル責任者、最高情報セキュリティ責任者といった人たちが何をほしがっているのかを考えることに、私たちは多くの時間を費やしています。

ＡＷＳがつくってきたものの大半は、お客様の声をもとにしています。お客様に何がほしいかを訊ね、その答えにじっくりと耳を傾け、よく考えられたソリューションを素早くお届けする（経営においてはスピードが鍵！）ための計画を立てることが肝心です。

そうやってお客様にとことんこだわらなければ、企業は成長できません。とはいえ、それだけでは足りません。成長のドライバーになるのは、お客様自身がほしがっていることを自覚していないものです。それを私たちが発明しなければなりません。自分の内なる想像力を使って、どんなことが可能かを考える必要があるのです。

ＡＷＳという事業そのものが、その一例です。ＡＷＳがほしいと言われたわけではありません。誰から頼まれたわけでもないのです。ですが、じつはお客様自身も気づいていなかっただけで、世界中がＡＷＳのようなサービスを求めていたことがあとでわかりました。

私たちは何となくそのことに気づき、好奇心を持って可能性を追求し、必要な財務リスクを取り、開発をはじめ、修正し、実験し、何度も改善を繰り返しながら、前に進んでいきました。

ＡＷＳの中では、そのパターンが何度も繰り返されました。たとえば、いまでは多数のお客様が利用しているダイナモＤＢという大規模アプリケーションに最短の応答時間で対応できるキーバリュー型データベースを開発したときもそうでした。

お客様の声を注意深く聞いてみると、これまで数十年にわたって既存のデータベースサービスはいずれも使い勝手が悪く、割高で、独自仕様で、利用条件も厳しく、そのため開発者の手足が縛られていることに不満があるとわかりました。

私たちは数年がかりで独自のデータベースエンジンを開発しました。それが、MySQLとPostgreSQL互換で従来のデータベースと同等か、さらに優れた可用性と耐久性を兼ね備えながらもコストは10分の1という、アマゾン・オーロラです。オーロラの成功は必然でした。

また同時に、特定のワークロードに特化した専用のデータベースが求められていることにも気づいていました。この20年から30年のあいだ、ほとんどの企業はリレーショナルデータベースを使ってデータを管理してきました。開発者の多くはリレーショナルデータベースを使い慣れていたため、最適でない場合でもとりあえずこの技術を使ってきたわけです。たとえ理想とは言えなくても、データセットの規模がそれほど大きくなく応答速度を気にしなければ、これまでは何とかなってきました。

ですがここに来て、テラバイトやペタバイト規模の、大量のデータを保管するアプリケーションがますます増えてきました。しかもアプリケーションに求められることも変わってきました。

いまどきのアプリケーションは応答スピードが速く、リアルタイム処理が可能で、1秒間に数千万件を超えるリクエストを処理できなくてはなりません。キーバリュー型データベースのダイナモＤＢだけでなく、インメモリー型のアマゾン・エラスティキャッシュ、時系列データベースのアマゾン・タイムストリーム、台帳データベースのアマゾンＱＬＤＢなど、それぞれの仕事に合った最適のツールをお使いいただければ、コストが節約され、プロダクトを早く市場に出すことができます。

また、開発者が機械学習に精通するためのツールも開発しています。機械学習については長年取り組んできましたが、他の先端技術のときにもあったように、初期の社内の機械学習ツールを外部のお客様向けに市場化した最初の試みは失敗でした。

それから何年もさすらい、実験と反復と改善を繰り返し、お客様からの知見を取り入れて、やっとセージメーカーというプロダクトを開発し、18か月前にサービスを開始できました。セージメーカーは機械学習プロセスのすべての段階における面倒で複雑な作業や当てずっぽうを取り除き、ＡＩを民主化してくれるツールです。

いまでは多くのエンジニアがセージメーカー上で機械学習のモデルを開発しています。これからも新しい強化学習機能を加え、このサービスの性能を上げ続けていくつもりです。強化学習は動的な環境での学習スピードの速さが特徴で、これまでは資金力と技術力のある組織にしか手の届かない技術でした。

好奇心の強さとお客様のために新しいことに挑戦する積極性がなければ、このサービスを立ち上げることはできなかったでしょう。そして私たちがお客様にこだわって、さすらい、耳を傾けてきたことに、お客様も応えてくださいました。ＡＷＳの年間売上は３００億ドルに達し、いまも急成長を続けています。

不可能を想像する

グローバルな小売産業の中では、アマゾンはいまだに小物です。市場シェアは小売業全体の一桁台前半のパーセンテージにすぎませんし、私たちが進出している国ではいずれもはるかに大規模な小売企業が多数存在しています。小売の9割近くはいまもオフラインの実店舗で行われているからです。

私たちも長年、どのように実店舗でお客様にサービスを提供していったらいいのかを考えてきましたが、まずは実店舗の環境でお客様を心から喜ばせる何かを開発する必要があると感じていました。そこで、アマゾン・ゴーでは明確なビジョンがありました。実店舗のいちばん嫌な点、つまりレジ待ちをなくそうと考えたのです。レジ待ちほど嫌なことはありません。ただふらっと立ち寄って、ほしいものを手に取って、そのまま出ていける店が理想だと思いました。

ですが、その実現は困難をきわめました。技術的に難しかったのです。世界中の数百人の賢く、仕事熱心なコンピュータサイエンティストとエンジニアの力が必要でした。独自技術を使ったカメラと商品棚を設計、開発し、数百個ものカメラの画像をつなぎ合わせるための新しいコンピュータビジョンのアルゴリズムを開発しました。さらにはそのテクノロジーを誰にも見えないように背景に溶け込ませて機能させることが必要でした。
その結果、ありがたいことに、お客様からはアマゾン・ゴーでの購買体験を「魔法」のようだと言っていただけています。現在、シカゴとサンフランシスコとシアトルに10店舗を構えており、今後、拡大していく予定です。

失敗にも拡大が必要

会社が成長するにつれ、すべてを拡大させていかなければなりません。失敗する実験の規模もまた、大きくなるのは必然です。失敗の規模が大きくならないとしたら、企業や社会を動かすほどの大きなものを生み出していないということです。

アマゾンは、いまの企業規模にふさわしい大規模な実験を行っていくつもりですし、時には数十億ドル規模の損失を被ることもあるでしょう。もちろん、最初から大失敗してもいいと思って実験をすることはありません。有望な賭けを行うための努力は惜しみません。ですが、有望な賭けでもすべてに勝てるわけではありません。この手の大きなリスクテイクは、私たちが大企業としてお客様と社会に提供できるサービスの一部です。

株主のみなさまにお伝えしたいのは、その中のひとつの賭けに大勝ちすれば、数多くの失敗のもとが取れて、十分にお釣りがくるということです。

ファイアフォンとエコーの開発をはじめたのは同時期でした。ファイアフォンは失敗でしたが、私たちは失敗から学び（開発者も確保して）、エコーとアレクサの開発を加速させることができました。

エコーとアレクサは、スタートレックに登場したコンピュータが発想の源です。また、これまで何年にもわたって私たちが開発し、探索を続けてきたふたつの領域からも発想を得ています。機械学習とクラウドです。

アマゾンの初期から、機械学習は商品推奨機能の核になる技術でしたし、ＡＷＳを通してクラウドの絶大な力を間近で見てきました。長年の開発努力の末にエコーがお目見えしたのは２０１４年。そのエコーの頭脳になっているのが、ＡＷＳクラウドの中に生きている人工知能のアレクサです。

エコーがほしいとお客様に頼まれたわけではありません。これは私たちの直感や試行錯誤から生まれたものです。市場調査は役に立ちません。仮に、２０１３年にお客様のところに行って、「台所に置いて、話しかけたり質問できたり照明をつけてくれたり音楽をかけてくれたりする、常時接続の黒い円柱形の家電がほしいですか？」と聞いたら、変な目で見られて、「結構です」と言われていたのは間違いありません。

初代のエコーを発売して以来、１億台を超えるアレクサ搭載デバイスが売れています。昨年、アレクサの言語理解と発語能力は20パーセント以上向上し、数十億件のファクトが新たに追加され、知識量がこれまでになく増えました。アレクサのスキルも倍増して8万を超えるまでになり、お客様は昨年に比べて数百億回以上、アレクサに話しかけました。

アレクサ搭載デバイスの数もこの一年で倍以上増えました。ヘッドフォンからパソコン、自動車からスマート家電まで、１５０種類を超えるプロダクトにアレクサは組み込まれています。その数は今後ますます増えていくでしょう。

締めの言葉の前に、もうひとつ言っておきたいことがあります。20年以上前に最初の株主への手紙に書いたように、みずからを会社の所有者と考えて仕事に取り組める多才で優秀な社員を採用し、引き留めることに、いまも力を注いでいます。

そのためには、社員に投資することも必要ですし、その他の多くのことと同じように、分析だけではなく直感と心の声に従って、前に進んでいくことも必要です。

昨年、アメリカにいるすべてのフルタイム、パートタイム、アルバイト、臨時従業員に対して最低賃金を時給15ドルに上げました。この賃上げによって25万人のアマゾン社員と、昨年のホリデーシーズンにアマゾンで仕事をしてくれた10万人のアルバイトの報酬が増えることになりました。

従業員への投資は事業にもメリットになると固く信じています。もっとも、賃上げを決めたのは会社へのメリットが理由ではありません。これまでも、アマゾンは同業他社より高い給料を支払ってきました。ですが、ライバルとの競争を超えて、社会や業界を牽引すべきときがきたと考えました。賃上げが正しいことだと考えたから、実行に踏み切ったのです。

小売業界のトップ企業のみなさまに（誰だかわかりますよね！）、私たちと同じだけの福利厚生と15ドルの時給を支払うよう、ここに挑戦します。ぜひやってください。何なら16ドルに引き上げて、ざまあみろと私たちを見返していただければ本望です。この手の競争はすべての人の役に立つものですから。

その他の社員のための取り組みの多くも、頭ではなく心から出てきたものです。以前にも触れたキャリアチョイスは、たとえアマゾンの仕事と関係なくても、人気のある専門領域のキャリアにつながるような資格や学位を取るための学費の95パーセントをアマゾンが支払うプログラムです。現在１万６０００人を超える社員がキャリアチョイスを活用し、成長を続けています。

また、キャリアスキルというプログラムを通して、時給で働く従業員に、履歴書作成、効果的なコミュニケーション、コンピュータの基本といった、仕事に必須のスキルを教えています。昨年10月には、こうした取り組みの延長として、大統領主導の「アメリカ労働者への誓い」に署名し、私たちの革新的な研修制度を通して5万人の労働者のスキルアップを助けると発表しました。

私たちが投資するのは、現在の従業員だけではありません。明日の労働力を育てるために５０００万ドルを投入すると誓っています。たとえば、最近発表したアマゾン・フューチャー・エンジニア・プログラムでは、全米の小学生から大学生までを対象にＳＴＥＭとコンピュータサイエンス教育を支援し、とくに女性やマイノリティをこの分野に惹きつけることに力を入れています。

また、引き続き退役軍人のみなさんを積極的に採用し、その驚くべき才能を活用していくつもりです。2021年までに2万5000人の退役軍人と配偶者を採用するという目標に向けて、順調に進んでいるところです。そして、退役軍人技術者研修プログラムを通して、クラウドコンピューティング分野の現場研修も行っています。

さらによりよいサービスを提供できるようにいつも私たちの背中を押してくださるお客様に、引き続き支えてくださる株主のみなさまに、そして努力とパイオニア精神を欠かさない世界中のアマゾン社員に、心からの感謝を捧げます。アマゾンではすべてのチームがお客様の声に耳を傾け、お客様のためにさすらい続けます！

アマゾンではずっと、毎日がはじまりの日です。

永遠に拡大を続ける

2019年

コロナ危機から学んだことがひとつあります。それは、お客様にとってアマゾンがどれほど大切な存在になっているかということです。私たちがこの責任を真剣に受け止めていること、そして私たちがこの困難な時代にお客様を助けるため、誇りを持って仕事をしていることをみなさんにわかっていただきたいと思います。

アマゾニアンは24時間無休体制で、物資が必要な人々のご自宅に直接品物をお届けしています。生活必需品の注文はこれまでも高い水準でしたが、いまもそれが続いています。

ですが、ホリデーシーズンの需要のようにあらかじめ予想できるものと違い、今回はほとんど前触れなく注文が急増したことで、サプライヤーと配送網は逼迫《ひっぱく》しました。私たちは大急ぎで生活必需品、医療品とその他の必要物資の在庫確保に走りました。

ホールフーズ店舗はそのまま営業を続け、生鮮食品とその他の必需品を販売しています。感染リスクの高い人たちを手助けしようと、毎日開店から1時間は高齢者専用にしました。生活必需品を売ってはいないアマゾン・ブックス、アマゾン・4スター、ポップアップストアなどの実店舗は一時的に閉店し、スタッフには社内の別の部署で引き続き働ける機会を提供しました。

生活必需サービスを提供しつつ、同時に世界中の社員と契約社員の安全に力を注ぐことは何より重要です。ヒーローのような彼らの働きに心から感謝すると共に、その健康と安全を守ることも第一に考えています。

チームの健康を守るため、医療専門家や医療機関と密に連携しながら、アマゾンの業務網とホールフーズ店舗運営プロセスに１５０以上の変更を加え、毎日そのプロセスを見直しています。社員とサポートスタッフを守るために世界中の施設や現場でマスク配布と検温を行っています。ドアの取っ手、階段の手すり、ロッカー、エレベーターのボタン、タッチスクリーンを定期的に消毒し、お手拭きと消毒剤をすべての場所に備えています。

また、密を避ける方針も徹底しています。シフト中の対面ミーティングを廃止して掲示板で情報を共有し、休み時間をずらし、休憩室の椅子の間隔を空けました。この密を避けた環境では新人研修も難しくなりますが、引き続き新入社員全員が6時間の安全講習を受けられるようにしています。ただし研修のやり方を変えて、ひとつの場所に社員が集まらないようにすると共に、採用過程でも密を避けるようにしています。

次の段階として、症状のない人も含めてすべての社員に定期的に検査を受けてもらうことも考えています。

すべての産業でグローバルな規模で定期検査を行えば、人々の安全を確保でき、経済を回復させ、ふたたび軌道に乗せられるはずです。ですが、これを実行するには、社会全体でいまよりもはるかに大規模な検査能力が必要になるでしょう。もし誰もが定期的に検査を受けられれば、ウイルスとの戦いに大きな違いが出るはずです。陽性者は隔離して治療を受け、陰性だった人は安心して経済活動に戻れます。

そこで、私たちなりに、段階的な検査能力の拡大に努めはじめました。アマゾン社内の研究者、プログラムマネジャー、調達スペシャリスト、ソフトウェアエンジニアらがチームを組み、日常業務から離れて、このプロジェクトだけに力を注いでいます。検査室をつくるための機器も集めはじめており、前線に立つ少数の社員には速やかに検査を開始したいと思っています。限られた時間でどこまでのことができるかはわかりませんが、挑戦する価値はありますし、ここで学んだことを共有する準備もできています。

長期的な解決策を探りつつ、同時に、目の前の社員の支援にも力を入れています。アメリカでは4月末までに最低賃金を時給2ドル引き上げ、カナダでも2ドル、イギリスでは2ポンド、ヨーロッパの多くの国では2ユーロ引き上げました。残業代はこれまでは基本賃金の1・5倍でしたが、2倍（最低でも時給34ドル）に増やしました。

賃上げによるコスト増は4月末までだけで総額5億ドルにのぼり、その金額は増えていくでしょう。費用がかかることは承知のうえで、いまの状況では正しい判断だと信じています。また、独立系の配送業者やドライバー、アマゾン・フレックスのスタッフ、経済的に困窮している臨時社員を助けるために、まずは２５００万ドルでアマゾン救済基金を設立しました。

３月には物流と配送網全体で新規に10万人の採用を開始しました。今週のはじめにすべての採用が決まり、お客様の需要に対応するため、さらに７万５０００人を採用することを発表しました。新規採用によって、助けが必要なお客様に必需品を届けていくつもりです。

世界中で多くの人々が仕事を失ったり一時的に解雇されたりして、経済的に苦しんでいます。状況が平常に戻るまで、または以前の雇用者が雇い直してくれたり、新しい仕事ができるまで、そうした人たちを喜んでアマゾンに迎え入れたいと思います。

ニューアーク空港での整備工としての仕事を失い、アマゾンで業務アナリストをしていた友人から人材募集の知らせを聞いたジョー・ダフィーも、その一人です。ダラスで幼稚園教諭をしていたダービー・グリフィンも、３月９日に幼稚園が閉鎖されたあとにアマゾンに入社して、いまでは在庫管理を手伝ってくれています。ダービーが幼稚園に戻るまで、ここで働いてくれることを嬉しく思っています。

アマゾンは、この危機につけこんで儲けをたくらむ悪徳業者からお客様を守るため、厳しく目を光らせています。コロナ禍を悪用して便乗値上げを行った50万を超える出品をサイトから排除し、公正価格に違反した６０００を超える出品者アカウントを一時的に差し止めました。

コロナ関連の便乗値上げを行ったと思われる出品者の情報を42州の司法省に通報しました。便乗値上げ対策を加速させるために、各州の司法省との情報連携ルートを開き、消費者のクレームを、迅速かつ簡単に共有してもらうことにしました。

アマゾン・ウェブ・サービスもまた、この危機で重要な役割を果たしています。現在の状況下で、さまざまな組織が、信頼度が高く、大規模で安全なコンピュータ処理能力を求めています。人命のかかった医療現場もそうですし、学生の教育を継続したい教育機関も、またこれまでにないほど膨大な数の社員を在宅でオンライン勤務させる企業もそうです。

数多くの病院網、製薬会社、研究所がＡＷＳを利用して患者を治療し、治療法を研究し、さまざまな方法でコロナウイルスの影響を抑えようとしています。世界中の教育機関が対面からオンライン授業に切り替え、ＡＷＳ上で学習を継続しようと努力しています。そして政府はＡＷＳという安全なプラットフォームを利用して、コロナの流行を終わらせるための新しい手法を開発しているところです。

私たちは世界保健機関（ＷＨＯ）と協力し、最先端のクラウド技術と専門知識を提供し、ウイルスの経路を追跡し、この感染症の流行を理解し、蔓延を食い止めようと努力しています。ＷＨＯはアマゾンのクラウドを利用して大規模データレイクをつくり、国別感染データを集計し、医療研修ビデオを多言語に翻訳し、世界中の医療従事者が患者を治療できるように助けています。

ＷＨＯとは別に、ＡＷＳが集計した感染拡大の状況とその特徴及び派生的な疾病に関する最新情報のリポジトリを、データレイクとして一般に公開し、専門家が最新データを手に入れて分析し、コロナとの戦いに役立ててもらえるようにしています。

また、開発者や研究者がより正確な診断ツールを市場化できるよう、ＡＷＳダイアグノスティック・ディベロップメント・イニシアチブという取り組みを開始しました。

診断精度が上がれば、治療と封じ込めを加速できます。アマゾンはこの取り組みに２０００万ドルを投じ、開発者がクラウドを使ってこの挑戦に立ち向かうことを助けています。この取り組みはコロナへの対応としてはじまったものですが、将来を見据え、今後も診断研究プロジェクトに資金を提供し、今後の感染症の流行への解決策を探っていくつもりです。

世界中のお客様がクラウドを利用してサービスを拡大し、コロナに立ち向かっています。ニューヨークではお年寄りや助けが必要な人たちが医療その他の重要情報を正確で迅速に受け取れるように、地元の人たちがラピッドレスポンス連合というグループを結成し、専門家との橋渡しを務めています。

ロサンゼルス統一学区で70万人の生徒たちをオンライン学習に移行したいという要請を受けて、ＡＷＳはコールセンターを設立してＩＴ関連の質問に対応し、リモート支援を提供し、スタッフの電話対応を助けました。

アメリカ疾病予防管理センター（ＣＤＣ）にもクラウドサービスを提供し、数千人にのぼる公衆衛生の医師や臨床検査技師のデータ収集を助け、対応状況を共有しました。

イギリスでは、病床利用率、救命救急室のキャパシティ、診療待ち時間などを分析するためのクラウドコンピューティングのインフラを提供し、国民保険サービス（ＮＨＳ）によるリソース配分の最適化を助けています。

カナダでは、最大級のバーチャル医療網のＯＴＮがＡＷＳを利用したビデオサービスを拡張して、４０００パーセントの需要増に対応することで、パンデミック下の市民を助けています。

ブラジルではサンパウロ州政府にクラウドコンピューティングのインフラを提供し、州内の公立学校で学ぶ１００万人の生徒にオンライン授業を届けています。

アレクサの医療チームは、ＣＤＣの指導に従って、アメリカのご家庭でコロナのリスクレベルを調べられるようなサービスを立ち上げました。

アレクサに、「コロナに感染してると思ったら、どうすればいい？」とか、「コロナウイルスをもらったかもしれないけど、どうしたらいい？」と聞くと、アレクサが症状や感染経路について一連の質問をしてくれます。その答えに基づいて、アレクサがＣＤＣの指導方針を教えてくれるというわけです。日本でも、厚生労働省の指導に基づいて同じようなサービスを立ち上げました。

コロナ禍の前線で働く慈善団体に直接寄付できるような仕組みもつくっています。たとえば、フィーディング・アメリカ、アメリカ赤十字、セーブ・ザ・チルドレンといった団体に、アマゾンやアレクサを通して寄付することが可能です。「アレクサ、フィーディング・アメリカのコロナ救済基金に寄付して」と言うだけでいいのです。

シアトルでは、ケータリング業者と提携して２７００人のお年寄りと体の弱い住民に７万３

０００回分の食事を配り、公立学校の生徒がオンライン授業を受けられるように８２００台のラップトップコンピュータを寄付しました。

コロナ危機を越えて

いまはとくに困難な時期ですが、こんなときこそ、私たちのような会社が人々の生活に大きな違いをもたらすことができると考えさせられます。お客様は私たちを頼りにしていますし、私たちもお力添えができることを幸運に思います。素早くイノベーションを起こせる規模と能力を持つアマゾンだからこそ、社会にいいインパクトを与えることができ、進歩を起こす力になれます。

国連気候変動枠組条約の事務局長を務め、グローバル・オプティミズムを創立したクリスティアナ・フィゲレスと共に、昨年、私たちは気候変動対策に関する誓約を共同で立ち上げ、最初に調印しました。この誓約のもと、アマゾンはパリ協定の目標を10年前倒しで達成し、２０４０年までに炭素排出実質《ネット》ゼロを目指して全力を尽くします。

これはアマゾンにとってきわめて難しい目標です。アマゾンはたんに情報を扱っているだけではありません。巨大な物理的施設を持ち、年間１００億もの品物を世界中で配達しています。もしアマゾンが10年前倒しでネットゼロを達成できたなら、他のどんな会社にもできるはずです。すべての企業と協力してこの目標を実現したいと考えています。

この目標の達成に向け、気候変動対策に関する誓約に他社にも参加していただいています。参加企業は温室効果ガスの排出量を定期的に計測して報告し、パリ協定に沿った炭素除去方針を実行し、２０４０年までに二酸化炭素排出量ネットゼロ化を達成することに合意することになっています（参加企業名はまもなく発表いたします）。

この誓約を果たすため、ミシガン州に本社のある電気自動車メーカーのリビアンから10万台の電気配送車を購入することを決めました。２０２２年までに1万台を、２０３０年までに全車両を稼働させる計画です。

もちろん、これは環境対策でもありますが、もっと大きな意味もあります。この手の投資を市場は敏感に受け止め、グローバルな大企業が低炭素経済への移行に必要とする新しい技術の発明と開発がはじまるからです。

また、２０２４年までに再生可能エネルギー比率を80パーセントにし、２０３０年までに１００パーセントを達成するつもりです（じつは社内では２０２５年までに１００パーセントを目指して頑張っています。これはチャレンジングではありますが、実現可能な計画を立てています）。アマゾンは世界中で86件の太陽光と風力発電プロジェクトに投資しており、２３００メガワットの供給能力を持ち、年間合計出力はアメリカの58万家庭以上の消費電力に相当する６３０万メガワットアワーにのぼります。

包装ゴミの削減においても、大きな進歩を遂げてきました。フラストレーション・フリー・パッケージの取り組みをはじめたのは10年以上前になります。これは、１００パーセント再利用可能で、外箱なしでそのまま発送できて、消費者が開けやすいパッケージを製造メーカーに促す取り組みです。２００８年以来、この取り組みのおかげで81万トンの包装材が削減され、14億個の外箱が節約できました。

私たちはこのような莫大な投資を行ってカーボンフットプリント〔原材料の調達から生産、廃棄に至るまでに排出される温室効果ガスの総量〕をゼロにしようとしていますが、オンラインショッピング自体がそもそも実店舗に行くよりも炭素効率がいいことも事実です。

アマゾンのサステナビリティ研究者たちは3年以上をかけて自社のカーボンフットプリントを測るためのモデルやツールやメトリクスを開発してきました。彼らの詳細な分析によると、オンラインショッピングは自家用車で買い物に行くよりかならず炭素排出量が少なくなるそうです。というのも、小型トラックによる一度の配達で、およそ１００回の買い物の往復運転をなくせるからです。

ホールフーズに食料品をオンラインで注文する場合と、最寄りのホールフーズに車で行く場合の炭素排出量の比較モデルを社内で開発しました。その分析から、買い物の量にかかわらず、オンラインで食料品を配達するほうが、店で買い物をするより商品一点当たりの炭素排出量が43パーセント低いことがわかったのです。店での買い物が少量の場合はとくに、炭素削減量が多いこともわかりました。

ＡＷＳ自体、伝統的な自社保有のデータセンターより効率的です。その理由は主にふたつあります。ひとつは稼働率が高いことで、もうひとつはアマゾンのサーバーと施設はほとんどの会社が運営する社内のデータセンターより効率がいいことです。

典型的な社内データセンターのサーバー稼働率は18パーセントほどです。利用が急増した場合に備えて予備の処理能力が必要だからです。それに対してＡＷＳは複数のテナントの利用パターンを組み合わせ、高いサーバー稼働率で運用できます。

そのうえ、たとえば特定のデータセンターでは普通のエアコンではなく、より効率のいいミスト散布で冷却することで、施設と設備のエネルギー効率を上げることに成功しています。ＡＷＳの施設は平均的なアメリカ企業の３・６倍もエネルギー効率がいいことが、４５１件の研究からも明らかになっています。

再生可能エネルギーの利用に加えて、このような要因から、ＡＷＳは普通のデータセンターに比べて同じタスクに対して88パーセントもカーボンフットプリントが低いのです。そして残りの12パーセントも改善できると思っています。再生可能エネルギーのプロジェクトにさらに投資することで、ＡＷＳの炭素排出量をゼロにするつもりです。

永遠に拡大を続けるために

この10年で、アマゾンよりも多くの雇用を生み出した企業はありません。直接の従業員数は世界中で84万人にのぼり、そのうちアメリカで59万人、ヨーロッパで11万５０００人、アジアで９万５０００人が働いています。間接的に支えている人を入れると、アメリカで２００万人にのぼり、そのうち68万人超の雇用は建設や物流や専門サービスへの投資によって生み出され、83万人はアマゾンで商品を売る中小企業によって生み出されています。グローバルでは４００万人に近い雇用を支えていることになります。

こうした仕事の多くは未経験者向きの仕事で、労働に参加するはじめてのチャンスを人々に与えていることを、私たちはとくに誇りに思っています。

しかもアマゾンの仕事には、業界で最も高い時給15ドルと包括的な福利厚生もついてきます。アマゾンの最低時給社員よりも時給の低いアメリカ人は４０００万人以上も存在し、その多くは政府が決めた最低賃金の7ドル25セントしかもらっていません。

２０１８年に最低賃金を時給15ドルに引き上げたとき、物流センターで働いている数十万人の社員に、即座に大きなインパクトがありました。他の大企業にも最低賃金を引き上げてほしいですし、これからも法定最低賃金を15ドルに引き上げるよう運動を続けます。

私たちは、賃金以外の面でも労働者の生活を向上させたいと思っています。すべてのフルタイム社員には、健康保険、４０１Ｋプラン、20週の有給産休、その他の福利厚生が与えられています。これは、経営陣もみんな同じ条件です。

そして経済が激変する中で、労働者が継続的にスキルを進化させ、テクノロジーに追いつく必要があることはこれまでになく明らかです。そのため7億ドルを使って、医療やクラウドコンピューティングや機械学習といった人気分野の教育が職場で受けられるプログラムを、10万人を超えるアマゾニアンたちに提供しています。

人材需要の高い職業につきたい物流センタースタッフ向けに授業料を前払いするキャリアチョイスというプログラムは、２０１２年から続けています。需要の高い職業に就ける機会につながるような資格や学位の取得に向けた授業料や学費の95パーセントをアマゾンが支払います。このプログラムを開始して以来、2万５０００人を超えるアマゾニアンがそうした分野の研修を受けています。

テクノロジー主導の経済で成功するために必要なスキルを、未来の世代が身につけられるように、アマゾン・フューチャー・エンジニアというプログラムを昨年立ち上げました。

これは、低所得で恵まれない若者たちがコンピュータサイエンスのキャリアを追求できるように教育し、訓練する取り組みです。目標は大きく、毎年数十万人の学生のコンピュータサイエンスとプログラミングの学習を助けることです。

アマゾン・フューチャー・エンジニアは、アメリカ各地の低所得地域にある２０００を超える学校で、コンピュータサイエンスの入門クラスと上級クラスを運営するための資金を提供しています。またこのプログラムでは毎年、コンピュータサイエンスを学ぶ低所得家庭の学生１００人に4年間で4万ドルの奨学金を提供しています。

この奨学生は大学の1年目以降にアマゾンで有給のインターンができることも保証されています。イギリスでは、１２０人のエンジニアの卵に奨学金を提供し、低所得家庭出身の学生がテクノロジーの仕事に就けるように助けています。

いまのところ、私自身の時間と頭は引き続きコロナに向けられていて、この状況のまっただ中でアマゾンはどんな助けになれるかを考えています。この大変な時代にアマゾニアンたちがやり抜く力と英知を見せてくれていることを本当に嬉しく思います。ここで学んだ知見と教訓を、いま目の前にある危機を越えて、今後生かしていけることは間違いありません。

児童文学作家のドクター・スースはこう言いました。「悪いことが起きたとき、選べる道は3つある。悪いことに支配されるか、破壊されるか、または強くなるかだ」

世界がどの道を選ぶかについて、私は楽観しています。

このような状況でも、アマゾンは毎日がはじまりの日です。

PART

2

人生と仕事

Life & Work

人生の贈り物

生まれながらに持っているものは人によって違う。私がもらった素晴らしい贈り物のひとつは両親だ。

ひどい親のもとに生まれながら、負の連鎖を断ち切り、劣悪な環境から抜け出して成功する人もいる。そんな人たちを、私は心から尊敬している。誰しもそんな人がまわりにいるし、私の知人にもいる。

だが、私は違った。親に愛されて育った。両親は無条件に私を愛してくれた。とはいえ、両親にとって子育ては大変だったはずだ。母はあまり話したがらないけれど、私を産んだのは17歳のときだった。ニューメキシコ州のアルバカーキで高校に通っていた。母に聞いてもいいけれど、1964年に田舎の高校生が妊娠してしまったら、決して喜べるような状況ではなかったはずだ。

そんなわけで、私の人生に大きな影響を与えてくれた祖父が、母のために立ち上がった。母が通っていた高校から追い出されそうになったからだ。当時は高校生が妊娠するなどもってのほかだとされていたが、祖父は「退学にはできないはずだ。公立高校なんだから」と掛け合った。しばらくやり合ったあと、校長先生がこう折れてくれた。「わかった、卒業まで高校に残ってもいいが、課外活動は禁止するし、ロッカーも持たせない」。祖父はとても聡明な人物で、校長に「わかった。それでいい」と伝え、母は高校を卒業できた。

母は私を産み、その後、父と結婚した。私の本当の父と。本当の父は生物学上の父ではない。父の名はマイク。キューバからの移民だ。父はピーターパン作戦※でアメリカに連れてこられた子どもたちの一人で、デラウェア州ウィルミントンのカトリック教会に収容され、その後奨学金をもらってアルバカーキの大学に入学し、地元で母に出会った。ある意味、おとぎ話のようなものだ。

両親がまだ若かったせいもあって、祖父は自分が持っていた広大な農場に毎夏私を連れていってくれた。私は4歳から16歳まで、夏になるといつも祖父と一緒に農場で働いた。

祖父はとても器用な人だった。獣医がやるような動物の手当てもすべて自分でやっていた。手術針も手作りしていたほどだ。針金をバーナーで熱して叩き、小さな穴を開け、研ぎ、家畜の傷口を縫っていた。それで生き延びた家畜もいた。祖父は並外れた人物で、私たち家族全員の拠り所だった。私にとっては、もうひとりの親も同然だった。

※［訳注］1960年から1962年にかけて、共産主義から子どもたちを救うという名目で、キューバから1万4000人以上の子どもたちをアメリカに避難させたプログラム。

人生を変えたプリンストン大学での出来事

私はアルバカーキで生まれ、３歳か４歳のときにテキサスに引っ越し、その後フロリダ州マイアミの高校に通った。マイアミ・パルメット高校というその大規模公立校を卒業したのは１９８２年のことだ（頑張れ、パンサーズ！）。同級生の数は７５０人。高校は大好きだった。毎日楽しかった。笑い声が大きすぎて、図書館に出入り禁止になったりもした。

生まれてこの方、ずっとこの笑い方だ。弟と妹は私の笑い声が恥ずかしすぎると言って、何年間も私と一緒に映画を見にいくのを嫌がっていた。どうしてこんな笑い方になったのかわからない。生まれつき笑い上戸なのだ。母や私をよく知る人はみんな、「ジェフは悲しそうにしていても、５分もすればすぐ機嫌が直る」と言う。生まれつきセロトニンの分泌が多いとか、そういうことなのかもしれない。

私は理論物理学者になりたかったので、プリンストン大学に行った。成績はとてもよく、ほとんどの課目でＡ＋をもらった。物理学の優等コースに入ったが、学期のはじめに１００人いた学生が、量子力学に入るころには30人くらいになっていた。そんなわけで、3年生のころに量子力学を専攻しはじめ、同時にコンピュータサイエンスと電気工学の授業も取り、そちらも楽しんでいた。ただ、偏微分方程式のある難問がどうしても解けずに困っていた。

ルームメイトのジョーも数学が得意で、ずっと一緒に勉強していた。二人でその難しい課題に3時間も取り組んだのに、まったく糸口が摑めない。机から顔を上げ、お互いに目を見合わせて、同時に「ヨサンタ」とつぶやいた。

ヨサンタはプリンストンでいちばん頭のいい学生だった。二人でヨサンタの部屋に行った。ヨサンタはスリランカ人だ。スリランカでは国に貢献をするたびに名前に音節が加えられるのか、フェイスブック——といっても、当時は紙の本だった——に載った彼の名は延々と3行にもわたっていた。彼はものすごく長い姓を持つ、誰よりも謙虚で立派な男だった。

ヨサンタにその難問を見せると、しばらくじっと見つめてから「コサイン」と言った。わけがわからず「どういうこと？」と聞くと、「それが答えだ」と言う。

「え、それだけ？」と聞くと、「ああ、説明するよ」とヨサンタは言って、私たちを座らせた。それから3ページにわたって詳細に代数を書き連ねた。すべてが相殺され、残った答えはコサインだった。

「全部頭の中でやったの⁉」と聞くと、「まさか、それは無理だよ。3年前に似たような問題を解いたから、そのときの解き方を重ねてみたら、すぐにコサインだってわかったんだ」

私にとって、それは人生が変わった瞬間だった。そのとき、自分は偉大な理論物理学者にはなれないと気づき、それから自分探しがはじまったからだ。

たいていの職業なら上位1割以内に入っていれば、何らかの役に立てる。でも、理論物理学では、世界でトップの50人に入っていなければ、何の貢献もできない。それははっきりしていた。この世界で先がないと思った私はすぐに専攻を変え、電気工学とコンピュータサイエンスを勉強することにした。

あなたの選択が あなたという人間をつくる

――プリンストン大学の卒業生に向けて

子どものころは毎年夏になると、テキサスにある祖父母の農場で過ごしました。風車を修理したり、家畜に予防注射をしたり、そのほかの雑用を手伝ったりしていました。午後は毎日昼メロを見ていました。とくに、「デイズ・オブ・アワ・ライブズ」は欠かさずに見たものです。祖父母はキャラバンクラブという、エアストリーム社のキャンピングトレーラーを持っている人たちのグループに入っていて、メンバーと一緒にアメリカやカナダを旅行していました。その旅に、私たちもたまに連れていってもらうことがありました。トレーラーを祖父の車につないで、３００台ものほかのトレーラーと列をなして旅に出かけるのです。

私は祖父母が大好きで、いつもこの旅をとても楽しみにしていました。ちょうど10歳ごろだったでしょうか、旅に連れ出してもらった私は広々とした後部座席で転げまわっていました。運転していたのは祖父です。祖母は助手席に座っていました。祖母は旅のあいだずっとタバコを吸っていて、私はそのにおいが嫌でした。

そのころの私は何かにつけてちょっとした計算をしては推測ごっこをして勝手に喜んでいました。ガソリンの燃費を計算したり、日用品の買い出しについてどうでもいい統計を考えてみたり。

そのときは、少し前に聞いた喫煙に反対する広告キャンペーンが頭に残っていました。細かいことは覚えていないのですが、タバコを吸うたびに寿命が縮むというような広告でした。たしかひと吸いで2分だったと思います。そこで祖母のために計算してみることにしました。１日に吸うタバコの本数と、タバコ１本につき何回吸うかなど、およその数を計算しました。それらしい数になったので、前の座席に顔を突き出して祖母の肩を叩き、鼻高々にこう言いました。

「ひと吸いで2分なら、もう寿命が9年縮んだね！」

それからのことは、鮮明に脳裏に焼きついています。私にとっては思いがけない出来事でした。頭がいいね、よく計算できたねとほめてもらえると思っていたのです。「ジェフ、なんて賢い子なんだろう。ややこしい推測をして、１年が何分かを計算して、そこから割り算したんだね」なんて。

でも違っていました。祖母がわっと泣き出したのです。私はどうしていいかわからず、ただ後部座席に座っていました。祖母が泣いている横で、祖父は黙って運転していましたが、高速道路の脇に車を止めました。祖父は車から出て後ろにまわり、後部座席のドアを開け、私が出てくるのを待っていました。叱られるのだろうか？

　祖父は非常に知的で寡黙な人でした。厳しく叱られたことなどありません。でも今日、はじめて叱られるのかもしれない。車に戻って祖母に謝りなさいと言われるのかもしれない。

　これまで祖父母とのあいだでこんな経験ははじめてで、どうなるのかまったく見当もつきませんでした。私と祖父はトレーラーの脇に立ち、向き合いました。祖父は私を見て、少し黙ったあと、優しく静かにこう言ったのです。

「ジェフ、賢いよりも優しいほうが難しいんだ。いつかおまえにもわかるときがくる」

　今日みなさんにお話ししたいのは、才能と選択は違うということです。頭のよさは持って生まれた才能です。優しさは選択です。才能は簡単です。生まれついてのものですから。選択は難しい。うっかりしていると才能に溺れてしまいます。そうなると、おそらく選択を誤ってしまうでしょう。

　ここにいるみなさんはたくさんの才能に恵まれています。頭の回転が速く賢いことも、みなさんの持って生まれた才能のひとつでしょう。難関を突破してこの大学に入ってきたわけですから。もし頭のよさが何らかのかたちで示されていなければ、入学が許可されるはずはありません。

　いまこれから、みなさんが驚くべき世界を旅するにあたって、その頭のよさが役に立つことは間違いありません。私たち人類は、ときにはつまずきながらも、それでも驚くべきことを達成するでしょう。環境に優しいエネルギーを大量に生み出す方法を見つけるはずです。細胞壁に侵入して病気を治せる原子レベルの微細な機械をいつかつくりあげるでしょう。ついこのあいだ、生命を合成できたという報道もありました。とてつもない大ニュースですが、一方で必然でもあります。今後数年のうちに、生命を合成するばかりか、仕様まで設計できるようになるでしょう。人間の脳も解明できるようになると思います。

ジュール・ヴェルヌ、マーク・トウェイン、ガリレオ、ニュートン。何でも知りたがったいにしえの天才たちはみな、いまの時代に生きていたかったはずです。私たちは文明全体として多くの遺産に恵まれていますし、私の前に座っているみなさんは、個人として多くの才能に恵まれてもいます。

そんな生まれながらの才能を、どう使ったらよいでしょう？　みなさんがこれから誇りに思うのは、才能でしょうか、それとも選択でしょうか？

アマゾンをはじめようと思いついたのは16年前でした。インターネットの利用が年率２３００パーセントで伸びているということをたまたま知ったのです。そんなに急拡大しているものなど見たことも聞いたこともなかったし、数百万タイトルを販売できるオンライン書店という、物理的な世界には絶対に存在し得ないものをつくると考えただけで、心が沸き立ちました。

私はちょうど30歳になったばかりで、一年前に結婚したところでした。妻のマッケンジーに、仕事を辞めて、おそらくうまくいかないであろうとんでもないことをやりたいと話しました。

ほとんどのスタートアップはうまくいかないことはわかっていましたし、失敗したあとどうすればいいかもよくわかっていませんでした。妻は（私と同じプリンストン大学の卒業生で、いま2列目に座っています）、やるべきだと言いました。

子どものころの私はガレージ発明家でした。セメントが詰まったタイヤを使って自動ゲート閉め機をつくったり、傘とアルミホイルでポンコツのソーラー調理器をつくったり、オーブン皿のアラームで弟や妹にいたずらしたこともあります。私が昔から発明家になりたかったのを妻は知っていて、情熱に従ったほうがいいと言ってくれたのです。

当時はニューヨークのヘッジファンドでとても賢い人たちに囲まれて働いていました。上司はとても頭がよく、私も上司を大変尊敬していました。その上司のところに行って、インターネットで本を売る会社をつくりたいと伝えました。すると上司は私を散歩に連れ出して、セントラルパークを延々と歩きながら、私の話を聞いて最後にこう言ったのです。

「すごくいいアイデアみたいだな。でも、すでにいい仕事に就いていない人向きだと思うよ」

それもそうかもしれないと思ったので、上司の勧めで、最後に決断する前に丸二日間、考えてみることにしました。上司の言い分を考えると、すごく難しい選択だったのですが、結局、挑戦しないわけにはいかないと思いました。挑戦して失敗しても後悔はしないはず。もし挑戦しなければ、いつまでも後悔につきまとわれる。さんざん考えた結果、情熱に従って安全でない道を歩むことにしたのです。あのときの選択を誇らしく思います。

明日から本当の意味で、みなさんの人生が、みなさんがゼロからご自身で築き上げる人生がはじまります。

その才能を、みなさんはどう使いますか？　どんな選択をするでしょう？

惰性で生きていきますか？　それとも情熱を追いかけますか？

みんなと同じになりますか？　それともほかの誰とも違う自分になりますか？

楽な道を選びますか？　それとも誰かのために挑戦し続けますか？

批判されたら引き下がりますか？　それとも信念を貫きますか？

間違ったらはったりで誤魔化しますか？　それとも謝りますか？

傷つくことを恐れて何もしませんか？　それとも惚れ込んだら行動に移しますか？

安定を取りますか？　それとも少し向こうみずに突き進みますか？

困難なときにあきらめますか？　それでもなおがむしゃらに挑戦し続けますか？

言い訳や批判だけで終わりますか？　それともみずから何かをつくりだしますか？

誰かを傷つけてでも自分の賢さを主張しますか？　それとも人に優しくなりますか？

ここで、思い切って予言めいたことを言わせてください。

みなさんが80歳になり、静かに過去を振り返り、自分にしかわからない人生の物語を自分に向けて語るとしましょう。そのとき、あなたの人生を最も適切かつ端的に表すのは、あなたが行ってきた選択の数々にほかなりません。私たちはつまるところ、自分の選択からできているのです。

みなさんが素晴らしい人生の物語を紡がれますよう。私の話を聞いてくれてありがとう。幸運を祈ります。

創意工夫で問題を乗り越える力

私と弟は大変恵まれた子ども時代を送った。祖父母と長い時間を過ごすことができたからだ。祖父母というのは、親とは違うことを教えてくれる存在だ。親子の関係と祖父母との関係はまったく違う。私は４歳から16歳まで毎年欠かさず、祖父の農場で夏を過ごした。

祖父は何でも自分でできる人だった。人里離れた田舎で暮らしていると、何かが壊れたからといってすぐに誰かに電話して来てもらうなんてことはしない。自分で修理する。子どもだった私は、祖父が自分で何でも解決するのを見てきた。

祖父がキャタピラー社のＤ６というブルドーザーの中古を５０００ドルで手に入れたことがあった。掘り出し物だった——本来はるかに高いものだが、ボロボロに壊れていたので安かっていた。超大型のギアをキャタピラーに注文し、それが届いた。でも大きすぎて、移動させることもできなかった。すると祖父はクレーンを自分で建ててギアを動かした。祖父は本当に自分で何でもやってしまう器用な人だった。

祖父はまた、慎重で保守的で物静かで内向的な人物で、後先考えずに何かをするということがなかった。ある日、外に出ようとして農場の正面の門を開けるために車を降りた。そのとき祖父はサイドブレーキを引き忘れてしまった。門のところまで来たとき、車がゆっくりと門のほうに下ってくるのに気づいた。祖父は、「これはいい。かんぬきを外して門を開ける時間はある。車がちょうどこのあいだを通れるな。よしよし」と思った。だがかんぬきを外したところで車が門にぶつかって、祖父の親指は門とフェンスの支柱のあいだに挟まれて皮膚がすべて剝がれてしまった。肉が垂れ下がり、細い薄皮一枚でつながっている状態だった。

祖父は自分に腹を立て、肉を引きちぎってその辺の草むらに投げ捨て、車に戻って16マイル先のディレーという町にある病院の救急室まで運転していった。

病院に到着すると、医師は「大丈夫です。ちぎれた部分をつなげばいいですから。で、どこにあります？」。すると祖父は、「ああ、捨ててしまったよ」と答えた。

そこで看護師やらみんなで一緒に農場に車で戻った。ちぎれた親指を何時間も探したが見つからない。動物か何かに食べられてしまったのだろう。そこでまたみんなで病院に戻ると、医師からこう告げられた。

「皮膚を移植しなくちゃなりませんね。親指をお腹に縫い付けて6週間そのままにしておくこともできます。それがいちばんいいでしょう。または、お尻の皮膚を取って縫い合わせる方法もありますが、そっちは次善策ですね。でも、6週間も親指をお腹につないでおかなくてもよくなります」

祖父は、「2番目がいい。尻の皮膚を移植してくれ」と言った。

結局そうなった。移植は成功して、親指はもとに戻った。でも私が鮮明に覚えているのは、というか家族はみんなよく覚えているのだが、面白いことに祖父が毎朝かならず同じ習慣を儀式のように守っていたことだ。

祖父は朝起きて、シリアルを食べ、新聞を読み、長い時間をかけて電気カミソリでヒゲを剃っていた。15分もかけていたほどだ。顔を剃り終えると電気カミソリを二度、親指に走らせる。なぜかというと、尻の毛が親指に生えていたからだ。でも祖父はそんなことなどこれっぽっちも気にしていなかった。

何が言いたいかというと、物事を前に進めようとすればかならず問題に突き当たるし、失敗するし、うまくいかないことがあるという話だ。

そのときは、もとに戻ってまたやり直せばいい。転んだら、そのたびに立ち上がってまたやってみる。自分でできることをやる。自力でやる。箱から抜け出す方法を自分で発明する。

アマゾンでもそんな羽目に陥ったことは数知れない。数え切れないほど失敗をした。アマゾンほど失敗するのにうってつけの職場はない。私は失敗のベテランと言ってもいい。これまでに散々練習してきたから。

ひとつ例を挙げよう。もう何年も前になるが、品揃えを拡充するためにサードパーティが出品する事業を新たに加えたいと考えていた。そこでアマゾン・オークションを立ち上げた。でも誰も集まらなかった。次にzショップという固定料金形式の出品サイトをはじめたが、またしても誰も来てくれない。それぞれに一年から一年半もかけた末の失敗だ。

仕方がないので最後に、自社仕入れ商品と同じ商品詳細ページにサードパーティ商品も載せてみようということになった。それがマーケットプレイスで、開始早々うまくいきはじめた。

自分たちのリソースを使って新しいことに次々と挑戦し、物事の真理——お客様は何を本当にほしがっているか——を探り出せば、たいていの努力は報われる。この姿勢は日常生活でも役に立つ。どんなふうに子どもを助けたらいいか？　何が正しいことなのか？

私たちは、子どもが4歳のときから尖ったナイフを使わせ、7歳か8歳で電動工具を使わせた。妻のこの言葉は名言だ。「指が一本くらいなくなっても、自分で何もできない人間になるよりはまし」。これこそ、人生に対する最高の態度だと思っている。

ヘッジファンドを辞めて本を売るようになった理由

プリンストン大学を卒業した私はニューヨークに行き、クオンツ系ヘッジファンドで働くことになった。デヴィッド・ショーの経営するＤ・Ｅ・ショーという会社だ。入社したときたった30人だった社員は、私が辞めるころには３００人ほどにもなっていた。

デヴィッドは私が知る中でも最高に頭のいい人間の一人だ。彼から学んだことは多く、アマゾンを起業したときも、人事や求人や、どんな人材を採るべきかといったことについて、彼から得た発想や原則をたくさん使わせてもらった。

１９９４年にインターネットについて聞いたことがある人はほとんどいなかった。使っていたのは、科学者か物理学者くらいだった。Ｄ・Ｅ・ショーでは、限られたことに少しだけインターネットを使っていた。そのときたまたま、ウェブ——ワールド・ワイド・ウェブ——が年率２３００パーセントで伸びているらしいと知った。

いま利用している人はとても少ないとはいえ、これだけの速さで伸びているものはかならず大きくなると思った。だからインターネットを使った商売を思いつけば、勝手に市場は伸びてくれて環境はよくなるだろうと考えた。

そこで、オンラインで売れそうな商品をずらりと書き出してみた。それをランク付けして、本を選んだ。書籍はある一点で段違いに珍しい商品だったのだ。

それは、ほかのどのカテゴリよりも、アイテム数が多いこと。世界中で３００万もの異なるタイトルが存在する。それなのに、最も大きな書店でも置けるのは15万タイトルほどでしかない。

つまり、この世の中にあるすべての本をアマゾンで売ろうというのが最初の発想だった。そして、それをやった。数人を採用し、ソフトウェアをつくった。シアトルに移ったのは、当時世界最大の書籍の倉庫がオレゴン州ローズバーグというシアトルの近くの街にあったのと、シアトルならマイクロソフト出身の人を採用できるだろうと思ったからだ。

上司のデヴィッド・ショーに、こういうことをやろうと思うと話すと、セントラルパークに連れ出されて長い散歩に付き合うことになった。私の話をずっと聞いてくれたあと、デヴィッドは言った。「ジェフ、そうだな、すごくいいアイデアだと思う。いいアイデアには違いないがね、でも君のようにいい仕事に就いていない人なら、もっといいと思うよ」

それはもっともだと思ったので、デヴィッドの説得であと二日考えてから最終的に決めようということになった。

でも、こんなすごいチャンスを逃したくないという気持ちが勝った。頭ではなく心が動いた。80歳になったとき、人生のあれやこれやを後悔したくないし、後悔のほとんどは省いたこと、やらなかったこと、選ばなかった道なのだ。そうしたことが、いつまでも心残りになってしまう。

起業してしばらくは、郵便局まで私が本を運んでいた。さすがにいまはもうやらないが、何年もそうしていた。最初の数か月は硬いコンクリートの床に膝をついて、箱詰め作業をしていた。横でひざまずいていた仲間に「膝当てがいるな。膝が痛い」と言うと、「いや、必要なのは作業台です」と返された。そりゃそうだと思って、翌日、店で作業台を買ってきた。すると箱詰め作業が2倍はかどるようになった。

アマゾンという社名は地球最大の川にちなんで付けた。「地球最大の品揃えを誇る店」という意味を込めて。だがじつは最初に思いついた社名はカダブラだった。シアトルに車を走らせながら、とにかくすぐに仕事に取り掛かりたいと思っていた。会社を設立し、銀行口座を開かなくちゃならない。友だちに電話をすると弁護士を紹介してくれたが、それは離婚専門の弁護士だった。それでも会社設立の手続きを取ってくれ、銀行口座も開いてくれた。

「設立手続きに社名がいるんだけど、どうしたらいい？」と聞かれて、電話越しに「カダブラ」と答えた。ほら、アブラカダブラの。すると、「死体《カダバー》？」と聞き返された。

「わかった、あんまりいい名前じゃないけど、とりあえずカダブラにしておいて。あとで変えるから」と返事をした。3か月くらいしてから、変更した社名がアマゾンだ。

本のあとは、音楽とビデオの販売をはじめた。それからちょっとした思いつきで、１０００人のお客様をランダムに選んで、いま私たちが売っているもののほかに、売ってほしいものは何かを聞いてみた。

返ってきた答えは、思いがけずさまざまだった。みんな、とにかくそのときにほしかったものを答えてくれた。たとえば覚えているのは、「車のワイパーがいますぐ必要だから、ここで買えたらいいのに」という答えだ。それを見て、「そうか、これなら何でも売れるな」と思った。それから家電とおもちゃを売りはじめ、そのうちにカテゴリをさらに拡大していった。

インターネットバブルの頂点で、アマゾンの株価は１１３ドルの最高値を記録し、バブルが弾けると一年もしないうちに6ドルまで下がった。２０００年度の株主への手紙では、冒頭にひとこと、「いたた」と書いた。

あれは非常に興味深い時期だった。株価は企業ではないし、企業は株価ではない。私は株価が１１３ドルから6ドルまで落ちるのを見ながら、同時に社内のすべての事業指標を見張っていた。顧客数、単品利益、欠陥品など考え得るすべての数字を（詳細は２０００年の手紙を読んでいただければわかる）。事業のあらゆる指標が上向いていたし、加速していた。株価は下がっていたが、社内では何もかもがうまくいっていたので、資金調達の必要はなかった。すでに資金は十分にあったので、淡々と進歩を続けていくだけだった。

そのころ、有名ニュースキャスターのトム・ブロコウの番組に呼ばれた。当時有名だった5、6人のインターネット起業家と一緒にインタビューされた。トムはいまでこそいい友人だが、あのときは私に向かってこう言ったのだ。

「ベゾスさん、あなた、利益（PROFIT）という言葉を正しく綴れますかね？」

私は答えた。

「ええ、もちろん。P-R-O-P-H-E-T（預言者）ですよね」

トムは吹き出した。

世間はいつも、アマゾンが1ドル札を90セントで売って、「ほら、これなら誰でもできるし、収益も上がるよ」と言っているだけだと批判してきたが、私たちがやってきたのはそういうことではない。アマゾンは昔から粗利は出ている。そして固定費型ビジネスなので、社内の指標から、販売量が一定の水準を超えると固定費を回収して、高収益になることがわかっていたのだ。

根っこにある原因を見つける

私もアマゾンで買い物をするし、たまに問題が生じることもある。そんなとき、自分の問題も、お客様からうかがう問題と同じように扱っている。これは改善のチャンスだ。

私のメールアドレスjeff@amazon.comは、広く知られている。まだこのアドレスを使っているが、来るメールがあまりに多くなってしまったので、すべてに目を通すことはできなくなった。それでも結構な数のメールを読むし、好奇心から、いくつかのメールをピックアップすることもある。

たとえば、あるお客様から不具合についてメールを受けたとしよう。これは、私たちがどこか間違っていたということだ。つねにではないが、だいたいの場合、私たちが何らかのヘマをやらかしているから、メールがくる。

メールを読んで何かがおかしいと思ったら、社内のチームに調査を頼み、根っこにある原因、または複数の要因を見つけてもらう。原因が見つかったら、それを根っこから修正する。

根っこの原因を取り除くのは、一人のお客様のためだけではない。それがすべてのお客様のためになるし、根っこの原因を解明して改善するプロセスは、アマゾンの仕事の大きな部分を占めている。だから私自身、注文がうまくいかなかったり、顧客体験が悪かったりすれば、お客様と同じようにそれを扱うことにしているのだ。

富を創造する

世間では何かと取り沙汰されるが、私は「世界一の金持ち」になろうと思ったことなどない。世界で2番目の金持ちで十分だった。それよりも、発明家や起業家や父親のジェフ・ベゾスとして知られたい。私にとってはそのほうがはるかに意味がある。それは生み出したものへの評価だ。

アマゾンとその株価の上昇はご存じのとおりで、私の持ち分は16パーセントだ。アマゾンの時価総額はおよそ1兆ドル※。この20年で8400億ドルの富を株主のために創造した。お金の面から見たとき、これこそ私たちが行ったことだ。誰かのために8400億ドルもつくりだしたのだから、素晴らしいことだ。それがあるべき姿だ。

私は起業家資本主義と自由市場の力によって、世界が直面する数多くの課題が解決できると強く信じている。すべてを解決できなくても、多くの課題が解決できるはずだ。

※　２０１８年９月13日時点の時価総額。本書執筆時点（２０２０年７月６日）の時価総額は１兆４４００億ドルで、私の持ち分は11％である。

アイデアを育む

アマゾンではだいたい、次のような流れで何かが発明される。誰かがあることを思いつく。ほかの誰かがそのアイデアを改良する。また別の誰かが絶対にうまくいかない理由を思いついて反対する。みんなでその反論を解決する。このプロセスはとても楽しい。

私たちは昔から社内でお得意様特典についてずっと考えてきたが、若いソフトウェアエンジニアがあるアイデアを思いついた。メンバーから定額の会費をもらって、何度注文を受けても無料で速く配送するというサービスだ。

財務チームが収益分析をやってみたところ、結果はとんでもなく割に合わなかった。配送は高くつくのに、お客様は無料配送に飛びつく。

心と直感は大切だ。リスクを取るべきときもある。野性の勘も必要だ。そうしたものがあってはじめて優れた判断ができる。そしてグループで議論して判断する。謙虚な姿勢が必要だ。だが、失敗自体は悪いことではない。それはまた別のことだ。

私たちは何度も間違ってきたし、ファイアフォンのような大失敗もあった。そのほかにもうまくいかなかったことはたくさんある。失敗に終わった実験をすべて書き連ねるのはやめておくが、いくつか大勝ちすれば、無数の失敗した実験のもとは取れる。

そんなわけで、私たちはプライムを試してみることにした。最初はとても高くついた。無料で食べ放題のビュッフェを提供したらどうなる？　金がかかるのは当たり前だ。最初に飛びつくのは誰だろう？　大食いの人たちだ。だから怖かった。エビ食べ放題なんて言ってよかったの？　どうしよう、とハラハラしていた。しかも、まさにそうなった。でも、好調に推移しそうなこともわかった。さまざまな種類のお客様が加入して、このサービスを気に入ってくれた。それがプライムの成功につながった。

3年先を考える

私は朝のんびりと過ごすのが好きだ。早寝早起きが習慣になっている。新聞を読むのも好きだし、コーヒーも好きだ。子どもたちが登校する前に一緒に朝ご飯を食べる。そうやってのんびり過ごす時間が私にとってはとても大切だ。

だから一日の最初の会議は10時からと決めている。頭を使うミーティングは、午前中にやることにしている。本当に精神力が必要なミーティングは朝10時に入れる。午後の5時になると、もうヘトヘトで、これ以上考えられない感じになる。それで明日の朝一に持ち越しにしよう、となる。

そして8時間寝る。時差のある場所に行くのでもない限り、睡眠を優先させる。8時間も眠れないことはあるが、この点はかなり気をつけている。8時間睡眠が私には必要なのだ。よく寝れば、よく考えられる。元気も出る。機嫌もよくなる。

それに、考えてもみてほしい。経営層は何に対して給料をもらっているのだろう？　数少ない、優れた判断をすることに対してだ。リーダーの仕事は毎日何千もの決定を下すことではない。

たとえば、一日6時間寝たとしよう。またはもっと極端に、4時間睡眠だとしよう。すると4時間分、いわゆる「生産的な」時間が増える。それまで一日12時間働いていたとすると、それがいきなり4時間増えて16時間働くことができる。決定を下せる時間が33パーセント伸びることになる。それまでに下していた決定の数が１００件なら、さらに33件の決定が下せる。だが、疲れていたりヘトヘトになっていたりで、決定の質が下がるとしたら、本当にその時間に価値はあるだろうか？

もちろん、スタートアップの場合は事情が違う。アマゾンがまだ１００人だったころは違っていたが、いまのアマゾンはもうスタートアップ企業ではなく、ほかの経営陣も私と同じような働き方をしている。つまり、未来に働いている。未来に生きている。

私に直接、報告をするリーダー層は全員、今四半期に目を向けていてはいけない。四半期決算が好調なことを発表すると、人は「四半期決算、素晴らしいですね」と声をかけてくれる。私は「ありがとう」と返すが、心の中では、その業績は3年前に仕込んだものだと思っている。いまやっていることが日の目を見るのは、２０２３年のいつかで、経営者の仕事はそこにある。

いつも2、3年先を考えていなければならないし、もしそうしていれば、日に100件も決定を下す必要はないはずだ。一日に3つでも良質な決定ができたらそれで十分だし、その3つの判断の質を最高に上げなければならない。ウォーレン・バフェットは、一年に3ついい判断ができれば満足だと言っている。私も本当にそう思う。

アマゾン・ウェブ・サービスはどのように生まれたか

ＡＷＳはかなり長いこと舞台裏で開発を続けて、やっと公開できたサービスだ。これまでにないコンピューティング機能のアウトソーシングサービスを提供し、いまでは巨大な事業に成長している。以前なら、コンピューティング能力が必要になった企業は、データセンターをつくり、サーバーをずらりと並べ、コンピューティング能力が必要になった企業は、データセンターをつくり、サーバーをずらりと並べ、ＯＳをアップグレードし、すべてを運用し、あれもこれもとやっていた。いずれも、肝心の事業には何の付加価値も与えない。参入コストのようなもので、誰がやっても変わらない重労働だ。

アマゾンでも、同じことをやっていた。自社のためにデータセンターを建てていた。データセンターを運営するアプリケーションエンジニアとネットワークエンジニアが、膨大な労力をここに無駄に注ぎ込んでいるのが見て取れた。こうした付加価値のない仕事のためにものすごい数の会議が開かれていた。

そこで、「なあ、セキュリティを強化したＡＰＩを開発して、アプリケーションエンジニアとネットワークエンジニアには工程の会議にだけ参加してもらえば、細かい調整はやらなくても済むんじゃない？」ということになった。セキュリティが強化されたＡＰＩですべてのサービスが利用でき、誰にでも使えるくらいにわかりやすい、サービス指向アーキテクチャを組み入れたものを開発しようと思った。

最初は自分たちのために開発をはじめたが、すぐに世界中のあらゆる会社がこれをほしがるに違いないと確信を持った。

驚いたのは、ほとんど宣伝も発表もしなかったのに、たくさんの開発者がこのＡＰＩに群がったことだ。そしてあり得ないような奇跡が起きた。私が知る限り、ビジネス史に例を見ない最高の幸運だったと思っている。7年間も、似たようなライバルが出てこなかったのだ。信じられないほどラッキーだった。

私が１９９５年にアマゾンを立ち上げたときは、大手書店のバーンズ・アンド・ノーブルがバーンズ・アンド・ノーブル・ドット・コムを立ち上げ、2年後の１９９７年に市場に参入した。新しいものが発表されると、だいたい2年遅れで競合企業が入ってくる。

キンドルを発売したときも、バーンズ・アンド・ノーブルが2年遅れでヌークを発売した。エコーのときはグーグルが2年遅れでグーグルホームを発売した。

一番手の場合、運がよければ2年間は競合に先駆けることができる。7年もライバルが現れないなんてことはあり得ないので、信じがたかった。既存の巨大ソフトウェア企業はアマゾンをまともな同業ライバルとは見なしていなかったのだと思う。だからこれだけ長いあいだ独走できて、夢のような多機能プロダクトとサービスをライバルに先駆けて開発し、優位性を保つことができた。

アンディ・ジャシー率いるＡＷＳのチームは、プロダクト面で矢継ぎ早にイノベーションを起こし、見事にすべてを運営している。彼らを心から誇りに思う。

アレクサ・AI・機械学習

アレクサはクラウド内のアシスタントで、インターネット上で起動している。エコーは、遠くの声まで拾ってくれるスマートスピーカーを搭載したデバイスだ。

２０１２年に開発をはじめたときから夢見ていたのは、ずっと先にこれが「スタートレック」のコンピュータのような存在になることだった。何でも頼めて、何かをしてもらったり、見つけてもらったりできて、自然に会話ができるデバイスを考えていた。

アレクサとエコーの開発は、技術的に非常に難しかった。数千人が異なる場所でこの仕事に関わっていた。マサチューセッツ州ケンブリッジにも、ベルリンにも、シアトルにもチームがあった。

エコーについては、いくつか解決しなければならない問題があった。エコーの種を植えはじめたころにわかったことのひとつは、いちいち充電するのではなく、コンセントにつなぎっぱなしで常時電源オンのものにしたほうがいいということだ。寝室や台所や居間に置きっぱなしで、音楽をかけたり、質問に答えてくれたり、照明や室温などの家電系統を操作したりできなければならない。「アレクサ、室温を2度上げて」とか、「アレクサ、電気を消して」といった感じで、家の中で自然に対話できるようにしたかった。

エコーとアレクサが世に出る前、ホームオートメーションのシステムは使い勝手が悪かった。スマホアプリで管理していたからだ。照明を調節するにも、まずスマホを探して、手に取って、アプリを開いて、照明を管理する画面を見つけなければならないので、すごく面倒だった。

デバイス開発チームは素晴らしい仕事をしてくれた。これからもまだまだ進歩がある。エコーとアレクサには輝かしい前途が見えている。多くのサードパーティがこの生態系に参加してくれて、彼らがいわゆる「アレクサスキル」を開発し、アレクサにできることを拡張してくれている。

私たちが人類として、文明として、またテクノロジーの面で、「スタートレック」のコンピュータほど魔法のような驚くべきものをつくりだすのはまだかなり先になるだろう。そんなマシンは長年の夢で、ＳＦの中の話と思われている。

いま、私たちは機械学習を使ってあり得ないことが解決できるようになり、進歩が加速する転換期にいる。機械学習と人工知能は黄金期を迎えつつある。それでも機械が人間と同じようにいろんなことをできるようになるのは、まだまだ先のことだ。

人間の知能は、最先端のＡＩ研究者にとってもいまだに謎だらけだ。人の学習法は、驚異的にデータ効率が高い。アレクサに自然言語を認識させるには、膨大な量のデータポイントが必要になる。さらに、「正解データベース」を構築しなければならない。これをつくり上げるのは壮大で金のかかることだが、このデータベースをもとにアレクサは学ぶことになる。

たとえば、もしいま自動運転車のための機械学習システムを設計し開発するとしたら、何百万マイルにもおよぶ膨大な運転データを集めて、その車に運転のやり方を教えなければならない。だが人間は驚くほど効率がいい。何百万マイルも車を走らせなくても、運転できるようになる。おそらく機械学習用語で言う「転移学習」が人間には実践できるらしい。

人間はすでに数多くのスキルを身につけ、既存のスキルをきわめて効率よく新しいスキルに重ねることができる。ついこのあいだ、囲碁の世界チャンピオンに勝ったアルファ碁は数千万回の対局を経験している。プロ棋士のチャンピオンでも、対局数は数千回ではるかに少ない。それでようやく、コンピュータは人間のチャンピオンとほぼ互角になった。

さらに、人間には機械とは根本的に違う点がある。非常にエネルギー効率がいいということだ。正確な数字は覚えていないが、たとえばアルファ碁は数百万ワットの電力を消費する。１０００台を超えるサーバーを同時に稼働させていると思う。一方、棋士のイ・セドルは50ワットしか使わない。つまり、私たち人間は信じられないほど複雑な計算を、信じられないほどの省エネでこなせる。データ効率もエネルギー効率も高い。ＡＩに関しては、機械学習界隈にいる私たちは、まだ学ぶべきことが数多くあるのだ。

しかし、だからこそＡＩという分野は面白い。いまは自然言語とマシンビジョン分野だけでなく、ときにはそのふたつが融合した分野の、信じられないほど複雑な問題を解こうとしているところだ。

プライバシー保護団体は、デバイスやサービスに関係するプライバシー侵害の申し立てがあると、そうした侵害を再現しようと試みる。結構簡単に再現できるし、実際にしょっちゅうやっている。リバースエンジニアリングによってデバイスの動作を解析し、プライバシー侵害が本当に起きているかどうかを確かめるのだ。それは非常にいいことだし、プライバシー保護団体には感謝している。彼らはこれまで企業が犯したミスを表に出してきた。ときにはそれがただの不注意によるミスという場合もあった。

アマゾンのデバイスは、「アレクサ」という掛け声を聞くまでは、クラウドに何かを転送することはない。アレクサという掛け声を聞くと、上部のリングが点灯する。リングが点いてはじめて、話し手の言葉をクラウドに送りはじめる。クラウドに音声を転送するのは、すべてのデータにアクセスしなければ、アレクサのさまざまな役目が果たせないからだ。たとえば、天気を調べるといったことも。

ハッキングは現代の最大の課題のひとつで、私たちの社会と文明がグローバルに解決すべきことだ。もちろん、法律で解決できることもある。国家単位でできることもあるが、国による統制は望ましくない。どう管理されるかが不明確だ。

これほどデバイスやテクノロジーが普及したいま、国家は市民の自宅の窓にレーザーを反射させるだけで室内の会話を簡単に盗聴できるし、携帯電話にマルウェアを侵入させてすべての音声を拾うこともできる。高級スマホには標準的にマイクが4個付いている。

そんな中、私たちは社会として、たとえばＦＢＩのような特定の機関を管理するほうが容易だろう。みんなで一緒にルールを決め、法律を決め、それを法廷でどう執行すべきかを決めるのだ。しかし、国家レベルのサイバーハッキングなどに対しては、解決策は見えていない。どう臨めばいいのか、私にはわからない。

インターネットでつながった社会がいつか本当に安全なものになるのかについて、私には答えがない。私たちはしばらく、こうしたテクノロジーと共に生きてきた。スマホを持ち歩くのは当たり前だし、それがなくなるとは思えない。そしてスマホは完全にソフトウェアが動かしている。マイクがいくつも付いている。そのマイクもソフトウェアが動かしている。スマホの無線で世界中のどこにでもデータは転送される。

だから、その技術をもってすれば、どのスマホでも知らぬ間に盗聴器に変えることができる。

アレクサについて、アマゾンのチームは非常に面白く、私からすると価値のある決定を下した。他社にも真似してほしいと思っているが、エコーのマイクをオフにするボタンを搭載したのだ。マイクオフボタンを押すと、マイクオフボタンとリングが赤くなる。その赤いライトはアナログでマイクにつながっていて、赤いライトが点灯しているあいだは、マイクは起動されない。ハッキングによって遠隔操作ができない仕組みだ。しかし、スマホはそうはいかない。

実店舗とホールフーズ

私たちは以前から実店舗にとても興味はあったが、昔から言っているように、ほかの店にないサービス、似たり寄ったりでない何かを提供しなければ意味がないと思っていた。実店舗の領域には、すでにライバルがうようよいるからだ。

ほかの店と同じサービスではうまくいかないことはわかっていた。アマゾンは新しいものを発明し開拓するほうが得意だし、何か違うことをしなければならない。それがアマゾン・ゴーだ。アマゾン・ゴーはいままでの店舗とはまったく違う。アマゾン・ブックストアもまったく違う。そして今度はプライムとホールフーズを合体させて、ホールフーズをまったく新しい体験にする方法を考えている。

アマゾンはたくさんの会社を買収している。たいていはホールフーズよりはるかに小さな会社を、毎年何社も買収する。創業者に会うとき私はいつも、まず何よりもひとつのことを見極めようとする。その人が使命を持った伝道者か、それとも金目当ての傭兵かということだ。傭兵は株をすぐに手放す。伝道者は自分たちのプロダクトやサービスを愛し、顧客を愛し、偉大なサービスをつくろうと努力する。矛盾するようだが、より多くのお金を稼ぐようになるのは伝道者のほうだ。相手がどちらのタイプかは話してみればすぐにわかる。

ホールフーズは使命に動かされている会社で、創業者のジョン・マッキーは伝道者だ。私たちにできるのは、アマゾンのリソースの一部、技術的なノウハウの一部を使って、ホールフーズの使命を広めていくことだ。彼らの使命は、あらゆる人々にオーガニックで栄養のある食品を届けることで、これに関して私たちはリソースの面だけでなく、オペレーションの面でもテクノロジーの面でも優れたノウハウを共有できる。

ワシントン・ポストの買収

私は新聞社を探していたわけではなかったし、買収するつもりもなかった。そんなことはこれっぽっちも考えていなかった。子どものころからの夢でもない。20年来の知人であるドン・グラハムが仲介者を通して、私がワシントン・ポストの買収に興味があるかを聞いてきた。私は新聞のことなど本当に何も知らなかったので、あまり興味はないと答えた。

それでもドンと何度か話すうち、私が新聞のことを知っているかどうかは重要でないと思うようになった。ワシントン・ポストにはすでに新聞のことを知り尽くした人材がたくさんいるからだ。彼らに必要なのはインターネットをわかっている人間で、それがいちばん大切だった。そんな感じで話がはじまり、そこから深く考えるようになった。結局、決め手になったのは直感で、分析はあまり気にしなかった。

２０１３年当時のワシントン・ポストの業績は、お世辞にもいいとは言えなかった。新聞は固定費型ビジネスだが、この５、６年で売上は激減していた。それは社員が悪いからでも経営陣が悪いからでもなかった。経営はとてもしっかりしていた。問題は景気ではなく、構造的なものだ。これまで新聞が享受してきた優位性をインターネットがすべて帳消しにしていた。

アメリカだけでなく世界中の新聞が同じ深刻な問題を抱えていた。そこで私は自分を振り返り、本当に新聞経営に関わりたいかを考えてみた。もし関わるとしたら、ここに心と力を注ぐことになるし、これが社会に必要な組織だと本心から信じられなければ、力を注げないと考えた。

「もしこれが、経営の傾いたジャンクフードの会社なら、絶対にやらない」と思った。だが、ワシントン・ポストはとても重要な組織だ。世界で最も重要な国の首都で新聞を発行している。この世界の民主主義に、とんでもなく大切な役割を果たしている。そのことに疑いはなかった。

それは確信できたが、次にもうひとつ確かめたいことがあった。ドンに色よい返事をするのは、それを確かめてからだ。私は本当に自分の気持ちに正直になってこの会社について考え、うまくいくという確信を持ちたかった。うまくいく可能性がないなら、関わってはいけない。

ワシントン・ポストの現状を見たところうまくいく可能性は高いように思えたが、全国的かつグローバルな新聞に変わらなければならないとも考えた。それにはインターネットが役に立つ。インターネットはすべてを破壊するかわりに、ひとつの恩恵をもたらしてくれる。それはお金をかけずに世界に配信する力だ。紙の新聞の時代には、いたるところに印刷所をつくらなければならなかった。全国紙はもとより、真のグローバル紙になるには、流通に莫大なコストがかかり、巨額の設備投資が必要だった。全国紙やグローバル紙になる新聞がほとんどなかったのは、そういう理由があったからだ。

だがいまではインターネットを使えば、お金をかけずに配信できる。この力を使わない手はないし、それが基本戦略だ。比較的少数の読者からたくさんお金を取るモデルから、非常に大勢の読者からほんの少しずつお金をもらうモデルに変えなければならない。私たちはその移行を成し遂げた。

現在、ワシントン・ポストが黒字になったことを嬉しく思う。報道部門は拡大している。報道部門を率いるマーティ・バロンは絶好調だ。新聞業界で最高の編集長だと思っている。フレッド・ライアンが発行人を務め、論説編集長はフレッド・ハイアットが務めている。二人とも最高だ。テクノロジー責任者のシャイレシュ・プラカシュはスーパースターだ。とてもうまくいっている。このチームを誇りに思う。

80歳になったとき、もしくは——昔から80歳の自分を思い浮かべていたが、年をとるにつれて90歳の自分を想像するようになった——90歳になったとき、人生を振り返って最も誇らしい経験のひとつは、ワシントン・ポストを買収し、厳しい状況で移行を助けたことになるのは間違いない。

たとえば、アメリカの大統領であれ州知事であれ、その仕事に就くとしたら、世間の厳しい目にさらされることはわかっている。一挙手一投足が精査されるし、それは健全なことだ。大統領なら、「それが正しい。いいことだ。厳しく見てもらってありがたい」と言うべきだ。それこそが安心であり、自信だと言える。

　マスコミを悪者扱いするのはきわめて危険なことだ。マスコミを卑しい人たちと呼ぶことも危険である。社会の敵だと言うのも危険だ。この社会で私たちを守ってくれるのは法律だけではない。アメリカには報道の自由がある。それが憲法で守られている。社会規範もまた、私たちを守ってくれる。私たちが憲法の言葉を信じるからこそ、社会は機能する。憲法を攻撃するたびに、その社会規範が少しずつ周辺から崩れていく。この国で報道の自由は守られている。マスコミは大丈夫だ。私たちは報道の自由を守り続ける。

　ところでマーティ・バロンは報道室でことあるごとに、とても大切なあることを言い続けている。

「政権は私たちと戦っているかもしれない。だが私たちは政権と戦ってはいない。私たちの仕事をしよう。自分たちの仕事に専念すればいい」

　その言葉を何度も聞いた。私も、ワシントン・ポストの記者と会うたびに、自分にそう言い聞かせている。

信頼

信頼、つまり評判は、難しいことを何度も何度も上手にやることによって築かれる。たとえばアメリカ軍があらゆる世論調査で高い信頼と評判を得ているのは、何度も何度も、長年にわたって難易度の高いことをしっかりとやり遂げてきたからだ。

これはとても単純なことだ。それでいて複雑でもある。難しいことを上手にやってのけるのは楽ではないが、信頼はそうして築かれる。もちろん、「信頼」という言葉は非常に重い。さまざまな意味がこの言葉にはある。信頼は誠実さであり、同時に能力の高さでもある。やると言ったことをやる、つまり実行力でもある。

私たちは毎年数十億個もの荷物をお客様に届け、自分たちがやると言ったことを実行している。また信頼はときとして、異論を受けて立つことでもある。「そのやり方はしません。そうしてほしいのはわかりますが、私たちはやりません」という姿勢が評価されることもある。賛成してはもらえなくても、「その姿勢をある意味で尊敬する。自分というものがよくわかっている」と思ってもらえるかもしれない。

透明性も大切だ。自分たちができることとできないことをはっきりと表明すれば、人々は選ぶことも、選ばないこともできる。「それがアマゾンなりブルーオリジンなりＡＷＳなりの立場なら、私は参加したくない」と言えるし、それでいい。

私たちはさまざまな意見の存在する大きな民主主義の中で生きているし、私はそんな世界で生きていきたい。人々が反対できる場所がいい。反対しながら一緒に働ける場所がいい。それを失いたくない。誰でも意見を持つのは自由だ。だが、ノーと言うのも経営陣の仕事である。

テクノロジー企業は国防総省の仕事をすべきでないと言う社員がいる。テクノロジー企業のあいだではそれがトレンドにもなりつつある。しかしもし大手テクノロジー企業が国防総省に背を向けたら、この国は厄介なことになると私は思っている。そんなことが起きてはならない。だから経営陣は毅然として言う必要がある。

「みんなの気持ちはわかる。意見はありがたいし、全員がすべてに賛成しなくてもいい。だが、私たちのやり方はこうだ。私たちは国防総省を支える。この国は世界にとって重要だ。いまもそうだ」

この問題にさまざまな思いを持つ人がいて、反対意見がたくさんあることもわかっているが、これだけは真実だ。それは、私たちが善人だということだ。心からそう信じている。これが複雑な話であることは百も承知している。それでも問題は、強い国防を望むかどうかだ。人々は強い国防を望んでいると私は思う。だから、私たちはそれを支援しなければならない。

誰しも社会の発展を願っている。アメリカに限ったことではない。みなさんはどのような発展を望むだろう？　自由を望むだろうか？　民主主義を望むだろうか？　これらは他の質問に優先される大原則だ。そして、迷ったときに戻ってくるべきはこの原則なのだ。

ワークライフハーモニー

私はアマゾンでトップに立つ経営層向けに、リーダーシップの授業を行っている。インターンにも話をする。誰と話してもしょっちゅう質問されるのが、ワークライフバランスについてだ。

「ワークライフバランス」という言葉はあまり好きではない。少し違和感を覚えるのだ。「ワークライフハーモニー」のほうがいい。職場で元気になれて、仕事が楽しく、自分がチームの一員として役に立っていると感じられたら、家でもいい人間になれるはずだ。夫としても父親としても、もっとよくなれる。家が楽しければ、社員としても上司としても、よくなれる。

長い時間、激務続きでヘトヘトになることもあるかもしれない。だが、問題は長時間、仕事に縛りつけられることではない。たいていは活力の問題だ。仕事で活力が奪われているだろうか？　それとも仕事で活力が湧いてくるだろうか？

どちらのタイプも見たことがあるはずだ。会議に誰かが入ってきた場面を考えてみよう。その会議に活力を与えてくれるような人がいる。逆に、会議をドッと萎《しぼ》ませてしまうような人もいる。そんな人は会議から活力を奪っているのだ。どちらのタイプになるかはあなた次第だ。家庭でも同じ。

ワークとライフはバランスを取るものではなく、ぐるぐると環のように巡るもの、つまり循環だ。ワークライフバランスという言葉は、ワークとライフがそもそも両立しにくいような印象を与えるので、とても危険だ。失業して家族と四六時中一緒に過ごせるようになっても、仕事がないために落ち込んでふさぎこんでいたら、家族も近寄りにくくなってしまう。どこか旅行にでもいってくれたほうがマシだと思われるかもしれない。

問題は労働時間ではない。もちろん、どんなに長く働いてもいいとは思わないが、たとえば私は週１００時間浮かされたように働いても問題はない。それは家庭からも仕事からも元気をもらっているからだ。インターンにも、重役たちにも、ワークライフハーモニーを勧めている。

人材を採用する——傭兵か伝道者か

アマゾンの報酬はかなり高いほうだが、いわゆるカントリークラブのような文化はなく、ただでマッサージを受けられたりといった、そのときどきの流行《はや》りの社員特典のようなものはない。私は昔から特典で人を釣るのはどうかと思っている。そんな理由で会社に留まるのは間違いだからだ。社員が会社に留まるのは、使命のためであってほしい。金目当ての傭兵はいらない。使命に共感できる人間に来てほしい。

伝道者は使命を追求する。シンプルな話だ。しかし無料のマッサージを提供すると、混乱を招くかもしれない。「この会社の使命はあまり気に入らないけど、無料のマッサージは大好き」などと思われたら困る。

卓越した人材を採用し、引きつけておくにはどうしたらいいだろう？　まず何よりも、偉大な使命、本当に意義のある目的を与えることだ。

人は誰しも人生に意義を求める。アメリカ軍が人々を引きつけるのは、そこに本物の使命があるからだ。その目的には意義がある。しかも、その使命はとてつもなく大きい。だからこそ採用が非常に有利なのだ。

一方で、優秀な社員を流出させてしまうのは簡単だ。たとえば、意思決定のスピードをものすごく遅くすればいい。優秀な人間であれば、物事が進まない組織には留まりたくないはずだ。しばらく様子を見たあとに、「たしかに使命には心から賛同するけれど、何も決まらないから自分の仕事ができない」と思われるだろう。だから、アマゾンのような大企業はその点に注意しなければならない。

物事を決める方法

意思決定のスピードを速めることはできる。これはとても大切なことだ。僭越ではあるが、ほかの経営者にアドバイスできることがあるとしたら、ぜひ気をつけてほしいのは、アマゾンでもそうだが、管理職たちは経営上層部の意思決定のやり方を見習うということだ。それは当たり前ではある。人は上位の人を見て真似をする。しかもたいていは無意識でやっている。問題は、意思決定には異なる種類のものがあることを忘れている点だ。

意思決定には2種類ある。ひとつは、いったん決めたら後戻りできず影響が深刻な意思決定だ。このような決定はゆっくりと慎重に下さなければならない。私自身、アマゾンの「最高引き止め責任者」として牽制役になることも多い。「おいおい、ちょっと待て。それって後戻りできないし影響も大きいから、あと17回くらい分析してから決定したいな」と待ったをかける。

だが一方で、ほとんどの決定はそんなふうでなくていい。たいていの決定は「後戻りできる」からだ。

決定を下し、実行する。そのあとで間違っていたことがわかる。そのときにはもとに戻せばいい。それなのに大企業では――スタートアップではそんなことはなく、大企業でありがちなのだが――すべてがまるで後戻りできず、影響の大きな意思決定でもあるかのように、長く煩雑なプロセスを経て決定される。それは最悪だ。

意思決定を下す際は、「後戻りできるか、できないか」を問う必要がある。後戻りできる場合は、少人数で決定するか、判断できるリーダーが一人で下していい。だが後戻りできない場合は、じっくりと分析を重ねるべきだ。慎重になること。この場合、「急がば回れ」ということわざがあてはまる。

後戻りできない決定は、焦って下してはならない。みんなの同意を得るか、少なくともたくさん考えて議論すべきだ。

意思決定のスピードを上げるには、後戻りできるかできないかを問うことに加えて、「反対してもコミットする」という原則を共有するといい。もちろん、熱い使命を持った人たちは必要だ。全員が会社の役に立ちたいと思っていればいるほど、気をつけていないと意思決定は消耗戦になりがちだ。いちばん体力のある人間が勝ってしまう。反対意見があっても結局、「もうわかったよ。ヘトヘトだからそっちのいいようにしてくれ」と折れることになる。

それはこの世で最悪の意思決定プロセスだ。みんなのやる気が削がれるし、場当たり的な結論しか出なくなる。上に立つ者が、さらに上位のリーダーに決断を仰ぐほうがはるかにいい。意見の分かれる意思決定は、早く上に話をあげるべきだ。担当者たちにあれこれ一年も議論をさせて疲弊させてはいけない。上の人間が解決すべきだ。

チーム内で意見が分かれて話が進まないようなら、上位の処理事項にすること。とにかく早く上にあげたほうがいい。そして上に立つ人がさまざまな見解を聞いたうえで、こう言うべきだ。「みんな、聞いてくれ。正解は誰にもわからないが、私に任せてほしい。反対でも、コミットしてくれ。こちらの方向性でいくと決めた。だから反対していた者も、決めたことにコミットしてほしい」

ここからが重要な点だ。上司と部下とで意見が分かれることがある。部下はあるやり方がいいと信じ、上司は別のやり方を貫きたいと思っている。

そうしたときは、上司が「反対してもコミット」すべきケースのほうが多い。私はしょっちゅう「反対してもコミット」している。何時間も、何日も、ときには何週間も意見を戦わせることもある。そのうえで言う。

「よし、私はこの案には絶対反対だが、君たちのほうが私より現場のことをわかっている。君たちのやり方でやってくれ。あとになって『そら見たことか』なんて決して言わないと約束するから」

こうすれば周囲は落ち着く。上の人間は判断力に優れているという現実を前提にすることになるからだ。判断力は非常に価値があるもので、だからこそたとえ部下のほうが現場のことをよく知っていたとしても、上司が自分の意見を通すべきときもある。それもひとつの判断だ。

そしてときには、「この人のことはよくわかっている、彼らとは長く一緒に働いてきた。彼らの判断なら間違いない。私は違うと思うが、彼らのほうが自分より深くわかっているはずだ。だから私は反対だがコミットする」ということもあるのだ。

競争

世の中に、ゼロサムゲームというのはあまりない。スポーツの試合はゼロサムだ。ふたつのチームが試合でぶつかれば、一方が勝ち、もう一方は負ける。選挙もそうだ。ある候補者が当選すれば、対立候補は落選する。

しかしビジネスの世界では、数社のライバル企業が共存できる。それが普通だ。ビジネスでもおそらく軍事でも、ライバルよりもうまくやるのにいちばん大切なのは、足腰の強さと敏捷さだ。規模も必要になる。アメリカ軍の強みは、規模が大きいことだ。規模が大きければ、とてつもなく有利だ。規模が大きければ足腰も強い。パンチを受け止めることができる。

だが、パンチを避けることができればもっといい。それが敏捷さだ。組織は大きいほど、より強靭になれる。敏捷さの中でも、意思決定のスピードは最も大切だ。次に大切なのは、実験への許容力だ。リスクを取りにいける組織でなければならない。失敗を進んで受け入れなければならないが、たいていの人は失敗を嫌がるものだ。

失敗には2種類あると私はよく言っている。ひとつは実験的な失敗だ。新しいプロダクトやサービスを開発したり、何らかの実験をしてみてうまくいかなくても、それはかまわない。これは前向きな失敗だ。この手の失敗はどんどんやっていい。

もうひとつはオペレーションの失敗だ。アマゾンはこれまでに数百軒もの物流センターを建ててきて、社内にはノウハウがある。もし新しく立ち上げた物流センターがまったく使いものにならなかったら、ノウハウをうまく実行に移せていないだけだ。これはダメな失敗だ。

このふたつの失敗を区別して、発明とイノベーションを追いかけることが必要になる。

実験を続けるには、それに適した人材がいる。イノベーティブな人材だ。イノベーティブな人たちは、意思決定が遅くリスクを取れない組織からは逃げ出してしまう。そうした組織はイノベーティブな人材を採用できても、留めることはできない。何かをつくりだすタイプの人たちは、つくることに専念したいのだ。非常に単純なことに思えるが、これがなかなか難しい。

もうひとつ、ライバルとの競争で重要な点は、相手と同じ土俵に立たないことだ。だからこそ、イノベーションが必要になるし、宇宙やサイバー領域ではとくにそうだ。

アメフトの試合なら、戦う土俵が平等でなければはじまらない。だが宇宙やテクノロジーの世界では、昔からそもそも不平等な土俵での戦いが続いてきた。それが急速に変わっているのではないかと、私はとても不安になっている。これからもライバルより先を行き続け、同じ土俵で戦わないようにするためには、イノベーティブでなければならない。当たり前だが、同じ土俵で戦わないほうが有利だからだ。

宇宙開発の領域には、イノベーションの得意なライバルたちがいる。だから、イノベーションに生死がかかっている。イノベーションが得意でないライバルを相手にする場合には、こちらもそれほどイノベーションを意識しなくてもいい。

競争のことを考えると、自分たちが最優良企業のうちの一社であれば十分ということはない。あなたなら、将来自分たちと同じくらい優れた企業と戦っていきたいだろうか？　私はいやだ。

政府による監督と大企業

どんな分野であれ、巨大な組織は衆目にさらされ、重箱の隅をつつかれ、精査されるものだし、されるべきである。政府ももちろん、厳しく検査されなければならない。政府機関、大きな教育機関、大規模な非営利組織、大企業は厳しい監視の目にさらされる。

これは好き嫌いの問題ではない。それが社会のあるべき姿である。アマゾン社員には、自分たちが目の敵《かたき》にされていると思ってはいけないといつも伝えている。恨んでもエネルギーの無駄だ。こうした監視の目は当然である。健全だしいいことだ。大きな組織を人々が心配するような社会こそ望ましい。

私たちはイノベーティブなので、規制ができても、壁が立ちはだかっても、それによってお客様にいいサービスを届けるのを止めることはない。たとえどんな規制がかかろうとも、お客様はこれからも低価格を求め続けるだろう。配達も速いほうがいいに決まっている。品揃えは多いほうがいい。それが商売の基本だし、それが私たちの仕事だ。

政治家やその他の人々が、大企業が社会にもたらす価値を理解し、ビジネス全般、とくに大企業を悪者扱いしたり、ただ中傷したりしないことはとても重要だと言いたい。なぜなら、大企業にしかできないことがあるからだ。

10人しか社員がいなかったアマゾンにできたこと、１０００人のときにできたこと、そして1万人のときにできたことを私は知っている。そしていま、50万人以上になったアマゾンができることもわかっている。

ここに少しわかりやすい例を挙げてみよう。私はガレージ起業家が大好きで、そんな会社にたくさん投資している。小さなスタートアップをたくさん見てきた。だが、１００パーセント炭素繊維で燃料効率の高いジャンボジェット機はガレージではつくれない。それはあり得ない。ボーイングにしかできない。スマホがお気に入りなら、アップルにつくってもらうしかない。サムスンでもいい。

起業家資本主義がきちんと機能してこそ、こうしたものがつくれるのだ。市場がうまく拾えず、誰もきちんと手をかけない分野もある。そこは慈善組織や政府が引き受けたほうがいい。それぞれに違うモデルが必要だ。だが確実なのは、ボーイングやアップルやサムスンが存在しなければ、この世界はいまより悪くなるということだ。

気候変動対策に関する誓約

２０１９年９月、アマゾンは、パリ協定の目標を10年前倒しで達成する取り組みである「気候変動対策に関する誓約」を発表した。アマゾンは世界に先駆けて、みずからこの誓約書に署名した。次の発言は、気候変動対策に関する誓約の立ち上げ記者会見で述べられたものである。ここには、アマゾンで持続可能性を研究するチームを率いるダラ・オルークの言葉も含まれている。

気候変動対策に関する誓約に署名した企業は、次の行動に同意することになります。まず１つ目に、温室効果ガス排出量を定期的に計測し報告すること。

２つ目に、パリ協定に沿った脱炭素化戦略を実行すること。これは実際のビジネス活動の中で炭素削減のために行う変革を指します。

３つ目に、本格的な変革によっても削減できない残りの炭素排出について、社会に有益なかたちでの相殺《オフセット》に同意すること。社会に有益なオフセットとは何を意味しているのか？　それは自然をもとにしたソリューションという意味です。

気候変動対策に関する誓約は、他の大企業の協力があってはじめて成し遂げられるものです。なぜなら、私たちはみんなお互いのサプライチェーンの一部だからです。

ですから、この目標を達成するにはみんなが力を合わせなければなりません。そうでなければできないのです。アマゾンは自分たちの規模と領域の大きさを利用してこの分野の先駆けとなり、手本となることに同意しました。ですが、大規模で複雑な物理的インフラを構える私たちにとって、これは難しい挑戦です。

私たちが動かしているのは情報だけではありません。荷物も動かしています。私たちは一年間に１００億個を超える品物を配達しています。これは世界中に物理的なインフラがなければできないことです。ですから、もし私たちにできるなら、誰にでもできるはずですし、声を大にしてそう訴えていきます。難しい挑戦であることは確かですが、できると信じていますし、やらなければいけないと思っています。

アマゾンの一挙手一投足が真の科学的誠実さに基づいていなければ、この目標を達成することはできません。ダラ・オルークはアマゾンの取り組みを次のように説明しています。

アマゾンでは、全社の環境への影響を特定し計測するために、２０１６年からさまざまな部門のチームが努力を続けています。彼らは非常にアマゾンらしいやり方で、科学的モデルとデータシステムの土台をつくってきました。アマゾンらしさというのは、科学とテクノロジーとお客様へのこだわりをつないで、私たちが直面する持続可能性の問題を大規模に解決する試みです。

この数年間、とくに力を注いできたのは、データ収集、モデル構築、そしてツール開発です。炭素排出量を測定するだけでなく、アマゾンとサプライチェーン全体で劇的に排出量を減らすことが目的です。

アマゾンは非常に大きく複雑な企業であるため、世界でも最先端の炭素計測システムを開発しなければなりませんでした。こまごまとしたデータを捉えつつ、全社規模でチームにイノベーションの選択肢を与え、かつ全社の状況が見えるものでなければなりません。行動に移すためには、データの精度が高くなければなりません。私たちのシステムは全社の状況が見える包括的なものでありながら、同時に各レベルで最適化ができるような精密なものです。

このシステムは、各プロダクト、各プロセス、各サービスにも落とせます。たとえば、エコーの場合には製造段階から、アレクサを動かすデータセンター、そしてエコーをお客様のお家に届ける飛行機やトラックや包装までの環境への影響を理解しなければなりません。

これまでに、環境ライフサイクルアセスメントと呼ばれる学術規格に基づいて５つのモデルをつくってきました。うち４つは、輸送、包装、物流センターとデータセンターにおける電力、そしてデバイスというカテゴリのプロセスモデルです。社内の業務データ――物理的なデータを財務データによって処理したもの――に外部の科学データをつなぎ合わせて、自分たちのプロセス全体の炭素排出量を計測しています。

また、このデータを使って気候リスク分析も行っています。アマゾン・ウェブ・サービスと連携し、55項目を超える天候、気候、持続可能性の基礎データセットを公開しています。このデータセットはＡＷＳのインフラと最先端の機械学習ツールから生まれたもので、気候問題に取り組むＮＧＯや世界中の学術機関及び政府によってすでに使われています。

私たちはビジネス活動のデータも取り込み、炭素排出モデルにつなげています。これをオーケストレーション層に取り込んで、意思決定ツール（全社のチームが炭素削減に使えるダッシュボード、メトリクス、メカニズムなど）に落とし込んでいます。これらのモデルはいずれも、詳細なロジックと細かいデータが土台にあります。

配送モデルについては、炭素排出の主な要因に目を向けています。たとえば車両の種類、燃料の種類、輸送ルートといったものです。これによって、既存の配送網と物流を分析することが可能になり、新たなテクノロジー、新たな車両、代替燃料が理解できるようになるのです。いまでは開発中の電気自動車、ドローン、次世代の輸送イノベーションも予測できるようになりました。そのうちに、未来の類型分析、テクノロジー、そして顧客イノベーションに持続可能性を組み込むことが可能になるでしょう。

これらのメトリクス、データはアマゾン全社のチームにこれまでにない知見を与えてくれます。その中には一見、直感に反するようなものもあります。たとえば、じつは即日配送は最も炭素排出量の少ない配送方法です。というのも、近隣の在庫をお客様に届けるのが、最も効率がよく持続可能だからです。

私たちが開発したシステム（モデルやメトリクスなど）によって、いまではアマゾン全社のチームが詳細な知見を得て、炭素排出量を減らす取り組みに使っています。これまで目標にしていたトータルな排出量から、お客様や地球全体のために、よりターゲットを絞った排出量とイノベーションに軸足を移しているところです。

私たちはリーダーでありたいですし、手本でありたいと思います。環境面ではいまはまだ他社とそう変わらない位置にいますが、群れから抜け出して先頭に立ちたいと思っています。アマゾンほど複雑で大規模で広範囲で、物理的なインフラを持つ企業にできるのだから、他社にもできるはずだと言いたいのです。

アマゾンの再生可能エネルギー比率は、いまのところ40パーセントです。15の太陽光と風力発電施設を建設し、この再エネ比率を達成しました。世界中の物流センターと仕分けセンターの屋上には太陽光発電システムを設置しています。

さて、今後はどこに向かうのでしょう？　これまでは２０４０年までに再エネ比率を80パーセントにする目標に向けて努力してきました。現在は、２０３０年までに再エネ比率１００パーセントを達成すると宣言しています。社内ではこの目標を前倒しで２０２５年までに達成しようと努力していますし、現実的な計画も立てています。

アマゾンは数多くの配送トラックを走らせており、このトラックはいまのところ化石燃料で動いています。２０１９年9月、リビアンという企業に電気配送トラック10万台を注文しました。気候変動対策に関する誓約のような取り組みによって市場が動き、大企業が目標達成に必要なプロダクトやサービスがおのずと開発されるようになるわけです。私たちがリビアンに投資した理由もここにあります。

アマゾンは環境保護団体のザ・ネイチャー・コンサーバンシーと協力し、ライトナウ気候基金を立ち上げました。１億ドルを投じて森林の復元に取り組んでいます。森林の復元は、地球の大気から炭素を取り除くための自然をもとにしたソリューションの素晴らしい例です。

経済が発展し、人々が本物の事業活動の変革を通して炭素ゼロに真剣に取り組むようになれば、それが市場への大きな刺激となり、グローバル企業が目標を達成するために必要な新しいテクノロジーが開発されはじめるはずです。私たちが力を合わせるべきもうひとつの理由がここにあります。たくさんの企業がこの取り組みに参加したら、市場に強いシグナルを送ることができるのです。

アマゾンも大企業ですが、多くの大企業が賛同してくれれば、市場への声はますます強まります。とくにサプライチェーンはお互いに結びついているので、なおさらです。多くの企業が力を合わせてはじめて、これが可能になるのです。

ベゾス・デイワン基金

ベゾス・デイワン基金は、ふたつの領域で意義のある永続的なインパクトをもたらすことを目的に、２０１８年に20億ドルの原資で発足した。

ひとつはホームレスの家族を助ける活動を行っている非営利組織に資金を提供すること。もうひとつは低所得地域で生まれつつある新しい良質な非営利幼稚園のネットワークをつくることである。

デイワン家族基金は、若い家族の目の前のニーズに対応し、住む場所や食べ物を提供するために必死で社会を変えるような活動を行っている組織や市民団体に、毎年リーダーシップアワードを捧げている。基金のモットーは、シアトルでホームレスを助ける素晴らしい活動をしているメアリーズプレイスの理念を借りている。「一人の子どもも外で眠らせない」というものだ。

　デイワン教育基金は、貧困地域で良質なモンテッソーリ教育に基づく幼稚園を奨学金制度で運営する組織の立ち上げと運営を助けている。ここには学び、発明し、改善する機会がある。アマゾンの成長を牽引したのと同じ原則を、ここでも使うつもりだ。中でも最も重要なのは、純粋で強烈な顧客へのこだわりである。このチームが仕えるべき顧客はひとつ。アメリカ中の貧困地域にいる子どもたちだ。

　次の発言は、２０１８年9月13日にワシントン経済クラブの会長であるデヴィッド・ルビンスタインとの会話の中で行ったものだ。

デイワン基金の立ち上げに使ったプロセスには、学ぶところが多くありました。アイデア収集をクラウドソーシングのようなかたちで行ったところ、４万７０００件を超える意見をいただいたんです。私に直接メールを送ってきた人もいました。ほとんどはソーシャルメディアに寄せられたアイデアですが、私自身、一つひとつに目を通しました。スタッフが似たようなアイデアをまとめて分類したところ、いくつかのテーマが浮かび上がりました。

　クラウドソーシングの素晴らしい点は、協力者が広範にわたることです。たくさんの人がさまざまに異なるかたちで、世界のために役立ちたいと思っています。芸術やオペラに強い関心を寄せ、そうした分野に資金が足りていないと考える人がいます。医療や特定の病気に目を向けて、より多くの研究開発費を振り向けるべきだと思う人もいます。いずれも正しい意見です。私を含めて、ホームレスを助けたいと考える人も少なくありません。また、大学の奨学金から研修プログラムまで、あらゆる種類の教育に強い思い入れを持っている人も大勢います。

　私は早期教育にとても関心がありますが、これはどうも家系のようです。ベゾス家族基金を運営している母は、いまや早期教育の専門家になりました。じつは私自身がモンテッソーリ教育の産物です。2歳でモンテッソーリ幼稚園に入りましたが、先生は、私がひとつのことに集中しすぎてほかの作業に移らないので、仕方なく椅子を取り上げて移動させたと母にこぼしていたようです。もっとも、まわりの人に聞いたら、いまも変わっていないと言うでしょうね。

　私たちが運営するモンテッソーリ式の幼稚園は、授業料を無料にします。非営利組織にするつもりです。経営陣を雇い入れ、組織を率いるチームもあります。こうした学校を運営し、低所得地域に展開していこうと考えています。

　いったん遅れをとってしまった子どもたちがまわりに追いつくのは並大抵のことではありません。就学前の2歳か3歳、または4歳で何らかの教育を与えることができれば、ほかの子どもたちに遅れをとることがはるかに少なくなります。それでも遅れてしまう子は出てきますが、確率は減らせます。

　就学前教育の大切さをわかっている人はたくさんいます。早めにスタートを切れば、それを土台にして自然とうまくいくことが多いのです。2歳、3歳、4歳からはじめることで、強力な複利効果が生まれます。レバレッジが効くわけです。そこに早期教育の意味があります。この分野への投資は数十年後に莫大なリターンをもたらします。

そのほか、もっとオーソドックスな奨学金事業も行っています。これから専属のチームを雇い、ホームレス支援の団体を探して活動資金をサポートする予定です。

こうした活動はまだはじまったばかりです。私はこれまでどんなことでもかならず、最初は小さくはじめてきました。アマゾンは数人ではじめました。ブルーオリジンも5人で、本当に少ない予算で立ち上げました。現在では年間予算が10億ドルを超えています。10人だったアマゾンの社員は75万人を超えました。

ほかの人たちは覚えているかどうかわかりませんが、私にとってはまるで昨日のことのようです。自分で運転して小包を郵便局に持ち込み、いつかフォークリフトを買うことを夢見ていました。ですから、小さなものが大きくなる様子を見てきましたし、それが「デイワン」の哲学の一部になっています。

何事も小さいもののように扱うのが、私流のやり方です。アマゾンは大企業になりましたが、小さな会社の頭と心をいつまでも持っていたいと思っています。

デイワン基金もそうなります。少々脱線することもあるかもしれません。やりたいことの具体的なアイデアはいくつかありますが、さすらう力もまた大切です。仕事でも人生でも、私がこれまでにした最良の判断はいずれも、心と直感とひらめきによるもので、分析によるものではありません。分析で決断できるならそうすべきですが、人生で最も大切な決断はいつも本能と直感と好みと心で決めてきました。それもまた、デイワン基金でも同じようにしていくつもりです。

これから非営利学校のネットワークをつくっていく過程で新しいことを学んでいくでしょうし、その中で、どうしたらよりよくできるかを見つけていきます。

お客様は子どもたちです。ここはとても重要な点です。なぜなら、アマゾンの秘密はここにあるからです。アマゾンの土台にはいくつかの原則がありますが、私たちを成功に導いた第一の要因は、競合他社ではなくお客様に徹底的にこだわったことです。

いろいろな経営者や創業者や起業家とお話をしていて思うのは、彼らがお客様について話しているつもりでも、実際には競合相手に目を向けているということです。競合でなく、お客様に集中し続けられたら、どんな企業でも優位に立てるはずです。

企業は誰がお客様かを認識しなければなりません。たとえば、ワシントン・ポストのお客様は広告主でしょうか？　違います。読者です。それ以外にありません。広告主はどこに広告を出したいでしょうか？　読者のいる場所です。決して複雑なことではありません。

学校にとってお客様は誰でしょう？　親御さん？　先生？　違います。子どもたちです。ですから私たちはしつこいくらいにとことん子どもに目を向けます。できる限り科学的に判断し、必要なときは心と直感も使います。

私は自分の財産を使うつもりです。どれくらい使うかはまだわかりません。ブルーオリジンにもかなりの額を投資するつもりです。

私の出発点は使命です。使命があれば、叶える方法は3通りです。営利企業を通して叶えるか、非営利組織を通じて叶えるか、政府と協力するか。

営利企業の枠組みでできるとしたら、多くの理由で大変有利です。ひとつには、自立しているからです。たとえばiPhoneを考えてみてください。非営利組織がスマホをつくる必要はありません。こうしたプロダクトをつくるのに適した健全な競争環境がすでに存在するのですから。ここでは市場がきちんと役目を果たしてくれます。

一方で、ゲイツ財団のように室温ワクチンに目を向けると、市場は存在しません。ワクチンを買う余裕がある人たちは冷蔵庫も買えるので、市場以外のソリューションで問題を解決しなければならないのです。そのほかにも、司法制度や軍事といった領域もあります。この領域は非営利モデルではどうしようもありません。

さてお金の使い道は？　デイワン基金のような非営利モデルに相当な金額を注ぎ込むことは間違いありません。一方で、ブルーオリジンにも多額の投資をするつもりです。合理的な投資家なら、とんでもないと言うはずですが、私にとってはこれがきわめて大切なのです。ブルーオリジンには自立した企業として大成功してほしいと思っています。

宇宙を目指す目的

２０１９年５月９日、ブルーオリジンの月探査機「ブルームーン」がワシントンＤＣでお披露目された。次の言葉は、その際のイベントでジェフ・ベゾスが語ったものである。

ブルーオリジンは、いま私が取り組んでいる中で最も重要な仕事です。この仕事に強い信念を持っていますが、それはある単純な想いからです。地球は最高の惑星である、という想いです。

私たちが真剣に自問すべきは、「なぜ宇宙を目指す必要があるのか」ということです。地球が破壊されたらどこか別の星に住む必要があるから、というのがよくある答えですが、私の答えは違います。それではワクワクしませんし、私はやる気になりません。

高校生のころ、「地球は有限だから、世界経済と人口が拡大し続けるには、宇宙に行くしかない」と書きました。いまもそう考えています。

「太陽系で最高の惑星は？」と聞かれたら、どう答えるか。すでに他のすべての惑星にロボット探査機を送ってきたので、答えは簡単です。接近通過しただけの惑星もありますが、それ以外の惑星についてはすべて調査を行っています。

最高の惑星は地球です。ほかとは比べようもありません。地球は本当に素晴らしい場所です。もし火星に移住したいという友人がいたら、こう言います。「頼むから火星に行く前にエベレストの山頂で一年暮らしてみて、気にいるかどうか考えてからにしてくれ。火星に比べたら、エベレストの山頂ですら楽園だから」。金星なんて、お話にもなりません。

地球を見てください。奇跡の星です。私のヒーローである宇宙飛行士のジム・ラヴェルは、アポロ8号で月を周回中にひらめきを得ました。腕を伸ばして親指を立ててみたところ、地球が自分の親指にすっぽり隠れることに気づいたのです。彼が生まれてこのかた知ることのすべてが親指に隠れました。そして彼は素晴らしいことを言いました。人はよく、死んだら天国に行きたいと言うものですが、彼はこう言ったのです。

「あの瞬間、私は気づいた。人は生まれたときに天国に行くということに」

地球は天国なのです。

天文学者のカール・セーガンは、詩的にこう言いました。

「あの青い点の上で、あなたが知るすべての人が、これまでに名前を聞いたことのあるすべての人が、これまでに存在したすべての人が生きてきた。巨大な宇宙の中のとても小さなあの舞台で」

人類の歴史を通して人間は地球が大きいと感じてきましたし、実際、地球は本当に大きな存在でした。それに比べると人間はずっと小さな存在でした。でもいまは違います。地球はそれほど大きいわけではありません。人類は大きくなりました。地球は大きく見えますが、有限です。差し迫った課題や解決しなければならない問題があることを認識しなければなりません。

私たちはまさにいま、そうした課題に取り組んでいます。いずれも火急の課題です。貧困、食料不足、ホームレス、環境汚染、過剰漁業。そうした差し迫った課題は数え切れないほど多く、いずれもいまここで取り組まなければならないものばかりです。

一方で、長期的な問題もあります。それについての取り組みも必要です。解決には長い時間がかかるでしょう。ですが、追い詰められるまで待っているわけにはいきません。

私たちはどちらにも対応できます。喫緊の課題にも取り組めますし、長期的な問題に取り組みはじめることもできるのです。

宇宙に行くのはこの地球を守るのが目的です。この会社をブルーオリジンと名付けたのはそれが理由です。私たちの故郷はこの青い星です。ですが、文明が停滞してはいけませんし、このまま地球に留まることでその問題に直面することは間違いありません。それが長期的な課題です。

そのうちに地球からエネルギーが枯渇するということが、きわめて根本的な長期課題です。これは単純な算数の話です。いつかはかならず枯渇するのです。生き物としての人間は97ワットのエネルギーを消費します。これは人間という動物の代謝率です。しかし、先進国に住んでいると一人当たり１万ワットを消費します。おかげでとても快適な生活を送れているのです。

私たちは進歩と成長の時代に生きています。いまは祖父母の世代よりいい生活を送れます。祖父母はその前の世代の人たちよりもいい生活を送ってきました。それができたのも、大部分は豊富な資源を採って自分たちのために利用できたからです。

エネルギーを使うことで得られるいいことはたくさんあります。たとえば病院に行くとき、あなたは多くのエネルギーを使っています。医療機器、交通機関、道中に楽しむエンターテインメント、薬、それらすべてが莫大なエネルギーを消費します。エネルギーを使わないわけにはいきません。とはいえ、いまのような使い方は持続不可能です。

グローバルなエネルギー使用量は毎年３パーセント伸びています。あまり大きな伸びに聞こえないかもしれませんが、それが毎年重なるとものすごい量になります。毎年３パーセントずつ複利で増加すると、人間のエネルギー消費量は25年ごとに倍になります。

現在のグローバルなエネルギー使用量を考えると、ネバダ州全域を太陽光パネルで覆うことですべてが賄《まかな》える計算になります。もちろん、そんなことはかなり難しいように思えますが、不可能ではないでしょう。いずれにしろネバダ州のほとんどは砂漠ですから。

ですが、３パーセントの複利がそのまま伸びていくと、ほんの数百年もすれば地球全体を太陽光パネルで覆わなくては追いつかなくなってしまいます。そんなことは不可能です。現実的でもなければ、うまくいくはずもありません。ではどうしたらよいのでしょう？

ひとつは、言うまでもなくエネルギー効率を上げることです。ただし問題は、これはすでに織り込み済みだということです。この１００年のあいだ、エネルギー消費量は年率３パーセント増加していますが、人はつねにエネルギー効率に取り組み続けてきました。例を挙げましょう。２００年前は、１時間分の照明の費用は84時間の労働に値しました。いまでは、１・５秒分の労働で1時間分の照明の費用を賄えます。

蠟燭が灯油ランプになり、それが白熱灯になり、ＬＥＤに変わって、エネルギー効率は大幅に上昇しました。もうひとつの例は飛行機です。旅客機が飛びはじめて半世紀のあいだにエネルギー効率は4倍になりました。

50年前には一人の乗客がアメリカを横断するのにかかった燃料は１０９ガロンでした。いまでは、最新の７８７型機なら24ガロンしかかかりません。これは驚異的な改善度です。劇的と言えるでしょう。

コンピュータの処理能力はどうでしょう？　コンピュータ処理効率は１兆倍になりました。世界初の商用コンピュータであるユニバックが15件の計算を処理するのにかかったエネルギーは１キロワット秒でした。最新のプロセッサなら同じエネルギーで17兆回の計算を処理できます。

さて、効率が上がったら人間はどうするでしょう？　エネルギーをさらに消費するのです。

人工照明の値段が下がった結果、もっと明かりを使うようになりました。空の旅が非常に安くなった結果、みんなが旅をするようになりました。コンピュータ処理能力のコストが激減した結果、いまやスナップチャットまで手に入れたわけです。

エネルギー需要は増大し続けるばかりです。いくらエネルギー効率が上がっても、私たちはもっともっと多くのエネルギーを使い続けるでしょう。先ほどの３パーセント成長という数字は、今後エネルギー効率が大幅に改善していくことを見込んだうえでのものです。

資源は有限なのに需要が無限に伸びたらどうなるでしょう？　答えは簡単です。配給制にするしかありません。いまのままだとその方向に向かうほかなく、世の中がその方向に進めば、歴史上はじめて私たちの孫世代は私たちよりよい人生を送ることができなくなります。決していい方向とは言えません。

ですが、幸運なことに、地球を出れば太陽系には私たちが実際に使える資源が豊富に存在します。ということは、私たちは選択できるのです。停滞と配給か？　それとも活気と成長か？　選ぶのは簡単です。何を望むかは明らかでしょう。

ただ、急がなければなりません。太陽系全体では１兆人の人口でも維持できるかもしれません。そうなれば、１０００人のモーツァルトと１０００人のアインシュタインが生まれるかもしれません。文明は驚くほど進化するでしょう。

では、その未来は具体的にどんなものになるのでしょう？　１兆もの人がどこに暮らすのでしょう？　プリンストン大学で物理学を研究していたジェラルド・オニール教授はこの問題を深く考え抜き、それまで誰も疑問に思わなかったことを問いました。それは「人が太陽系に進出するにあたって最適な場所は、惑星の表面か？」という問いです。

オニール教授はこの問いに答えるべく、学生たちと研究を重ね、直感に反する意外な答えにたどりつきました。答えは「ノー」だったのです。なぜか？　彼らは数々の問題を挙げました。まず、惑星の表面はそれほど広くありません。最大でも現在の2倍の人口までしか維持できません。それでは小さすぎます。しかも遠すぎます。火星への往復には数年かかりますし、最適な打ち上げの機会は26か月に1回しかありません。これはロジスティクスの面で非常に深刻な問題になります。そのうえ、距離が遠すぎて地球とリアルタイムの通信ができません。光速の限界で遅れが出ます。

もっと基本的な問題もあります。地球以外の惑星の表面は、重力が弱いということです。人間が住めるのは重力のある場所に限定されます。火星の重力は地球の3分の1です。そこでオニール教授のグループは、惑星の表面ではなく、回転による遠心力を使って擬似重力を得る人工的な居住区を思いつきました。この人工居住区は長さ数十マイルにも及ぶ巨大な建造物で、一基につき数百万人が居住できるようなものです。

このような、いわゆるスペースコロニーは、国際宇宙ステーションとはまったく違います。コロニーの内部には高速輸送手段が備えられ、農業区域も都市もあります。

それぞれのコロニーの重力がすべて同じである必要はありません。遊び専用のコロニーでは重力をゼロにして飛び回ることも可能です。国立公園をつくることもできます。快適な居住環境も確保できます。地球にある都市をまねてコロニーにつくることもできます。歴史的な都市をまねて同じようにつくってもいいでしょう。まったく新しい種類の建築物を建てることもできます。

コロニーでは気候も思いのままです。マウイ島の最高の一日を一年中味わうことができるのです。雨も降らず、嵐もなく、地震もありません。

雨風をしのぐ必要がなければ、建物はどんな構造になるでしょう？　それはできてみないとわかりません。ですが、コロニーが美しいものになることは確かです。住みたがる人は多いでしょう。しかも地球から近い場所につくれば、地球に戻ることもできます。人は地球に戻りたいと思うはずですから、これは大切な点です。誰も永遠に地球を離れたくはありません。

また、コロニー間の往来も簡単なものになります。別のコロニーに住む友人や家族に会いにいったり、娯楽専用のコロニーに遊びにいくこともできます。素早く行き来できるので、エネルギーはあまり必要ありません。日帰りも可能です。

オニール教授は以前に一度、有名なSF作家のアイザック・アシモフとテレビに出演したことがあります。司会者はアシモフにズバリと聞きました。

「オニール教授のようなコロニーを予想したSF作家はいましたか？　もしいなかったとすると、なぜでしょう？」

アシモフは素晴らしい返答をしました。

「いませんでした。なぜなら、私たちは揃いも揃って惑星優越主義者だからです。人間は惑星の表面に住むべきだと思い込んでいるのです。私の小説には月面の居住地が出てきます。ほかのＳＦ作家も似たようなものです。私が思いついたアイデアで、惑星を離れた人工居住地にいちばん近いものと言えば、小惑星帯に行き、小惑星をくり抜いてそのかけらで宇宙船をつくることくらいです。小惑星から材料を持ち帰って、地球に近い、より快適な場所に新しい世界をつくりだすなんて考えもしませんでしたよ」

惑星優越主義者とは、言い得て妙ではありませんか！　では、このオニール教授の人工居住地構想は、どんな未来につながるのでしょう？　これは地球にとってどんな意味を持つのでしょう？

地球は制限居住地区となり、軽工業が行われる場所になるでしょう。そして、住むにも、訪れるにも、美しい場所になることでしょう。大学に行くにも、軽工業を営むにも最適な場所になります。ですが重工業や大気汚染の原因になるような工業、つまり地球に害をもたらすことはすべて、地球の外で行われるようになるのです。

そうすれば、この宝石のような奇跡の惑星を、一度傷つけてしまうともとに戻らない場所を、保護することができます。これ以外に道はありません。地球を救わなければなりませんし、孫やその孫のために活気と成長をあきらめてはいけません。どちらも手に入れることはできるはずです。

では、誰がこの仕事をするのでしょう？　私ではありません。これほどの大きな夢を実現するには長い時間がかかります。いま学校に通っている子どもたちとその子どもたちが実現するのです。彼らが何千何万という未来の会社をつくりだし、これまでにない新たな産業を生み、エコシステム全体をつくり変えるのです。起業家が活躍し、クリエイティブな才能が解き放たれて宇宙利用の新しいアイデアが生まれるでしょう。

ですがそのようなベンチャー企業は、いまはまだ存在していません。いま現在、宇宙で面白いことをしようしても、参入コストが高すぎるので不可能です。コストが高すぎるのは宇宙にインフラが存在しないからです。

アマゾンの創業は１９９４年でした。アマゾンが事業を行うために必要だった社会のインフラはすべて、すでにそこにありました。荷物を運ぶための輸送インフラを、私たちがつくる必要はありませんでした。もうあったからです。もし輸送インフラを自分たちでつくるとしたら、資本が何百億ドルあっても足りなかったはずです。ですが、輸送インフラはすでにありました。アメリカ郵便公社、ドイツポスト、ロイヤルメール、ＵＰＳ、フェデックスです。そのインフラの上にアマゾンを築くことができました。

決済システムも同じです。決済システムを開発し、立ち上げたのは私たちではありません。もし自力でつくるとしたら莫大な投資と数十年という時間が必要だったはずです。ですがありがたいことに、すでにクレジットカードが存在していました。

コンピュータを発明したのも私たちではありません。すでにほとんどの家庭にコンピュータはありました。ゲームをやるために使っていたかもしれませんが、コンピュータがあったことには変わりありません。そのインフラはあったのです。

莫大な金額を投資して通信網を建設する必要はあったでしょうか？　それもせずにすみました。AT&Tやその他、世界中の通信事業者が、長距離電話のためにグローバルな通信網を構築してくれていたからです。起業家が活躍できるのは、このようなインフラのおかげです。

オニールコロニーを建設するのは、いまの子どもたちとその子どもや孫たちです。孫世代がコロニーをつくれるよう、インフラをつくりはじめるのは私たちの世代です。私たちが宇宙への道を切り開けば、素晴らしいことが起きるでしょう。起業家の創造性が花開くのです。大学の学生寮で宇宙起業家が会社を立ち上げるようになるでしょう。いまはまだそれは不可能です。

では現実的にはどうしたらオニールコロニーを建設できるのでしょう？　まだ誰にもわかっていません。私にもわかりません。詳細は未来の世代が突き止めてくれるはずです。いまわかっているのは、開くべき扉があり、満たすべき条件が確実に存在するということです。扉を開けない限り、永遠にコロニーはできません。まずはその扉や要件が何かがわかれば、自信を持ってその解決に努力できます。

細かい未来のビジョンがどれほど進化しようとも、次のふたつは絶対に必要です。

ひとつは、ロケットの打ち上げコストが大幅に下がらなくてはいけないということ。現状では打ち上げにお金がかかりすぎます。

もうひとつは、宇宙にある資源を利用しなければならないということです。地球の重力は非常に強いため、すべての資源を地球から持ち出すことはできません。すでに宇宙にある資源を使えるようにならないといけないのです。

マーキュリー号の飛行士としてアメリカ人ではじめて宇宙に出たアラン・シェパードにちなんで名付けられたのが、ブルーオリジンが開発する再利用可能な垂直離着陸型ロケットのニューシェパードです。ニューシェパードは宇宙飛行士と研究機器を、国際的に認められている地球と宇宙の境界線であるカーマンラインの外へと運び出すように設計されています。宇宙飛行士ジョン・グレンにちなんで名付けられたニューグレンは地球周回軌道とその外に人と荷物を定期的に運べる大型ロケットです。

ニューシェパードは、何度も練習に使えるのが魅力です。多い場合は荷物を載せて年に数十回の飛行が可能になるかもしれません。一年に数回しか練習できないようでは、なかなか上手になれません。

たとえば、手術を受けるとしましょう。少なくとも週に5回は同じ手術をこなしている執刀医に頼みたいはずです。週に5回は同じ手術を行っている執刀医のほうが、経験の少ない医師より安全だということはデータでわかるからです。宇宙も同じで、しょっちゅう当たり前のように宇宙に行く練習を重ねなければなりません。いま、空の旅がこれほど安全になったのは、練習を重ねてきたからです。

宇宙飛行をより頻繁にしなければなりません。人工衛星や探査機といった積み荷《ペイロード》の費用が莫大になると、打ち上げ費用を超えてしまいます。ということは、打ち上げ機が安定していること、つまりその信頼性が費用よりも重要になってきます。すると、打ち上げ回数を減らして非常に高価な人工衛星を維持するという、間違った方向に向かうことになりますし、実際にそうしたことが多く見受けられます。

ブルーオリジンでは練習を重ねることに挑戦したいと思っています。そのためには再使用型往還ロケットが欠かせません。鍵になるのは、実際に何度も飛ばすことができるかどうかという点です。

NASAのスペースシャトルを再利用するには、並々ならぬ細心の検査と整備が必要でした。NASAはスペースシャトルを持ち帰り、隅々まで検査を重ねたうえでふたたび打ち上げていました。むしろ使い捨て機のほうが簡単だったほどです。たとえばボーイング767を目的地まで飛ばしたあと、機体全体をX線で検査し、全部を解体していたら、まったく割に合いません。

ですから、飛行機と比べた場合、またスペースシャトルと比べた場合の再使用の手間とコストが非常に重要です。私たちは再使用コストを下げることを目標に置き、宇宙で活発な起業活動を生み出すことを理想として掲げています。

ブルーオリジンのチームがニューシェパードの開発を通して、再使用打ち上げ機に驚くべき進歩をもたらしたことを、心から誇りに思います。すでに11回連続で着陸に成功しています。利用したブースターは2機。1機は5回連続で打ち上げに成功し、もう1機は6回連続で打ち上げています。前と次の打ち上げのあいだに補修はほとんど必要ありません。そのおかげで打ち上げ費用が削減できます。

再使用型打ち上げ機は必須なのです。これまでは使い捨てにしていたわけです。また、打ち上げ機を回収し、莫大なお金をかけて補修するやり方は、本当の再使用型とは言えません。ニューシェパードに人々を乗せて宇宙に打ち上げる日がもうすぐ来るのを心から楽しみにしています。

宇宙観光のために設計された垂直離着陸型ロケットであるニューシェパードの開発にあたって、技術面でいくつか通常とは違う珍しい決断を下しました。まずはじめに、液体水素を燃料としたことです。液体水素は最も比推力が高く効率的ではありますが、最も扱いの難しい燃料です。弾道飛行に必要というわけではありませんが、次の段階にはかならず必要になることがわかっていたので、液体水素を選びました。比推力が最も高く、最も扱いの難しい燃料で練習を重ねたいと思いました。

いまのニューシェパードの大きさならほかの離着陸方式のほうが適していることはわかっていましたが、垂直離着陸型にしたのも同じ理由からです。

垂直離着陸は大きな機体に向いています。一見、意外かもしれませんが、機体が大きいほど垂直離着陸はしやすくなるのです。垂直離着陸は、指先にほうきを立ててバランスを取るようなものです。ほうきならバランスが取れるかもしれませんが、鉛筆ではどうでしょう？　指の上に鉛筆が立つのはほんの一瞬です。慣性の法則が一瞬しか持たないからです。

私たちは最初から有人飛行を前提としていたため、安全性と信頼性と脱出システムについて具体的に考えざるを得ませんでした。次世代のロケットをつくるには、これらすべてについて何度も練習する必要があることはわかっていました。練習がすべてなのです。

ニューグレンはニューシェパードの大型後継機です。ニューグレンのペイロード格納部にニューシェパードがすっぽり収まるほどの大きさです。その推力は３９０万トンにのぼります。

私はたまに、非常に興味深い質問を受けることがあります。たとえば、「今後10年で何が変わると思いますか？」という問いです。私は面白く答えようと工夫しています。こういう会話は楽しい夕食の席でのものです。

一方でほぼ聞かれることはありませんが、もっと重要な問いがあります。それは「今後10年で変わらないものは何か？」という問いです。この問いは非常に重要です。なぜなら、変わらないものを中心に計画を立てることができるからです。

たとえば、10年経っても、低価格がお客様に支持されるのは間違いありません。それは変わらないでしょう。配達も速いほうがいいに決まっています。品揃えも多いほうがいいはずです。ということは、これらのことに心血を注げば、これからも見返りがあるのです。

10年後にお客様がやってきて、「ジェフ、アマゾンは気に入ってるけど、もう少し配達を遅くしてくれないかな？」とか、「もう少し値段が高いほうがいいんだけど」と頼まれることはないでしょう。どんなに時代が変わっても変わらないものがわかったら、そこに力を注ぐことができます。

ニューグレンにとって変わらないものが何かはわかっています。それは「コスト」と「信頼性」と「打ち上げスケジュールの正確さ」です。次の段階で本気で太陽系に向かう前に、そのいずれも改善しなければなりませんし、時を経てもその重要性は変わりません。10年後にニューグレンのお客様がやってきて、「ジェフ、もうちょっと頻繁に打ち上げに失敗してくれるといいのに」とか、「もっと高かったらよかった」とか「打ち上げのスケジュールに遅れてくれるといいのに」と言うことはあり得ません。

ところで、直接、宇宙業界に関わっていなければ、可用性とスケジュールの正確さがどれほど重要な問題かがわからないかもしれません。打ち上げが延期されるとすべてが玉突き状態になり、お客様にも多大なコスト増になるのです。このことは、いつ何時でも変わりません。ですから私たちはこの点に力を注ぐのです。この3点を中心にロケットを設計します。

再使用は、打ち上げコストを大幅に削減するための絶対的な鍵です。燃料価格はどれほど高いのか、燃料は問題になり得るのかということを疑問に思う人もいます。液体天然ガスは非常に安く手に入ります。ニューグレンには数百万トンの推進剤が必要ですが、燃料と酸化剤の費用は１００万ドル以下で、全体から見ると大きな金額ではありません。

軌道への打ち上げにこれほどお金がかかるのは、すべてが使い捨てだからです。まるでショッピングモールに行くのに、毎回車をお払い箱にするようなものです。これではモールに行くのにとても高くつきます。

もうひとつ解決しなければならない点は、宇宙に存在する資源についてです。宇宙にある資源を使う必要があります。そして、それにもってこいの天体があります。それは月です。

私たちはいまや月について、アポロ計画の時代やほんの20年前でさえわかっていなかった多くのことを知っています。そんな知識の中でもいちばん大切なのは、月には水という大変貴重な資源が、氷として眠っているということです。この氷は月の両極のクレーターの中にある、いわゆる「永久影」の中に存在しています。水を電気分解すると水素と酸素に分かれます。これが推進剤になるのです。

もうひとつ月のいい点は、地球に近く、3日で行けるということです。26か月に一度しか打ち上げ機会のない火星と違って、打ち上げ頻度の制約がありません。月ならばほぼ行きたいときに行くことができます。宇宙に大型の建造物を建てるということで言えば、月の重力は地球の6分の1です。月から資源を手に入れれば、非常に安上がりに無重力空間に持っていけるのです。月で1ポンドの重量を持ち上げるのにかかるエネルギーは地球の24分の1です。それは大きな利点になります。

もちろん、月にもインフラは必要です。インフラを築く方法のひとつは、私たちがこの数年開発してきたブルームーンのような大型月面着陸機を使うことです。ブルームーンは3・6トンの物資を搭載し、月面の狙った場所に正確に軟着陸できます。また大型燃料タンクを備えたモデルは、最大6・5トンまで貨物を積載して月面に軟着陸できます。

デッキのデザインは非常にシンプルで、さまざまな形の貨物を簡単に収納できる構造になっています。また船の構造をまねて、デッキからクレーンのようなものをぶらさげて月の表面に下ろすことができます。クレーンは貨物によってカスタマイズもできます。

2019年5月9日、ジェフ・ベゾスが月面着陸機ブルームーンの詳細を発表　©ブルーオリジン

月では、とくにその両極ではさまざまな興味深い科学研究を行うことができます。ブルーオリジンは科学諮問委員会をつくって、科学研究がきちんとなされるように担保すると共に、その研究から成果を得られるようにしています。

　また、ブルームーンのお客様も月への科学探査を計画しています。貨物や探査機や科学実験の機材を月表面に正確に軟着陸させられるブルームーンの能力を、お客様は高く評価してくださっています。

　マイク・ペンス副大統領は、ドナルド・トランプ政権の公約として、今後5年以内にアメリカ人宇宙飛行士をふたたび月に送り込むことを掲げています。大変素晴らしいことです。それは正しいことです。そして足し算するとその期限は２０２４年です。私たちは期限内に目標を達成する助けになれます。ついに人間が月に戻るときがきたのです。今回は月に留まるためです。

私たちの孫や、さらにその孫の世代のために、活気のある未来を目指さなければなりません。停滞と配給の世界に子どもたちを向かわせるわけにはいきません。宇宙への道を切り開き、将来の世代がその創造性を羽ばたかせられるようにするのは、私たちの世代の仕事です。

それができて、未来の宇宙起業家のためのインフラが整えば、私が１９９４年にアマゾンを立ち上げたときのように、驚くべきことが起こります。それもすごいスピードで。それは確実です。

環境が整えば、人々は思い切り創造性を開花することができます。私たちの世代が宇宙への道を開き、インフラを築けば、大勢の未来の起業家が本物の宇宙産業を創造するでしょう。

私は彼らをその気にさせたいのです。大きすぎる夢に聞こえるかもしれませんし、実際、これは大きな夢です。いずれも簡単ではありません。何もかも難しいことですが、人々の心に火をつけたいのです。ぜひ考えてみてください——大きなことも小さくはじまる、ということを。

アメリカでは、毎日がはじまりの日です

シシリーニ委員長、センセンブレナー委員、小委員会のみなさま、ありがとうございます。ジェフ・ベゾスです。私は26年前、「地球上で最もお客様を大切にする企業」をつくりたいという長期的な使命を抱いて、アマゾンを創業しました。

母のジャッキーが私を産んでくれたのは、17歳のときです。ニューメキシコ州アルバカーキの高校生でした。１９６４年のアルバカーキで、高校生の妊娠が快く受け入れられるはずもありません。母はつらかったに違いありません。高校を退学になりそうになった母のために、祖父が盾となりました。高校の校長とかけあい、校長から「わかった、とりあえず卒業まで在学してもいいが、課外活動もロッカーもなし」と許可をもらったのです。

その条件を飲んで、母は高校を卒業できましたが、同級生と同じ壇上に登って卒業証書を受け取ることは許されませんでした。ですが、教育を受け続けようと心に決めた母は夜間大学に入学し、赤ちゃんを教室に連れてくることを許してくれる教授たちの授業を選んで受講しました。授業には大きなスポーツバッグをふたつ抱えていきました。片方には教科書を詰め、もう片方にはおむつや哺乳瓶、そして私が数分でも気をとられて静かにできるような何かを詰めて。

父の名前はミゲルです。私が4歳のときに父が養子にしてくれました。父は、カストロが政権を握った直後のキューバから、ピーターパン作戦でアメリカにやってきました。まだ16歳でした。父の両親は、アメリカのほうが安全だと思って送り出したのです。

アメリカは寒いだろうと思った父の母は、ぼろ布を縫い合わせて上着をつくったそうです。布といえば掃除用のぼろ布しかなかったのです。その上着を父はまだ持っていて、自宅のダイニングルームに飾ってあります。

父はフロリダの難民避難所で2週間過ごしたあと、デラウェア州ウィルミントンのカトリック教会に送られました。教会に送られたのは幸運でしたが、英語もしゃべれず、楽な生活ではありませんでした。ですが父には忍耐力と決意がありました。奨学金を受けてアルバカーキの大学へ進学し、そこで母と出会ったのです。

人生の贈り物は人それぞれに違います。私が受け取った最高の贈り物は父と母です。二人は私と弟妹にとって素晴らしい人生のお手本になってくれています。

祖父母は両親とはまた違うことを教えてくれます。私は4歳から16歳まで毎夏、祖父母のテキサスの農場で過ごしました。祖父は公務員で、農場も持っていました。１９５０年代と60年代に原子力委員会で宇宙技術と防衛システムの仕事に就いていました。何でも自分でできる、とても器用な人でした。人里離れた場所にいると、何かが壊れたからといって、電話で誰かを呼びつけるわけにいかないのです。

子どもだった私は、どう考えても自力で何とかなりそうもないことを祖父がやってのけるのを見て育ちました。壊れた大型ブルドーザーを修理したり、家畜の手術をしたりしていました。難しい問題も自力で解決できることを、祖父は教えてくれました。壁にぶつかって転んだら、立ち上がってもう一度挑戦するのです。何事でも自分流のやり方を見つけて改善していくことを学びました。

ティーンエイジャーのころはこの教えどおりに、素人発明に夢中になりました。セメントを詰めたタイヤで自動ゲート閉め機をつくったり、傘とアルミホイルでソーラー調理器をつくったり、オーブン皿でアラームをつくって弟妹を引っ掛けたこともあります。

アマゾンのアイデアを思いついたのは１９９４年でした。何百万タイトルでも販売できるオンライン書店をつくるという考え――そんな書店は実世界では存在し得ません――に、心が躍りました。

そのころ私はニューヨークの投資会社に勤めていました。上司に辞めると伝えたところ、散歩に連れ出され、セントラルパークを延々と歩くことになりました。私の話をじっくり聞いてくれた上司は、最後にこう言いました。「そうか、ジェフ、いいアイデアだと思う。でも、君みたいないい仕事に就いていない人間がやったほうがいいんじゃないかな」

そう説得されて、二日間よく考えてから決断することにしたのです。最後は頭ではなく心で決めました。80歳になって人生を振り返ったときの後悔を、できるだけ減らそうと思いました。人が後悔することのほとんどは、しなかったことです。挑戦しなかったことや、足を踏み入れなかった道、そうしたものがいつまでも心残りになるのです。

インターネットと呼ばれる代物はそのうち大きな現象になるだろうと私は感じていました。もしここで挑戦しなければ、参入しなかったことをずっと悔やみ続けるに違いないと思いました。

アマゾン・ドット・コムの創業資金を出してくれたのは、主に両親です。虎の子の貯金の大部分を、よくわからないものに投資してくれました。両親はアマゾンに賭けたわけでもなければ、オンライン書店というアイデアを気に入ったわけでもありません。ただ自分の息子に賭けたのです。投資が水の泡になる可能性は7割だと伝えましたが、それでもお金を出してくれました。

そして50回以上、投資家とミーティングを持ってやっと１００万ドルを調達しました。その中でいちばんよく聞かれたのは「インターネットって何？」という質問でした。

世界中のほかの多くの国と違って、アメリカという偉大な国家ではリスクを取って事業を起こす起業家を支え、失敗しても悪いレッテルを貼ることはありません。私自身、安定した仕事を捨ててシアトルのガレージで起業しましたが、失敗するかもしれないことはわかりすぎるほどわかっていました。郵便局まで自分で車を運転して小包を運んでいたのがまるで昨日のことのようです。あのころは、金ができたらいつかフォークリフトを買いたいと夢見ていました。アマゾンの成功は約束されたものではありませんでした。初期のアマゾンへの投資はきわめてリスクの高いものでした。創業から２００１年末までの累積損失は30億ドル近くにまで膨らみ、やっと四半期黒字になったのは２００１年の第４四半期でした。

頭の切れるアナリストはみな、私たちがバーンズ・アンド・ノーブルにボロ負けするだろうと予想していましたし、私たちを「アマゾン・ドット・終わった《トースト》」とけなしていました。起業から5年後の１９９９年には、金融専門誌のバロンズが「アマゾン・ドット・大失敗《ボム》」という見出しをつけて私たちの破滅は近いと予想しました。

２０００年の株主への手紙は、「いたた」という一言ではじまっています。インターネットバブルの頂点でアマゾンの株価は１１３ドルの高値をつけたあと、バブルが弾けて6ドルまで下がりました。アナリストも評論家もアマゾンがつぶれるだろうと思っていました。アマゾンが生き残り、その後成功できたのは、たくさんの賢明な人が私たちの信念を信じ、リスクを取って私に賭けてくれたからです。

しかもそれははじめのうちだけではありません。優秀な人材と運に恵まれたこともありますが、私たちが企業として成功できたのは大きなリスクを取り続けたからです。イノベーションには実験がつきものですが、前もって何がうまくいくかはわかりませんでした。わかっていたら実験ではありません。常識はずれの賭けをして、はじめて並々ならぬリターンを得ることができますが、普通は常識が正しいのです。

　アマゾン・ウェブ・サービスをはじめたとき、本業からそれたリスキーな賭けだと見た人は少なくありませんでした。「コンピューティングとストレージを売るなんて、オンライン書店と何の関係があるんだ？」といぶかられました。ＡＷＳを求める声もありませんでした。世界はクラウドコンピューティングを切望していましたし、受け入れる準備が整っていたのに、誰もそのことに気づいていなかったのです。

　ＡＷＳへの賭けは正しかったわけですが、じつを言えばリスクを取ってうまくいかなかった試みも山ほどあります。これまで失敗に何十億ドルと注ぎ込んできました。失敗には必然的に発明とリスクテイクがついてきます。だからこそ私たちは、アマゾンを世界中でどこよりも失敗を歓迎する場所にしようと努力しています。

　創業以来、アマゾンでは「はじまりの日《デイワン》」の精神を肝に銘じてきました。つまり、すべてのことに初日と同じ活気と起業家精神で取り組むということです。アマゾンは大企業ですが、デイワン精神を企業ＤＮＡの柱にするよう全員が努力すれば、大企業の規模と能力を持ちながら、同時にスタートアップの心と精神を持つことができるはずです。

　お客様にこれでもかとこだわり続けることが、はじまりの日の活力を維持する最もよい方法だと私は思っています。その理由は？　お客様はたとえサービスや商品に大満足していると口では言っていても、かならずどこかに不満を抱えています。それが企業にとっては素晴らしく美しいチャンスなのです。

お客様は自覚がなくても、いつもよりよいものを求めています。そんなお客様を喜ばせたいという想いから、次々とお客様のためのイノベーションが生まれます。つまり、お客様をとことん大切にすることで、自発的にサービスが改善され、機能が追加され、新しいプロダクトが生まれ、価格が下がり、配送が早まります。やらざるを得なくなる前に、それができるのです。

プライム会員のサービスを求める声はありませんでしたが、蓋を開けてみると、望まれていたことがわかりました。そんな例は挙げればきりがありません。すべての企業がお客様第一主義を取っているわけではありません。しかし、私たちはそうしています。そしてそれこそが私たちの最大の強みです。

お客様の信頼を得るのは難しく、失うのはたやすいことです。お客様の望みを体現すれば、お客様は忠実についてきてくれます。ですが、もっといいサービスがあれば、お客様はすぐにそちらに流れます。お客様は鋭く賢いのです。

企業が正しいことをしようと必死に努力すればお客様はすぐに気づいてくれますし、企業がその努力を何度も重ねていれば、信頼が得られます。時間どおりに配達する、つねに安い価格で提供する、約束したことを守る、受けが悪くても正しいと信じる考え方にしたがって意思決定を行う、より便利な買い物や読書の方法を発明したり家の自動化を提案したりすることでお客様が家族と過ごせる時間を増やす、そういった難しいことをうまくやり続けることで、信頼はゆっくりと時間をかけて築かれていきます。

１９９７年にはじめての株主への手紙で語ったように、私たちはお客様のニーズに応えるために発明を続け、長期的価値を創り出すような意思決定を行っています。

私たちの判断が批判されたときは、批判に耳を傾け、鏡に映った自分の姿を見つめます。そして批判が正しいと思えば、私たちは変わります。私たちが間違っていれば謝罪します。ですが、鏡を見つめ、批判を確かめ、それでも自分たちが正しいと思えば、どんな圧力にも屈することはありません。

幸いにも私たちのやり方はうまくいっています。さまざまな第三者調査から、アメリカ人の８割はアマゾンにいい印象を持っていることがわかっています。「正しいことをする」という点でアマゾンより信頼されているのは誰でしょう？　２０２０年の大手調査機関の調べでは、かかりつけ医と軍隊だけです。

ジョージタウン大学とニューヨーク大学が２０１８年に行った研究では、組織及びブランドへの信頼という点で、アマゾンは軍隊の次に信頼される存在でした。回答した共和党員のあいだでは、アマゾンは軍隊と地元警察の次に信頼される組織であり、民主党員のあいだでは、政府や大学や報道機関よりも上で、アマゾンは最も信頼されていました。

２０２０年のフォーチュン誌が選ぶ「世界で最も称賛される企業」ランキングで、アマゾンは２位に選ばれました（１位はアップルでした）。お客様が私たちの努力に気づいてくださり、信頼を返してくださっていることをとてもありがたく思っています。これからも信頼を得て、その信頼を守り続けていくことが、アマゾンの「デイワン文化」を維持する原動力になるはずです。

アマゾンと言われてほとんどの人が思い浮かべるのは、オンライン注文をすれば笑顔のロゴがついた茶色い箱を送ってくれる会社でしょう。それが私たちの出発点ですし、いまもイーコマースは、アマゾンの総売上の８割を占める大黒柱です。

イーコマースの本質は、お客様に品物を届けることにほかなりません。この事業運営はお客様に近くなくてはできませんし、こうした仕事は中国や別の場所に外注できません。アメリカのお客様への約束を守るためには、アメリカの労働者に品物を届けてもらう必要があります。お客様がアマゾンで買い物をすると、地元で雇用が創出されるのです。おかげでアマゾンは１００万人もの従業員を直接雇用しています。その多くは時給で単純労働を行ってくれる人たちです。

私たちの従業員は、シリコンバレーやシアトルにいる高等教育を受けたコンピュータ科学者やＭＢＡ保有者ばかりではありません。ウェストバージニア、テネシー、カンザス、アイダホなど国中どこの州でも何万という人を採用し訓練しています。こうした人たちが箱詰めの仕事、機械工、工場管理など、さまざまな仕事に就いています。アマゾンがはじめての仕事という人も少なくありません。

別のキャリアを目指して、一時的にアマゾンで働いている人もいますし、そうした人たちのキャリアを積極的に支援してもいます。７億ドル以上を費やして、10万人を超える社員に、医療、輸送、機械学習、クラウドコンピューティングといった分野の講習や教育プログラムを提供しています。これがキャリアチョイスと呼ばれる取り組みで、アマゾンの仕事に関係があってもなくても、人材需要が高く高給の職業の資格や学位を取るための授業料の95パーセントをアマゾンが負担しています。

　私たちの仲間であるパトリシア・ソトは、キャリアチョイスを使って成功した従業員の一人です。パトリシアは昔から人助けがしたいと医療分野に進むことを望んでいましたが、高校卒業後、大学に進学するお金がなく、目標を叶えられるかどうかわかりませんでした。ですがパトリシアは、キャリアチョイスを使って医療の資格を取ると、アマゾンから旅立ち、いまやサッターグールド医療財団で医療助手として肺疾患専門医を助けています。パトリシア以外にも多くの人たちがキャリアチョイスを通して、それまで手が届かなかったセカンドキャリアに挑戦しています。

　アマゾンはこの10年間でアメリカ国内に２７００億ドルを超える投資を行ってきました。自社の従業員以外に、アマゾンの投資によって、建設やビル管理や観光といった分野で70万人近い雇用が間接的に生まれています。

　私たちの採用と投資は、マサチューセッツ州フォールリバー、カリフォルニア州インランドエンパイア、オハイオ州のラストベルトなどの地域に、数億ドル規模の経済活動をもたらしています。コロナ危機のあいだも、17万５０００人を追加で採用しました。その多くは、経済活動が止まったことで解雇された人たちです。

また、この第２四半期だけでも40億ドル余りを費やして生活必需品をお客様にお届けし、コロナ禍下での従業員の健康と安全を守りました。社内ではさまざまな部署から社員が集まってチームをつくり、従業員向けに定期的にコロナウイルスの検査を行いました。興味のある企業や政府機関に対して、自分たちが学んだ知見を共有したいと思っています。

グローバルな小売市場は規模が巨大であり多くの企業がしのぎを削っています。25兆ドルとも言われるグローバル小売市場のうち、アマゾンが占めるのはわずか１パーセント未満にすぎず、アメリカ国内に限っても４パーセントに届きません。勝者が総取りする産業と違って、この市場には多くの勝者が存在できます。たとえば、アメリカだけで80以上の小売企業が年商10億ドル以上をあげています。

どの小売企業もそうですが、私たちの成功もまた、お客様がアマゾンでの買い物経験に満足してくださるかどうかにかかっています。アマゾンは日々、ターゲット、コストコ、クローガー、そしてもちろんアマゾンの２倍の規模を誇るウォルマートなどの大手老舗小売企業と競っています。

これまで、私たちはオンラインショッピングでの素晴らしい顧客体験を提供することに力を注いできましたが、いまでは他の企業でもオンラインショッピングの売上が大きく伸びています。ウォルマートのオンライン売上は今年の第１四半期に74パーセント伸びました。アマゾンには真似できないような規模で提供される、たとえば店頭受け取りや返品といった他社のサービスにますます多くのお客様が引き寄せられています。

世界的な感染症の流行により、この数年間伸びてきたこうしたサービスにさらに注目が集まりました。感染への懸念から、〔オンライン注文品を店舗の駐車場で受け渡しする〕カーブサイドピックアップはこの数か月間に２００パーセント伸びました。また、ショッピファイやインスタカートなど、新しいライバルも出現しています。既存の実店舗がオンラインストアをあっという間に立ち上げて、斬新な方法でお客様に商品を直接お届けしています。

複数の販売チャネルを自在に活用するビジネスモデルが続々と現れています。他の産業でもそうですが、小売業でもいたるところでテクノロジーが活用され、オンラインでも実店舗でも、またいまのほとんどの店舗がやっているオンラインとリアルの組み合わせでも、競争はますます激しくなっています。

オンラインと実店舗をどう組み合わせているかにかかわらず、どの企業も同じお客様を求めて競争し、サービスを展開しています。小売業と関連サービスの範囲は絶えず変化してはいるものの、お客様が価格の安さと品揃えの多さと便利さを望んでいることは変わりません。

アマゾンが成功するかどうかは、アマゾン上で商品を売っている数多くの中小事業者が成功できるかどうかにかかっているという点もまた重要です。サードパーティ出品者をアマゾンに迎え入れ、彼らの商品を自社商品と同列に並べはじめたのは１９９９年で、当時は前例のないことでした。社内でも大論争になり、反対も多く、失敗が見えていると言う人もいました。

このときサードパーティ出品者をアマゾンに迎え入れる必要はありませんでした。アマゾンという貴重なプラットフォームを自分たちだけで独占することもできました。ですが長い目で見れば品揃えが増えるのはお客様にとっていいことですし、お客様の満足度が上がればサードパーティ出品者にとってもアマゾンにとっても得になると考えました。そして、実際にそうなりました。

サードパーティ出品者を受け入れてから一年も経たないうちに、サードパーティの販売量が全体の5パーセントを占めるまでになりました。異なる出品者の値段をすべて同じ場所で見ることができ、いちばんいいものを買えるという利便性をお客様が喜んでいるのは明らかでした。いまでは中小のサードパーティ出品者が、アマゾンよりはるかに多くの品揃えを提供してくれています。サードパーティの売上はアマゾンの物理的な商品売上のおよそ6割を占め、アマゾン自身の商品売上より速いペースで成長しています。

これはゼロサムゲームではないだろうと私たちは予測していました。その勘は正しかったのです。売上全体が伸び、サードパーティ出品者は成功し、いまも急速に売上を伸ばしています。顧客にとってもアマゾンにとっても素晴らしいことです。

アマゾンでものを売っている中小事業者は、いまや世界１７０万にのぼります。２０１９年にアマゾンのサイトで10万ドル以上の売上をあげた起業家は20万を超えました。さらに、アマゾンでのサードパーティ販売から世界中で２２０万人の雇用が生まれたと推測できます。

サードパーティ出品者のシェリ・ユーケルさんの例をご紹介しましょう。シェリさんはもっと家で子どもたちと一緒に過ごすため、キャリアを変えたいと思っていました。最初は趣味で友人のためにギフトやパーティグッズを手作りしていた彼女は、その後アマゾンで商品を売りはじめました。いま彼女の会社では80人近い従業員を雇用し、世界中にお客様がいます。

もう一人、別の例をご紹介します。クリスティーン・クローグさんはソルトレイクシティにお住まいの主婦で、５人のお子さんがいます。クリスティーンさんは最初は自分のウェブサイトで子ども服を売っていましたが、アマゾンを使ってみることにしました。アマゾンに出品しはじめてから売上は2倍になり、商品ラインを拡充し、数人のパート社員を採用するまでになりました。シェリさんもクリスティーンさんも、アマゾンを使うことで事業を拡大し、お客様を満足させることができたのです。

ぜひ心に留めていただきたいのは、こうしたことがすべて最近の出来事だという点です。アマゾンははじめから世界最大のＥＣサイトだったわけではありません。イーベイは私たちの何倍もの規模がありました。出品者を支えることに全力を傾け、私たちが生み出せる限り最高のツールを彼らに提供することではじめて、私たちは成功し、イーベイを抜くことができたのです。

そうしたツールのひとつがフルフィルメント・バイ・アマゾンです。ＦＢＡを通してサードパーティ出品者はアマゾンの物流センターに在庫を保管でき、配送も顧客サービスも返品もすべて私たちに任せられます。オンライン販売に関わるさまざまな面倒な側面を驚くほど簡単便利にして、出品者の費用対効果を高めたことで、数多くの出品者がアマゾンで売上を伸ばすことができています。

　いまや世界中であらゆる種類と規模のＥＣサイトが広がっている理由の一端は、私たちの成功にあるかもしれません。ウォルマート、イーベイ、エッツィ、ターゲットといったアメリカ企業もこの中に含まれますし、アリババや楽天といった海外拠点のグローバル小売企業も伸びています。こうしたＥＣサイトによって、小売業界内の競争はますます激しくなっています。

　お客様が日々私たちに信頼を寄せてくださっているおかげで、アマゾンはこの10年間でほかのどの企業よりも多数の雇用をアメリカ国内に創出することができました。42州で数十万人を雇用してきました。従業員の最低賃金は時給15ドルで、これは連邦最低賃金の2倍以上です(私たちは議会に連邦最低賃金の引き上げを訴えてきました)。

　ほかの小売企業にも最低賃金をアマゾンと同レベルに引き上げるよう呼びかけてきました。最近ではターゲットが賃金を引き上げ、ベストバイもつい先週引き上げを行いました。素晴らしいことですが、賃金引き上げに応じたのはいまのところこの2社だけです。

　アマゾンは福利厚生も手厚く提供しています。時給制の正社員の福利厚生は月給制の本社社員と同じですし、入社初日から包括的な健康保険と確定拠出年金に加入でき、20週の有給を含む産休・育休も得られます。ぜひほかの小売企業に対して、私たちの賃金と福利厚生の水準をベンチマークとしてください。

　アマゾン株式の8割以上は社外の株主が保有しており、アマゾンはこうした社外株主のためにこの26年間で、ゼロからはじめて1兆ドルを超える資産を生み出しました。

　では社外株主とは誰か？　年金基金です。消防士、警察官、学校教師たちの年金基金です。

また企業の確定拠出年金、つまりミューチュアルファンドもアマゾンの株主です。大学基金もアマゾン株を所有していますし、そのほかにも多くの組織や団体が株主リストに名を連ねています。アマゾンが価値を創出してきたことで、多くの人が豊かな老後を迎えられるはずですし、私たちはそれを心から誇りに思っています。

　アマゾンがここまでこられたのは、お客様にとことんこだわってきたからですし、そのおかげで過去にない大きなことができるようになりました。10人だったときアマゾンにできたことを私は知っています。１０００人のとき、１万人のときにできたことも知っています。そしていま、１００万人を抱えるアマゾンにできることも理解しています。

　私はガレージ起業家を心から応援しています。私自身もガレージ起業家でしたから。ですが、世界が小さな会社を必要としているのと同じくらい、大企業も必要です。小さな会社にはできないことが、この世の中にはあります。どんなに優秀な起業家でも、炭素繊維製のボーイング７８７をガレージでつくることはできません。

　アマゾンは規模が大きいからこそ、重要な社会課題に有益な影響を与えることができるのです。アマゾンは気候変動対策に関する誓約に調印し、他社と協力してパリ協定の目標を10年前倒しで達成し、２０４０年までに炭素排出量を実質ゼロにすることを目指しています。

　この目標達成に向けた努力の一環として、ミシガン州に拠点を置く電気自動車メーカーのリビアン社から10万台の電気配送車を買い入れることにしました。早ければ２０２２年までに１

万台の電気配送車を導入し、２０３０年までに10万台すべてを稼働させる計画を立てています。

アマゾンは世界中で91件の太陽光及び風力発電プロジェクトを運用し、２９００メガワットを超える電力を生み出し、年間で７６０万メガワットアワーを超える電力を供給しています。これはアメリカの68万世帯以上の電力を賄える規模です。

また、アマゾンはライトナウ気候ファンドを通してグローバルな森林再生プロジェクトに１億ドルを投資しています。その一環として、4月にはアパラチア山脈全体で持続可能な林業や野生生物、自然ベースのソリューションを保護、再生、支援するために１０００万ドルの投資を行うことをコミットし、ザ・ネイチャー・コンサーバンシーと協力して2件の革新的なプロジェクトに資金を提供しています。

私たちのほかに最近、ベライゾン、レキットベンキーザー、インフォシス、オークビューグループというグローバル企業4社が気候変動対策に関する誓約に調印しました。今後も引き続き、この戦いに参加してくれる仲間を増やしていくつもりです。力を合わせ、規模の大きさを生かして、気候変動の危機に素早く対応していきます。

先月、アマゾンは20億ドルを拠出して気候変動対策に関する誓約ファンドを立ち上げました。このファンドを通して、気候変動対策に関する誓約の目標を達成するための持続可能なテクノロジーやサービスの開発を支援していきます。先を見通す目を持った起業家やイノベーターに投資し、炭素排出のインパクトを小さくしたり、持続可能な事業運営を助けるプロダクトやサービス開発を助けるのがファンドの目的です。

最近、ワシントン州に最大規模のホームレスシェルターを開きました。場所はシアトルの中心部にある私たちの新本社の一角です。このシェルターは、シアトルに拠点を置いて素晴らしい活動を続けている非営利組織メアリーズプレイスが運営しています。

アマゾンはメアリーズプレイスに1億ドルの支援を行っており、今回のシェルターはその支援の一部です。シェルターは8階建てで、毎晩２００家族を受け入れることができます。診療所を併設しており、家族がホームレス状態から抜け出すための自立支援のツールやサービスも提供します。毎週無料の法律相談ができる場所を設け、債権・債務の問題、人的損害、居住権・借地権などについてのアドバイスを行っています。アマゾンの法務チームは、メアリーズプレイスにやってくる何百人もの人たちを助け、１０００時間を超える法律相談を無料で提供してきました。

恵まれない地域で育つ多くの子どもと若者がコンピュータサイエンスのキャリアを目指せるように、子どもたちに刺激と教育を与え、社会に出る準備をさせるグローバルなキャリア開発プログラムが、アマゾン・フューチャー・エンジニアです。

このプログラムでは、コンピュータサイエンスの講座を開いたり、数百にのぼる小学校で教えるプロ教師を育成したり、国中の恵まれない地域でコンピュータサイエンスの入門クラスや上級クラスを開いたり、コンピュータサイエンスを専攻する低所得家庭の学生１００人に4年間で4万ドルの大学授業料を支援したりしています。

この奨学生たちには、アマゾンでインターンをすることも保証されます。テクノロジー業界は多様性が足りないことが問題ですが、この奨学金は黒人コミュニティにとくに大きなインパクトをもたらします。

テクノロジー業界を先導する次世代の人材を育て、この業界ではまだ数少ないマイノリティの機会を広げることに、私たちは投資していくつもりです。そして、この流れを加速させたいと思っています。技術系でも非技術系でも最高の人材を見つけるために、歴史的黒人大学〔歴史的に黒人に教育機会を提供してきた一連の高等教育機関〕と積極的に協力し、採用とインターンシップとスキルアップ研修を行っています。

最後になりますが、私はアマゾンが世の中の厳しい目にさらされ、精査されるのはよいことだと思っています。企業であれ、政府機関であれ、非営利団体であれ、大きな組織はすべて厳しく精査されるべきです。そうした世間の厳しい審査に軽々と合格できる組織をつくることが、私たちの責任です。

アマゾンがこの国で生まれたのは偶然ではありません。地球上のほかのどの場所よりも、ここアメリカでは新しい会社が生まれ、育ち、大きく成長できます。この国は個人の才覚と自立の精神を尊重し、ゼロからものをつくる創造者を尊重します。安定した法のもとで起業家とスタートアップを育み、世界最高の大学教育制度を提供し、自由な民主主義を尊び、リスクテイクの文化がＤＮＡに根付いています。

もちろん、私たちの住む偉大な国家も、完璧ではありません。〔公民権運動を推進した〕ジョン・ルイス下院議員とその功績を高く評価していながら、長年抱えてきた人種問題を解決できずにいます。気候変動や経済格差にも向き合わなければなりません。グローバルな感染症への対応にもつまずいています。

それでも、私たちがこのアメリカで享受している恩恵のほんの一部でも受けられればありがたいと思う人たちが、世界には大勢いるはずです。私の父のような移民には、この国がどれほど素晴らしい宝に満ちているかがわかります——俯瞰的に見られるので、幸運にもこの場所で生まれた私たちよりもクリアに見えます。この国では、毎日がはじまりの日なのです。そして、非常に困難ないまの時代にあっても未来は明るいと、私はこれまで以上に強く信じています。

今日、この場で発言の機会を与えてくださったことに感謝します。では、質問をお受けいたします。

訳者あとがき

あとがきから読みはじめたみなさんに、まず質問させてほしい。

1．アマゾンは１９９７年にＮＡＳＤＡＱに上場した。では上場前年である１９９６年の売上高はどのくらいだっただろう？

2．アマゾン株の新規公開価格は18ドル。インターネットバブルが頂点に達した１９９９年のアマゾン株の最高値は１１３ドル。では、ネットバブル崩壊後の最安値は？

アマゾンの１９９６年の売上高は１５７５万ドル。日本円に換算すると約17億円である。創業2年目で17億円の売上高はたしかに大きな数字ではあるが、１９９７年にはこれが1億４７８８万ドル（約１６１億円）に爆増する。それでも現在の40兆円を超える売上高に比べると微々たる金額だ。

しかしネットバブルの崩壊後、２０００年の株主への手紙の冒頭は、「いたた」という言葉ではじまる。１９９９年12月に１０６ドルをつけたアマゾンの株価は、2年もしないうちに6ドルまで下がったのだ。

現在のアマゾンの姿を知るみなさんにとっては、いずれも意外な事実かもしれない。

私自身は１９９３年にアメリカの大学院を卒業し、アマゾンの成長の軌跡と自分自身のキャリアがちょうど重なっているので、アマゾンについてはそれなりに知っているつもりになっていたが、本書を読んでハッとすることが多かった。そのひとつが、右に紹介した数字である。

現在、時価総額が日本円で１６０兆円を超え、売上が40兆円を超える企業にも、当たり前だが売上が10億そこそこの時代がそう遠くない昔にあったということに（そして当時のアナリストはおそらく株価が高すぎると思っていただろうことに）、改めて気づいたのだ。

そしてファンダメンタルが絶好調でも、バブル崩壊後には株価が20分の1近くに下がっていたことに（その下落の激しさに）驚くと共に、それでも一貫してブレない経営を続けてきたベゾスという経営者の肝の据わり方というか、原則への固執力に驚嘆した。

これまでにアマゾンの創業者、ジェフ・ベゾスを描いた本は数多く出版されてきたが、本書は史上初めて、生のジェフ・ベゾスの言葉で書かれた本だ。

内容は二部構成で、ＰＡＲＴ１では１９９７年から２０１９年まで、上場以来、毎年ベゾスが株主に向けて書いてきた手紙を時系列に沿って掲載している。ＰＡＲＴ２は、インタビュー、講演、公聴会での証言などをテーマ別に並べたものだ。

ここから見えてくるベゾスの「原則」とは何だろう？

ひとつには、「変わっていくもの」ではなく「変わらないもの」に目を向けることだ。

変わらないものとは、「お客様はより安く、より早く、より品揃えの多いサービスを求めている」ということだ。だからアマゾンはその求めに応じることに集中する。

また、「長期を見ること」も最重要の哲学のひとつだ。

「決算報告の見栄えか、将来キャッシュフローか、どちらかを選べと言われたら、将来キャッシュフローを選ぶ」という言葉が株主の手紙にたびたび登場する。これは、現在の利益を犠牲にしてでも、長期的な価値創造に投資するという意味だ。ベゾスは毎年の手紙の最後に、１９９７年に書かれた最初の手紙を添付し続けているが、これもアマゾンの「長期思考」を株主に念押しするためである。

さらには、「インフラをつくること、あるいは生活インフラの一部になるサービスを構築すること」。

この意識はとくに、ＰＡＲＴ２の「宇宙を目指す目的」からはっきりと読み取れる。２０１４年の株主への手紙では、「理想の事業とは、お客様に愛され、巨大な規模に拡大でき、投資リターンが高く、長期に継続できるもの」とベゾスは書いている。アマゾンはいまや生活に欠かせないインフラとなり、アマゾン・ウェブ・サービス（ＡＷＳ）は企業に欠かせないインフラとなった。そしていま、宇宙開発に欠かせないインフラをベゾスは構築しようとしている。

そして、「頭ではなく心に従うこと」。

ベゾスは株主への手紙の中でも、インタビューや講演でも、たびたび意思決定の方法について述べている。アマゾンを起業したとき、プライムを立ち上げたとき、サードパーティ出品者を招き入れたとき、そしてワシントン・ポストを買収したとき、いずれも頭ではなく心に従って決定したという。「80歳になったときに振り返って後悔の数が少ないほう」を選ぶのがベゾス流である。

本書にはそういった、深い思考と数々の「実験とさすらい」から導き出された原則が詰まっている。

ベゾスは１９９７年の最初の手紙の冒頭に、「いまはまだインターネットのはじまりの日」にすぎないが、「明日になれば、イーコマースは個人の好みに合わせて発見の過程そのものを速く、豊かにしてくれるでしょう」と書いている。読者は、こうした過去の手紙で書かれている多くのことが、まるで予言のように次々といまの現実となっていることに驚くはずだ。ただし、その未来展望は予言のような直感的なものではなく、すべてがロジックに貫かれている。

毎年の手紙の中でベゾスは、株主という厳しく、かつ最も重要なステークホルダーに向けて、なぜアマゾンはこれをするのか、しないのかといったことについて、数字を示しながら明快に説明する。その説得力は、現代における企業経営の原則は本書で出尽くしているのではないかと感じられるほどだ。

さらに手紙の中では、そうした原則を実行に移した成功と失敗の具体例と、その結果に対する深い洞察までが誠実に語られている。その意味で、本書はビジネスに関わるあらゆる人間にとってこのうえないケーススタディであり、ビジネスを考える方法についての最善の教科書と言えるだろう。

つい先日、ベゾスは同乗者3人と共に、約3分間の宇宙旅行から無事帰還した。本書を読めば、ベゾスがなぜ宇宙開発にこれほど熱を入れるのかがわかる。

彼の究極の目的は、地球の外に出ることではなく、美しい地球を守ることにある。人類の多くが地球外に暮らしながらたまに地球を訪ねることができれば、この惑星を維持しながら、成長と繁栄を享受できる。ただしその仕事は次世代の起業家が行うことで、自分の仕事は宇宙起業に必要なインフラ構築をはじめることだとベゾスは言う。

本書は、リーダーシップの本としても、組織構築の本としても、経営哲学の本としても読むことができる。何をどう読み取るかは読者のみなさま次第だ。稀代の経営者であるジェフ・ベゾスの思考の全貌を日本の読者に届ける機会をいただいたことに感謝している。

いつものように卓越した編集技術で本書の魅力を引き出してくださったダイヤモンド社の三浦岳氏と、経験と知見に基づいて的確なアドバイスを下さった、元アマゾンジャパンで、株式会社カスタマー・パースペクティブ代表取締役の紣川《かせがわ》謙氏に心からお礼を言いたい。

2021年11月　関美和

ジェフ・ベゾス（Jeff Bezos）

Amazon創業者、元CEO。宇宙飛行のコスト削減と安全性向上に取り組む宇宙開発企業、ブルーオリジン創業者。ワシントン・ポスト社オーナー。2018年、ホームレスの家族を支援する非営利団体の支援や、低所得地域の優良な幼稚園のネットワーク構築に注力するベゾス・デイワン基金を設立。1986年、プリンストン大学を電気工学とコンピュータサイエンスでサマ・カム・ラウディ（最優秀）、ファイ・ベータ・カッパ（全米優等学生友愛会）メンバーとして卒業。1999年、タイム誌「パーソン・オブ・ザ・イヤー」選出。

ウォルター・アイザックソン（Walter Isaacson）

『スティーブ・ジョブズ（Ⅰ・Ⅱ）』（講談社）、『レオナルド・ダ・ヴィンチ（上・下）』（文藝春秋）など、著作多数。

関 美和（せき・みわ）

翻訳家。MPower Partners Fundゼネラル・パートナー。慶應義塾大学文学部・法学部卒業。電通、スミス・バーニー勤務の後、ハーバード・ビジネス・スクールでMBA取得。モルガン・スタンレー投資銀行を経てクレイ・フィンレイ投資顧問東京支店長を務める。また、アジア女子大学（バングラデシュ）支援財団の理事も務めている。訳書に『ゼロ・トゥ・ワン 君はゼロから何を生み出せるか』（NHK出版）、『FACTFULNESS 10の思い込みを乗り越え、データを基に世界を正しく見る習慣』（共訳、日経BP）、『父が娘に語る美しく、深く、壮大で、とんでもなくわかりやすい経済の話。』（ダイヤモンド社）などがある。

Invent & Wander――ジェフ・ベゾス Collected Writings

2021年12月７日　第１刷発行

寄　稿――ジェフ・ベゾス
序　文――ウォルター・アイザックソン
訳　者――関 美和
編集協力―綷川《かせがわ》 謙（株式会社CustomerPerspective 代表取締役）
発行所――ダイヤモンド社
〒150-8409　東京都渋谷区神宮前6-12-17
https://www.diamond.co.jp/
電話／03･5778･7233（編集）　03･5778･7240（販売）

カバー―――小口翔平（tobufune）
本文デザイン―畑中 茜（tobufune）
校正――――円水社
製作進行――ダイヤモンド・グラフィック社
印刷／製本―勇進印刷
編集担当――三浦 岳

ISBN 978-4-478-11213-7